韓国語citaと北海道方言ラサルと日本語ラレルの研究

ひつじ研究叢書〈言語編〉

第112巻　名詞句の世界　　　　　　　　　　　　　　　　　　西山佑司 編
第113巻　「国語学」の形成と水脈　　　　　　　　　　　　　　　釘貫亨 著
第115巻　日本語の名詞指向性の研究　　　　　　　　　　　　　　新屋映子 著
第116巻　英語副詞配列論　　　　　　　　　　　　　　　　　　鈴木博雄 著
第117巻　バントゥ諸語の一般言語学的研究　　　　　　　　　　　湯川恭敏 著
第118巻　名詞句とともに用いられる「こと」の談話機能　　　　　　金英周 著
第119巻　平安期日本語の主体表現と客体表現　　　　　　　　　　高山道代 著
第120巻　長崎方言からみた語音調の構造　　　　　　　　　　　　松浦年男 著
第121巻　テキストマイニングによる言語研究　　　　　　岸江信介・田畑智司 編
第122巻　話し言葉と書き言葉の接点　　　　　　　　　　石黒圭・橋本行洋 編
第123巻　パースペクティブ・シフトと混合話法　　　　　　　　　山森良枝 著
第124巻　日本語の共感覚的比喩　　　　　　　　　　　　　　　武藤彩加 著
第125巻　日本語における漢語の変容の研究　　　　　　　　　　　鳴海伸一 著
第126巻　ドイツ語の様相助動詞　　　　　　　　　　　　　　　髙橋輝和 著
第127巻　コーパスと日本語史研究　　　　　　近藤泰弘・田中牧郎・小木曽智信 編
第128巻　手続き的意味論　　　　　　　　　　　　　　　　　　武内道子 著
第129巻　コミュニケーションへの言語的接近　　　　　　　　　　定延利之 著
第130巻　富山県方言の文法　　　　　　　　　　　　　　　　　小西いずみ 著
第131巻　日本語の活用現象　　　　　　　　　　　　　　　　　三原健一 著
第132巻　日英語の文法化と構文化　　　　　　　　秋元実治・青木博史・前田満 編
第133巻　発話行為から見た日本語授受表現の歴史的研究　　　　　　森勇太 著
第134巻　法生活空間におけるスペイン語の用法研究　　　　　　　堀田英夫 編
第137巻　日韓対照研究によるハとガと無助詞　　　　　　　　　　金智賢 著
第138巻　判断のモダリティに関する日中対照研究　　　　　　　　王其莉 著
第139巻　語構成の文法的側面についての研究　　　　　　　　　　斎藤倫明 著
第141巻　韓国語 cita と北海道方言ラサルと日本語ラレルの研究　　円山拓子 著

ひつじ研究叢書
〈言語編〉
第141巻

韓国語citaと
北海道方言ラサルと
日本語ラレルの研究

円山拓子 著

ひつじ書房

まえがき

　日本語母語話者が韓国語の分析をおこなう際には、日本語の思考や視点を切り離すことは難しく、多かれ少なかれ対照分析の要素が入る。そのため、韓国語母語話者の分析とは異なる形になるのは当然のことだと思われる。そうだとすれば、北海道方言話者の視点から韓国語の分析をおこなえば、日本語共通語の視点からの分析とは異なる切り口で、これまで見えていなかった姿を捉えることができるのではないだろうか。このような発想が本書の出発点となった。

　私が cita の研究に関心を持ったのは北海道大学での学部生時代にさかのぼる。cita と北海道方言のラサルが意味的に似ていると気づいたことがきっかけになった。cita が含まれる文はときに日本語に翻訳しにくいのだが、北海道方言であればラサルを使ってニュアンスまでぴったりと表現できる場合が多い。韓国語と北海道方言という別言語で、形態も全く異なる cita とラサルに共通点があることに心を惹かれた。

　韓国語の助動詞 cita は韓国語のヴォイス形式の中では、どちらかというと副次的な扱いを受けることが多いが、アスペクト・ヴォイス・モダリティにまたがる多様な意味を表している。さらに、本動詞 cita 自体が多義語であり、cita を含む複合動詞も多く存在している。cita をめぐる状況は複雑に入り組んでおり、1 つの形式に機能を盛り込みすぎではないかとも思える。それにもかかわらず、cita は生産性の高い助動詞として使われており、通時的に見ると新しい用法を次々と獲得している。第 1 部ではこのような cita の多義性を支えるメカニズムとはどのようなものか、複数の側面から分析をおこなった。そして、cita の多義性はスキーマ的意味と文法的特徴の相互作用によって支えられていることを論じた。

　第 2 部では、韓国語 cita・北海道方言ラサル・日本語ラレルの対

v

照分析をおこなった。これら3つの形式の共通点と相違点を整理し、それを意味地図の形で表した。意味地図を活用することによって、複数の用法を一括して扱い、個別の用法の対応関係にとどまらず、各形式の意味の全体像を捉えることが可能になる。意味地図を用いて各形式の意味変化の傾向や形式間の影響関係について論じた。

なお、第1部は2009年9月に東京大学大学院総合文化研究科から学位を授与された博士論文『韓国語助動詞citaの多義性─用法間の相互関係と意味拡張』に加筆したものであり、第2部はこれまでの学会発表や投稿論文をまとめ、意味地図による分析を加えたものである。

本書は東京大学韓国学研究部門の「韓国学中央研究院・海外韓国学中核大学育成事業 東京大学韓国学研究者育成事業学術成果刊行助成制度」による支援を受けて刊行に至った。これまでの研究成果を発表する貴重な機会をいただいたことに深く感謝申し上げたい。

本書の執筆に当たっては大変多くの方々にお世話になった。まず、東京大学の生越直樹先生は博士論文から本書に至るまで、長年にわたってこの研究を見守ってくださった。何度も原稿を読んでいただき、多くの示唆と励ましの言葉いただいた。生越先生の貴重なご助言によって研究をまとめていく道筋を見いだすことができた。東京大学の福井玲先生からは中期朝鮮語に関する大変重要なご指摘をいただいた。東京大学の大堀壽夫先生、坪井栄次郎先生、学習院大学の鷲尾龍一先生には、それぞれのご専門から丁寧かつ貴重なご助言をいただいた。

また、北海道大学名誉教授の門脇誠一先生には北海道韓国学研究会での発表の機会をいただき、それがcita・ラサル・ラレルの対照研究のスタートとなった。ラサルの記述に関しては山崎哲永先生から非常に多くの示唆を受けている。第2部の分析はかつて山崎先生と議論した内容が土台となっている。大阪大学の鄭聖汝先生はさまざまな議論に付き合ってくださり、そのたびに数多くの啓発を受けた。また、国立国語研究所のプラシャント・パルデシ先生には韓国語のヴォイスに関する研究発表の機会をいただき、そこで多くの有益なコメントをいただいた。麗澤大学の井上優先生はcita・ラサ

VI

ル・ラレルの対照研究を論文にまとめるきっかけをくださった。富山大学の上保敏先生は中期朝鮮語に関する私の初歩的な質問にも詳しくご助言くださった。

　北海商科大学の李鳳先生、北海道大学の呉泰均先生、河暎智氏には韓国語のインフォーマントとして何度もご協力いただいた。また、藤女子大学の金京愛先生は韓国語のチェックを快く引き受けてくださった。

　そして、札幌医科大学の山口和彦先生は北海道方言のインフォーマントとしてだけでなく、本書をまとめていく上で惜しみない協力で支えてくださった。

　最後に、本書の出版にご理解・ご協力くださったひつじ書房の松本功氏、編集と校正作業でご尽力くださった海老澤絵莉氏、相川奈緒氏に深く感謝申し上げたい。どなたのご助力が欠けても本書の完成はなかった。ここに記して感謝の意を表したい。

2016 年 8 月
円山拓子

※This work was supported by the Core University Program for Korean Studies through the Ministry of Education of the Republic of Korea and Korean Studies Promotion Service of the Academy of Korean Studies（AKS-2014-OLU-2250002）.
※この著書は、2014 年大韓民国教育部と韓国学中央研究院（韓国学振興事業団）を通じて海外韓国学中核大学育成事業の支援を受け遂行した研究である（AKS-2014-OLU-2250002）

目　次

まえがき	v
凡例	xv

I　韓国語助動詞 cita の多義性 … 1

第1章　問題提起と本書の概要 … 3

1.　はじめに	3
1.1　問題提起	4
2.　第1部の構成	5
3.　cita の形態論的な特徴	7
4.　cita に関する先行研究	8
4.1　cita を単義語とする研究	9
4.1.1　「cita＝受身」とする研究	10
4.1.2　「cita＝非受身」とする研究	11
4.1.3　cita を単義語とすることの問題点	14
4.2　cita を多義語とする研究	16
4.2.1　受身／状態変化二分型の研究	16
4.2.2　「1形式：多機能」とする研究	20
4.3　文法的特徴に関する研究	25
4.4　文法化に関する研究	26
5.　先行研究から浮かび上がる課題	27

第2章　用法の定義と意味的特徴 … 31

1.　はじめに	31
1.1　先行研究の問題点	31
1.2　本章の構成	36
2.　受身用法	37
2.1　先行研究における受身用法	37
2.2　受身用法の定義	38
2.3　受身用法の意味的・構文的特徴	40

IX

3.	状態変化用法	43
	3.1 先行研究における状態変化用法	43
	3.2 状態変化用法の定義	44
	3.3 状態変化用法の意味的特徴	45
4.	非意図用法	47
	4.1 先行研究における非意図用法	47
	4.2 非意図用法の定義	48
	4.3 非意図用法の意味的特徴	50
5.	可能用法	51
	5.1 先行研究における可能用法	51
	5.2 可能用法の定義	52
	5.3 可能用法の意味的特徴	54
6.	事態実現用法	60
	6.1 新たな用法カテゴリー	62
	6.1.1 受身用法とする可能性	62
	6.1.2 非意図用法とする可能性	62
	6.1.3 状態変化用法とする可能性	63
	6.1.4 新たな用法カテゴリーの必要性	64
	6.2 用例に共通する特徴	65
	6.3 名詞句に関する特徴	67
	6.4 事態実現用法の定義	69
	6.5 事態実現用法の意味的特徴	71
7.	数量的分布	73
8.	2つの用法にまたがる用例	74
9.	第2章のまとめ　cita の用法とその定義	76

第3章　cita の文法的特徴 81

1.	はじめに	81
	1.1 先行研究の問題点	82
	1.2 本書の考え方	83
	1.3 本章の構成	84
2.	先行用言の品詞	84
	2.1 状態変化用法における先行用言の品詞	84
	2.2 受身用法における先行用言の品詞	86
	2.3 非意図用法における先行用言の品詞	87
	2.4 可能用法における先行用言の品詞	88
	2.5 事態実現用法における先行用言の品詞	89
	2.6 cita の用法と先行用言の品詞	90

3. 先行用言の語彙アスペクト　91
 3.1 状態変化用法における先行用言の語彙アスペクト　93
 3.2 受身用法における先行用言の語彙アスペクト　95
 3.3 非意図用法における先行用言の語彙アスペクト　98
 3.4 可能用法における先行用言の語彙アスペクト　99
 3.5 事態実現用法における先行用言の語彙アスペクト　102
 3.6 cita の用法と先行用言の語彙アスペクト　104

4. 構文的特徴　104
 4.1 状態変化文の構文的特徴　105
 4.2 受身文の構文的特徴　107
 4.3 非意図文の構文的特徴　110
 4.4 可能文の構文的特徴　112
 4.5 事態実現文の構文的特徴　115
 4.6 cita の用法と構文的特徴　118

5. 名詞句属性　119
 5.1 状態変化文の名詞句　120
 5.2 受身文の名詞句　121
  5.2.1 受身文の主語の名詞句属性　121
  5.2.2 受身文の動作主の名詞句属性　121
 5.3 可能文の名詞句　123
  5.3.1 可能文の主語の名詞句属性　123
  5.3.2 可能文の動作主の名詞句属性　124
 5.4 非意図文の名詞句　125
  5.4.1 非意図文の主語の名詞句属性　125
  5.4.2 非意図文の動作主の名詞句属性　127
 5.5 事態実現文の名詞句　128
 5.6 cita の用法と名詞句属性　130

6. 話者の予想　131
 6.1 状態変化用法と話者の予想　131
 6.2 受身用法と話者の予想　132
 6.3 事態実現用法と話者の予想　133
 6.4 非意図用法と話者の予想　134
 6.5 可能用法と話者の予想　134
 6.6 cita の用法と話者の予想　136

7. 第3章のまとめ　cita の用法と文法的特徴　137

第4章　cita の意味拡張　145

1. はじめに　145

1.1	本章の構成	145
1.2	本動詞 cita	146
1.3	〈動詞 + cita〉型複合動詞	147
1.4	意味拡張に関する先行研究の見解	148
2.	cita の通時的変化	149
2.1	通時的変化に関する先行研究	149
2.2	15 世紀の cita（tita）	150
3.	意味拡張の分析	152
3.1	cita のスキーマ的意味	153
3.2	本動詞 cita	155
3.2.1	本動詞 I「落ちる」	155
3.2.2	本動詞 II「生じる」	156
3.2.3	本動詞から助動詞への派生	158
3.3	〈動詞 + cita〉型複合動詞	159
3.3.1	複合動詞 I	159
3.3.2	複合動詞 II	161
3.3.3	複合動詞 III	163
3.4	助動詞 cita	166
3.4.1	事態実現用法	166
3.4.2	受身用法	168
3.4.2.1	動作主非明示型の受身	168
3.4.2.2	動作主明示型の受身	171
3.4.3	非意図用法	172
3.4.4	可能用法	174
3.4.5	状態変化用法	176
4.	意味拡張の経路	178
4.1	通時的分析との整合性	179
4.2	文法的特徴との相関性	182
4.3	数量的分布との相関性	184
5.	用法間の相互関係	185
6.	第4章のまとめ　スキーマ的意味と意味拡張の経路	186

第5章　cita の言語学的位置づけ　191

1.	はじめに	191
1.1	本章の構成	192
2.	メタファー	192
2.1	方向のメタファー	193
2.2	空間から時間への抽象化	196

	2.3 広義のメトニミー	198
3.	文法化	200
	3.1 一方向性仮説	200
	3.1.1 一般化	200
	3.1.2 意味の漂白化	201
	3.1.3 脱範疇化	202
	3.2 主観化	203
	3.3 受身の文法化の経路	206
4.	ヴォイスの体系と cita	208
	4.1 「出来文」との共通性	209
	4.2 BECOME 型受動と cita	210
	4.3 構文ネットワークの広がりと cita の多義性	212
	4.3.1 受動の基本的機能領域	212
	4.3.2 機能領域の広がり	214
5.	第 5 章のまとめ　アスペクト・ヴォイス・モダリティの連続性	216

第 6 章	結論　スキーマ的意味と文法的特徴の相互作用		221
	1.	はじめに	221
	2.	第 5 章までの議論	221
	3.	スキーマ的意味と文法的特徴の相互作用	226

	II　cita・ラサル・ラレルの日韓対照研究		229
第 1 章	韓国語 cita・北海道方言ラサル・日本語ラレル		231
	1.	はじめに	231
	2.	3 つの形式の用法	232
	3.	第 2 部の構成	234
	4.	cita・ラサル・ラレルに関する先行研究	235
		4.1 cita とラレルの日韓対照研究	235
		4.2 ラサルの研究	237
		4.3 ラサルと韓国語の対照研究	238

第 2 章	cita・ラサル・ラレルの対照分析		241
	1.	はじめに	241
	2.	非意図（自発）用法	241
		2.1 cita の非意図用法	242

	2.2 ラサルの非意図用法	244
	2.3 ラレルの非意図（自発）用法	246
	2.4 3形式の非意図用法	248
3.	可能用法	248
	3.1 cita の可能用法	249
	3.2 ラサルの可能用法	252
	3.3 ラレル（エル）の可能用法	255
	3.4 3形式の可能用法	258
4.	事態実現用法	258
	4.1 cita の事態実現用法	259
	4.2 ラサルの事態実現用法	261
	4.3 ラレルと事態実現用法	263
	4.4 3形式の事態実現用法	264
5.	受身用法	265
	5.1 cita の受身用法	265
	5.2 ラレルの受身用法	269
	5.3 ラサルと受身用法	270
	5.4 3形式の受身用法	272

第3章　cita・ラサル・ラレルの意味地図　277

1.	意味地図の作成方法	277
2.	意味ネットワークの設定	278
	2.1 基底となる意味ネットワーク	278
	2.2 各結節点の関係	280
	2.3 意味ネットワークの構造的特徴	283
3.	cita の意味地図	284
4.	ラサルの意味地図	285
5.	ラレルの意味地図	287
6.	3形式の機能分布	289
	6.1 cita とラサルの機能分布	289
	6.2 cita とラレルの機能分布	290
	6.3 ラサルとラレルの機能分布	292

第4章　結論　意味地図から得られる示唆　295

参考文献	299
索引	311

凡　例

ACC　　Accusative（対格）

ADV　　Adverbial suffix（副詞形語尾）

COP　　Copula（指定詞）

DECL　Declarative suffix（叙述形語尾）

GEN　　Genitive（属格）

IMP　　Imperative suffix（命令形語尾）

LOC　　Locative（所格）

MOD　Modality（モダリティ）

NEG　　Negative（否定）

NOM　Nominative（主格）

PAST　Past tense（過去時制）

PRES　Present tense（現在時制）

PL　　　Plural suffix（複数接尾辞）

POL　　Polite speech level suffix（丁寧形語尾）

PRS　　Prospective adnominal suffix（未来連体形語尾）

Q　　　Question marker（疑問形語尾）

RL　　　Relativizer (present adnominal) suffix（現在連体形語尾）

RT　　　Retrospective adnominal suffix（過去連体形語尾）

TOP　　Topic（主題）

※その他の文法要素の意味に関しては日本語で表記した。

I

韓国語助動詞 cita の多義性

第1章

問題提起と本書の概要

1. はじめに

韓国語の지다 cita は動詞・形容詞等の用言に付く助動詞*1 であり、状態変化・受身・非意図（自発）・可能など多様な意味を表す多義語である。

(1) a. 햇볕에 타서 얼굴이 빨개졌다*2.

　　　hayspyeth-ey　tha-se　　　elkwul-i　　ppalkay-cye-ss-ta

　　　日差し-に　　焼ける-して　顔-NOM　赤い-cita-PAST-DECL

　　　日に焼けて顔が赤くなった。

b. 위원들에 의해 1962 년에 문화재보호법이 만들어졌다.

　　　wiwen-tul-ey.uyhay　1962nyen-ey　mwunhwajaypohopep-i

　　　委員-PL-によって　　1962年-に　　文化財保護法-NOM

　　　mantule-cye-ss-ta

　　　作る-cita-PAST-DECL

　　　委員たちによって 1962 年に文化財保護法が作られた。

c. 시원한 가을 바람이 느껴집니다.

　　　siwenha-n　kaul　palam-i　　nukkye-ci-pni-ta

　　　涼しい-RL　秋　　風-NOM　感じる-cita-POL-DECL

　　　涼しい秋風が感じられます。

d. 그 사람의 이야기가 믿어지지 않아요.

　　　ku　　salam-uy　iyaki-ka　　mite-ci-ci.anha-yo

　　　その　人-GEN　話-NOM　信じる-cita-NEG-POL.DECL

　　　その人の話が信じられません。

　（1a）は「赤くなった」という状態変化、（1b）は「作られた」という受身、（1c）は「感じられる」という非意図、（1d）は「信じられない」という可能の意味を表している。

3

本書では（1）の各文に見られるような cita の多義性について、文法的側面と意味的側面の両方からアプローチし、その全体像を捉えることを目標とする。それとともに、cita の意味の広がりが語彙的・統語的・語用論的な条件と密接に連動していることを述べる。そして、文法的特徴と意味的特徴の相互作用によって cita の多義性が成り立っていることを詳細に論じていくこととする。

1.1　問題提起

　cita の特徴を文法的側面と意味的側面の両方から捉え、多義性の全体像を把握するという目標のもと、ここではまず、次の4つの問題を提起したい。

　　① cita にはどのような用法*3 があるのか？
　　② cita の用法はどのような文法的特徴と結びついているのか？
　　③ cita はどのような意味拡張の経路を経て多義語になったのか？
　　④ cita の用法間の相互関係はどのように位置づけられるのか？

　まず、「① cita にはどのような用法があるのか」は、多義語を扱う上で最も基本的な論点であるが、先行研究ではいまだ統一的な見解が出されていない問題である。cita の用法としてどのようなものを認めるかは、多義語ゆえの曖昧な意味の連続体をどこで切り取っていくかという問題でもある。そのためには、どのような用法を設定するのが合理的で妥当かを検討する必要がある。また、用法をどのように定義するのかという点も、カテゴリーの設定と表裏一体となった重要な問題である。

　「② cita の用法の文法的特徴」は、例えば、cita がどのような用言に付くのか、どのような名詞句や副詞と共起するのかといった特徴である。文法的特徴という側面から cita の各用法を分析すると、用法それぞれの違いがどのように現れるのだろうか。また、各用法にとっての不可欠な文法的特徴*4 はどのようなものだろうか。cita の用法を文法的特徴の側面から具体的に把握することができれば、cita の多義性を意味のあいまいな連続体としてではなく、より実体を伴ったものとして特徴づけできるのではないかと考える。

　「③ cita の意味拡張の経路」は、どのような文法化や意味拡張の

過程を経て、現在のような多義的な助動詞になったのかという問題である。本動詞の cita は「落ちる」「生じる」などの意味で現在も用いられている。本動詞から出発して、助動詞の各用法へと派生してゆく意味拡張の経路としてもっとも合理的な説明が成り立つのはどのようなものだろうか。

「④ cita の用法間の相互関係」は、各用法は独立していて重複のない状態で存在しているのか、あるいは連続体をなしていて不可分の状態でつながっているのか、また、ある用法とある用法は共通点が多くあり、一方ある用法は共通点が少ないというような用法間の親疎関係があるのかという問題である。意味地図上に表すと、用法間の相互関係はどのような位置関係として表せるのかについても考えたい。

本書では上記の4つの問題提起に基づいて cita の多義性について考察する。そして、最終的には複数の観点からの議論を総合することで、cita の多義性を支えるメカニズムについて論じたい。cita は本動詞としても助動詞としても用いられ、その他に cita が含まれた複合語も多くある。そのため、1つの形式に対する機能負担量が非常に多い。この状況は、意味が曖昧になり、話者同士のコミュニケーションの齟齬が生じやすいはずだが、話者は cita の使用を避けることがない。また、cita は韓国語のヴォイスの形式の中でも生産性が高いことが指摘されている*5。こういった機能負担量の多さと生産性の高さを支える多義の構造とはどのようなものなのか、議論を通じて考察したい。

2. 第1部の構成

第1部は6つの章から構成される。

まず、第1章4節において cita に関する先行研究を概観する。本書では、1970年代以降の研究を中心にレビューし、i) cita をどのような観点から研究しているか、ii) cita をどのような用法を持つものとして捉えているか、という2つの基準から、先行研究を大きく4つのグループに分類する。先行研究の検討を通して、cita の多

第1章　問題提起と本書の概要　　5

義性についてどこまでが明らかにされ、どのような点が課題として残されているのかを明確にする。

　第2章「用法の定義と意味的特徴」では、問題提起①「citaにはどのような用法があるのか？」について考察する。先行研究の記述を整理し、検討を加えることを通して、citaの各用法をカテゴリーとして立てる妥当性を論じ、それぞれの用法を定義する。そして、用法ごとの意味的な特徴や下位分類を提示する。また、citaの各用法の数量的な分布についてもデータを示す。

　第3章「citaの文法的特徴」では、問題提起②「citaの用法はどのような文法的特徴と結びついているのか？」について考察する。まず、citaの各用法は語彙レベル・構文レベル・語用論レベルのそれぞれでどのような特徴を持つのか分析する。そして、各用法内で共有されている特徴、バリエーションが制限されている特徴は何かに着目し、citaの各用法が持つ不可欠な文法的特徴はどのようなものかを明らかにする。

　第4章「citaの意味拡張」では、問題提起③の「citaはどのような意味拡張の経路を経て多義語になったのか？」について、通時的な研究を踏まえつつ、意味的な側面から考察する。第2〜3章で得られた知見との整合性も考え合わせ、現段階で推論できる意味拡張の経路を提示する。さらに、そこから得られる意味地図を通して、問題提起④「citaの用法間の相互関係はどのように位置づけられるのか？」について論じる。

　第5章「citaの言語学的位置づけ」においては、第4章までの議論に基づき、メタファーと文法化、ヴォイスの体系の中での位置づけという3つの観点から、既存の代表的な研究の記述と照らし合わせ、citaの意味的特徴と文法的特徴が言語学的にどのように位置づけられるのか検討する。

　最後に第6章において、論文全体の議論を整理してまとめる。スキーマ的意味と文法的特徴の相互作用によって、citaの多義性が成り立っていることを主張し、意味的側面と文法的側面が、互いに異なる方向からcitaの多義性を支えていることを論じる。

3. cita の形態論的な特徴

　ここではまず、助動詞 cita の形態論的な特徴について、韓国語の代表的なヴォイスの形式である接辞 -i- と対比しながら、整理しておくことにしたい。

　接辞 -i- は用言の語幹に付いて、受身・使役・可能・非意図といったヴォイスのほか、自動詞化・他動詞化といった自他交替に関わる機能を表す。どの用言に接辞 -i- が付くかは語彙的に決まっており、新たに -i- が付く語彙が追加されることはない。-i- には異形態として -hi-/-li-/-ki-（使役化・他動詞化はこれに加えて -wu-/-kwu-/-chwu-）という形があるが、どの用言にどの異形態が付くかも語彙的に決まっている。異形態の分布に関しては、ある程度音韻的な傾向が見られるものの、完全に予測することはできない。このように -i- は語彙的・形態的な制限が強い形である。

　これに対して助動詞 cita は生産性の高いヴォイス形式であるとされている。cita は動詞・形容詞・存在詞*6 の連用形*7 に付く。cita は固有語用言の他に、接辞 -i- による派生を経た動詞や日本語のサ変動詞に該当する하다hata 動詞、하다hata 形容詞にも付く。

(2)　a.　〈固有語動詞 + cita〉　　b.　〈固有語動詞 -i- + cita〉

　　　　벗어지다　　　　　　　　　벗겨지다

　　　　pese-cita　　　　　　　　　pes-kye-cita

　　　　脱ぐ -cita　　　　　　　　　脱ぐ -i-cita

　　　　脱げる　　　　　　　　　　（脱がせた結果）脱げる

　　c.　〈固有語形容詞 + cita〉　d.　〈固有語形容詞 -i-+cita〉

　　　　넓어지다　　　　　　　　　넓혀지다

　　　　nelpe-cita　　　　　　　　　nelp-hye-cita

　　　　広い -cita　　　　　　　　　広い -i-cita

　　　　広くなる　　　　　　　　　広げられる

　　e.　〈存在詞 + cita〉　　　　f.　〈存在詞 -i-+cita〉

　　　　없어지다　　　　　　　　　없애지다*8

　　　　epse-cita　　　　　　　　　eps-ay-cita

　　　　ない -cita　　　　　　　　　ない -i-cita

なくなる　　　　　　　　　　　　なくせる

g. 〈hata 動詞 + cita〉　　　h. 〈hata 形容詞 + cita〉

변해지다　　　　　　　　　　　복잡해지다

pyenhay-cita　　　　　　　　pokcaphay-cita

変わる -cita　　　　　　　　　複雑だ -cita

変わる　　　　　　　　　　　複雑になる

　この他に「센치해지다 seynchihay-cita（センチメンタルになる）」や「쿨해지다 khwulhay-cita（クールになる）」のような〈外来語＋hata〉の構造を持つ hata 形容詞に cita が付く例も見られる。ただし、cita には〈2字漢語 + hata〉の hata 動詞には付かないという制限がある*9。

　このように助動詞 cita は語彙的な制限をあまり受けずに用言と結びつくため、接辞 -i- と比較すると非常に生産性の高い形式であると言うことができる。

4. cita に関する先行研究

　cita に関する先行研究の多くは、韓国の「国語学」の立場からなされたものであり、それ以外の立場からの研究は決して多くない。cita については、20 世紀初頭からすでに韓国語の受身を表す形式の 1 つとして指摘されてきているが*10、ここでは、現在の議論につながる先行研究として、主に 1970 年以降に発表されたものについてレビューする。

　これまでの cita に対する研究を、i) cita をどのような観点から研究しているか、ii) cita をどのような意味・用法を持つものとして捉えているか、という 2 つの点から整理すると、先行研究は大きく 4 つに分類できる。第一は、cita を単義語とする立場である。この分類に該当する研究は、cita を受身の形式とするか、受身以外の形式とするかでさらに 2 つに下位分類できる。第二は、cita に見られる意味を複数の「用法」として記述し、cita の多義性を認める立場の研究である。この分類に該当する研究も、どのような用法を設定しているかによってさらに 2 つに下位分類できる。第三は、cita の

8　I　韓国語助動詞 cita の多義性

文法的な特徴を記述する研究であり、第四は、通時的な観点に基づいた cita の文法化に関する研究である*11。

　本節では、これら4つの分類をもとに先行研究を概観し、研究史的な流れを把握しつつ、冒頭に掲げた4つの問題提起に関して、これまでに何が明らかにされ、何が課題として残されているのかを整理し、本書が扱う問題の輪郭を明確にすることにしたい。

4.1　cita を単義語とする研究

　まず、cita を単義語として扱っている研究を概観する。cita を単義語として扱う研究は、韓国における「国語学」の流れの中で見られる。この分類に該当する研究に特徴的なのは、「cita は受身の形式であるか否か」という問題を設定し、それに対して「cita＝受身の形式である」「cita＝受身の形式ではない」という対立する2つの立場のどちらかに立脚した上で、論を展開していることである。

　cita を単義語とする研究においては、論者が1つの「基本的意味」を設定し、cita に見られる多様な意味をその基本的意味によって説明しようとするのが特徴である。

　「cita＝受身」とする立場では、cita の基本的意味が受身であるとして、受身文として解釈しにくい例であっても、受身文（韓国の国語学の用語では「被動文」）として扱う。たとえば、次の（3）の例は、主語が「模範生になる」という変化を表す文であるが、「cita＝受身」の立場にある、成光秀（1976/1986）では「起動的被動化」として「被動」の枠組みで扱っている。

（3）불량배도 차차 모범생으로 되어진다.　　（成光秀 1976/1986: 174）

　　 pwullyangpay-to　chacha　mopemsayng-ulo　toye-ci-n-ta

　　 不良 - も　　　　　次第に　模範生 - に　　　　なる -cita-PRES-DECL

　　 不良も次第に模範生になる（なれる）。

　これとは逆に「cita＝非受身」とする立場では、（3）のような受身文としては解釈しにくい用例があることを論拠として、cita は受身の形式ではないと論じ、その代わりに「起動」（우인혜 1997）や「状態変化」（이정택 2004）などが cita の基本的意味であると主張する。そして、受身文として解釈するのが妥当と思われる例につい

ても「状態変化」や「起動」などの基本的意味によって解釈しよう
とする。次の（4）に示す例は、意味的には受身文に該当すると考
えられるが、「cita＝非受身」という立場の우인혜（1997: 199–
202）では、「埋まった」という状態が始まることを表す「他動詞
の起動化」として解釈すべきであるとしている。

(4)　그 김치 항아리는 땅 깊숙히 묻어졌다.　　（우인혜 1997: 199）

　　　ku　　kimchi　hangali-nun　ttang　kiphswuk-hi
　　　その　キムチ　甕 -TOP　　　　地面　奥深い -ADV

　　　mwute-cye-ss-ta
　　　埋める -cita-PAST-DECL

　　　そのキムチ甕は地中深くに埋められた。

以下では、上記の 2 つの立場に属する研究を個別に概観したい。

4.1.1　「cita＝受身」とする研究

cita を単義語とする研究のうち、まずは、cita を受身形式とする
立場の研究について整理したい。

成光秀（1976/1986）は（5a）のような〈自動詞＋cita〉や〈形
容詞＋cita〉の構造を持つ文は「起動的被動」を表すとし、（5b）
のような〈他動詞＋cita〉の構造を持つ文は「被動的機能」を表す
としている。

(5)　a.　민물에서는 몸이 떠지지 않는다.　（成光秀 1976/1986: 174）

　　　　　minmwul-eyse-nun　mom-i　　tte-ci-ci.anh-nun-ta
　　　　　真水 - で -TOP　　　　体 -NOM　浮く -cita-NEG-PRES-DECL

　　　　　真水では体が浮かばない。

　　　b.　옷이 {거의, 저절로} 벗어졌다*12.　　　　（同: 165）

　　　　　os-i　　{keuy, cecello}　　　pese-cye-ss-ta
　　　　　服 -NOM　{ほとんど, 自然に}　脱ぐ -cita-PAST-DECL

　　　　　服が {ほとんど, 自然に} 脱げた。

これらの文では cita が用いられており、主語の「몸 mom（体）」
や「옷 os（服）」が外部からの影響を受ける存在であることから、
受身文に分類されている。ただし、これらが「受身文」であること
は自明のことであるかのように扱われ、その妥当性に関しては検討

されていない。また、成光秀（1976/1986）以来、cita について
「起動」という用語を用いて説明する研究が散見される。しかし、
成光秀（1976/1986）は「起動」がどのような概念を表す用語であ
るのか、明確に定義していない。

　김영태（2002）は韓国語の助動詞に関する論考であり、cita も助
動詞の1つとして言及されている。この中でcita は「受動の意味を
表す」助動詞と規定され、次のような例もすべて受身表現として分
類されている。

(6)　a.　길이 넓어진다.　　　　　　　　　　　　（김영태 2002: 109）

　　　　　kil-i　　　　nelpe-ci-n-ta

　　　　　道 -NOM　　広い -cita-PRES-DECL

　　　　　道が広くなる。

　　　b.　밥이 먹어진다.　　　　　　　　　　　　（同 : 109）

　　　　　pap-i　　　　meke-ci-n-ta

　　　　　ご飯 -NOM　　食べる -cita-PRES-DECL

　　　　　ご飯が食べられる（食べれてしまう）。

　(6a) のように、形容詞に cita が付加される場合には、「起動化」
によって過程性を表すようになり、(6b) のように、動詞に cita が
付加される場合には、「動作性の弱化」を表すとする。そして、い
ずれの意味も cita の基本的意味である受動から発展したものである
と述べている。김영태（2002）の分析は、「cita ＝受身の形式」と
いう考えを極限まで押し進めたものであり、cita のさまざまな用例
に見られる意味的な差異は捨象され、すべて受身の枠組みで説明さ
れている。

4.1.2　「cita ＝非受身」とする研究

　次に、「cita は受身の形式ではない」とする立場の論考について
紹介する。

　任洪彬（1978/1998）は、それまでの韓国語学において受身を表
すとされてきた形式について、その妥当性を検討している。cita に
ついては、受身の形式であるとする立場と起動を表す形式であると
する立場の両方を否定し、(7) のような cita 文の意味は、(8a, b)

のような本動詞に見られる「生じる」という意味によって解釈すべきであるとしている。

(7) 가을에는 하늘이 높아진다.　　　　　　　　（任洪彬 1978/1998: 357）

kaul-ey-nun　hanul-i　　nopha-ci-n-ta

秋 - に -TOP　空 -NOM　高い -cita-PRES-DECL

秋には空が高くなる。

(8) a.　장마가 질 정도로 비가 와야 농사가 된다.　　　　　　（同 : 358）

cangma-ka　ci-l　　　cengto-lo　pi-ka　　　wa-ya

長雨 -NOM　cita-PRS　程度 - で　雨 -NOM　降る - してこそ

nongsa-ka　　　toy-n-ta

農作業 -NOM　　できる -PRES-DECL

長雨になるくらい雨が降ってはじめて農作業ができる。

b.　물이 묻어 책에 얼룩이 졌다.　　　　　　　　（同 : 358）

mwul-i　　mwute　chayk-ey　ellwuk-i　　　cye-ss-ta

水 -NOM　ついて　本 - に　　しみ -NOM　cita-PAST-DECL

水にぬれて本にしみができた。

　つまり、(7) の述部「높아지다 nopha-cita（高くなる）」は（8a, b）の本動詞の場合と同じく、ある状態が「生じる」ことを表すものであり、受身を表す形式ではないという主張である。そしてさらに、cita は助動詞ではなく、単なる一般動詞として扱うべきであるとしている。任洪彬（1978/1998）のこの主張は、cita が助動詞であることまで否定するものであり、その後の研究でこの路線を継承しているものは見られない。

　우인혜（1997）は cita の基本的意味が「起動化」であり、「結合した先行用言に起動相の意味を持たせるのが cita の基本機能である」（p. 189）と主張する。そして、起動相とは「動作や状態の開始点を表すもの」（p. 191）としながらも、その一方で「起動相が状態や動作の開始を表すのにとどまらず、その開始を表す変化様相に焦点を当てたもの」であると、用語の定義を拡大している。この拡大した「起動相」の解釈を用いて、(9a) の「道路が広くなった」は、広くなかった状態からようやく広い状態に変わったことを表す「形容詞の起動化」、(9b) の「果実が実った」は、実ってい

12　　I　韓国語助動詞 cita の多義性

ない状態から実った状態への変化を表す「自動詞の起動化」である
とし、（9c）の「キムチ甕が埋められた」は、「ある状態の開始」
や「意味様相の変化」を表すことから「他動詞の起動化」であると
している。

(9) a. 도로가 최근 넓어졌다. （우인혜 1997: 192）

tolo-ka　　　choykun　nelpe-cye-ss-ta

道路 -NOM　 最近　　 広い -cita-PAST-DECL

道路が最近広くなった。

b. 열매가 영글어졌다. （同 : 195）

yelmay-ka　　yengkule-cye-ss-ta

果実 -NOM　　実る -cita-PAST-DECL

果実が実った。

c. 그 김치 항아리는 땅 깊숙히 묻어졌다. （同 : 199）

ku　 kimchi　hangali-nun　ttang　kiphswuk-hi

その　 キムチ　甕 -TOP　　　 地面　 奥深い -ADV

mwute-cye-ss-ta

埋める -cita-PAST-DECL

そのキムチ甕は地中深くに埋められた。

　しかし、この分析は 2 つの大きな問題を抱えている。ひとつは、
cita の基本的意味を「起動化」としているが、（9a–c）の例は「起
動」という用語から想起される動作や状態の変化の開始局面を表す
ものではなく、むしろ、事態が実現した局面とその後の結果状態を
表しているという点である。もう一方は、（9c）の例に見られるよ
うな「（キムチ甕を埋める→）キムチ甕が埋められる」というヴォ
イスの変換は、起動というアスペクト概念のみでは説明できないと
いう点である。そのため、cita の意味をすべて「起動」という概念
で説明しようとする議論には無理があると考えられる。

　이정택（2004）は、韓国語の受身に関する論考の中で cita を扱い
ながらも、cita が受身を表すということに対して否定的である。
cita は受身ではなく状態変化を表す助動詞であるとし、cita に複数
の機能があるのではなく、cita が結びつく動詞によって、「状態変
化」の様相が変わるのだと主張する。そのため、次に掲げる〈他動

詞 + cita〉の文は、（10a）主語の状態変化、（10b）環境との関係
変化、（10c）心理的な変化であるとして、「状態変化」の基本的意
味が用言の性格によって、少しずつ様相を変えたものであるとする。

(10) a. 그 질긴 종이가 찢어졌다.　　　　　　　（이정택 2004: 122）

　　ku　　cilki-n　　　　congi-ka　　ccice-cye-ss-ta
　　その　丈夫だ -RL　　紙 -NOM　　破く -cita-PAST-DECL
　　その丈夫な紙が破れた。

b. 김씨는 의자 위에 앉혀졌다.　　　　　　　（同 : 127）

　　kim-ssi-nun　　　uyca　　wi-ey　　anc-hye-cye-ss-ta
　　金 - さん -TOP　椅子　上 - に　座る -i-cita-PAST-DECL
　　金さんは椅子の上に座らされた。

c. 난 그녀가 바보로 여겨지더군.　　　　　　（同 : 128）

　　na-n　　kunye-ka　　papo-lo　yekye-ci-tekwun
　　私 -TOP　彼女 -NOM　ばか - に　思う -cita-RT.MOD
　　私は彼女がばかに思えるんだよ。

　しかし、（10b）の「앉혀졌다 anchye-cye-ss-ta（座らされた）」は、
単に主語の「김씨 kim-ssi（金さん）」の位置が移動して、椅子との
位置関係が変化したことを表しているのではない。文中には明示さ
れていないが使役者の存在があり、主語の「金さん」はその使役者
の命令・動作を受け、それに従う形で動作がおこなわれている。こ
のようなヴォイス的な意味内容は、「環境との関係変化」という枠
組みでは説明することができない。したがって、やはり「状態変
化」という枠組みだけでcitaの全体像を捉えようとすることには無
理がある。

4.1.3　citaを単義語とすることの問題点

　以上で紹介したようなcitaを単義語として扱う研究は、主に韓国
語の受身に関する論考において見られるものである。韓国語の受身
を表す形式としては、助動詞citaのほかに、接辞 -i- や動詞 toyta
など複数の形式がある。上述の先行研究は、それらの形式を比較し
ながら韓国語の受身を論じる中で、citaの意味を単純化して提示し
ているものと思われる。そのため、citaに見られる多義性には目が

向けられず、cita の多様な意味を何か1つの用法に還元して説明しようとする傾向が生まれている。

「cita ＝受身」あるいは「cita ＝非受身」という二項対立的な議論は、cita を受身の形式として認める立場にせよ、認めない立場にせよ、1つの形式には1つの機能が対応するという「1形式：1機能」の枠組みに縛られている。このことを指摘したのが Knoob（2002）である。Knoob（2002: 61）はこれらの研究に対して、「韓国語のヴォイスの体系を動詞の形態的な派生によって説明することは不適切であり、捨て去るべき＊13」であると主張している。韓国語の国語学を基盤とした研究では、cita に限らず接辞 -i- や toyta など受身を表すことができる形式が現れると、文の意味がどのようなものであれ、「被動」として扱う場合が多く見られる。それらの研究では、非意図文や可能文などとして解釈するのが妥当に思える用例までも「被動」として扱っている。このような「被動の拡張」はヴォイスを論じているのにもかかわらず、形態論に過度に依存し、ヴォイスの意味的側面と統語的側面を無視した分析であると言わざるをえない。

「cita ＝受身」とする立場では、まさに上述の「被動の拡張」が起こり、cita が現れる文はどのような意味を表すかにかかわらず、半ば盲目的に「被動文」として扱われている。逆に「cita ＝非受身」の立場では、自動詞や形容詞が先行用言になる場合があることを、cita が受身の形式ではないとする論拠として、論者が選択する1つの「基本的意味」によって、強引にすべての用例を説明しようとする傾向が見られる。

おしなべて、これらの研究において、cita の多様な意味は基本的意味以外すべて文脈によるニュアンスの差として処理される。しかし、cita の多様な意味を1つの基本的意味でのみ論じようとするために、説明には矛盾点が多く見られる。このような状況を考えると、cita を単義語として扱うことは適切なアプローチであるとは言いがたい。

第1章　問題提起と本書の概要　15

4.2 cita を多義語とする研究

　先行研究の第二のグループは、上述の cita を単義語とする「1 形式：1 機能」の枠組みを離れ、cita に見られる意味を複数の「用法」として記述する立場である。いわば、1 つの形式に複数の機能が対応しているという「1 形式：複数機能」を認める立場ということになる。多義を記述する研究はさらに 2 つに下位分類できる。ひとつは、先行用言の品詞を基準として、cita の意味を受身と状態変化の 2 つに区分する研究であり、もう一方は、意味的な分析に基づいて、cita に複数の意味・用法を認める研究である。大まかな傾向として、受身と状態変化に二分する研究は韓国の国語学における論考が中心となっており、「1 形式：多機能」とする研究は、機能主義的あるいは認知言語学的な立場から韓国語のヴォイスを記述する研究が中心となっている。

4.2.1 受身／状態変化二分型の研究

　この分類に該当する研究では、cita の意味を先行用言の品詞に応じて「状態変化（あるいは自動詞化）」と「受身（被動）」の 2 つに分ける。大雑把に言って、〈形容詞 + cita〉は状態変化、〈動詞 + cita〉は受身を表すとするのが、これらの研究の考え方である。

　沈在箕（1982）は cita には「被動化」と「自動詞化」の 2 つの基本的意味があるとしている。自動詞化には、（11a）のような形容詞「멀다 melta（遠い）」に cita が付いた「状態動詞の自動詞化」と、（11b）のような他動詞「열다 yelta（開ける）」に cita が付いた「他動詞の自動詞化」があるとする。また、被動には（11c）のような自動詞「달리다 tallita（走る）」に cita が付いた「疑似被動化」があるとしている。

(11) a.　그들의 사이가 <u>멀어진다</u>. 　　　　　　　　　（沈在箕 1982: 372）

　　　　kutul-uy　　sai-ka　　mele-ci-n-ta

　　　　彼ら -GEN　間 -NOM　遠い -cita-PRES-DECL

　　　　彼らの関係が<u>疎遠になる</u>。

　　 b.　대문이 <u>열어진다</u>. 　　　　　　　　　　　　　（同：373）

　　　　taymwun-i　yele-ci-n-ta

16　　I　韓国語助動詞 cita の多義性

正門 -NOM　開ける -cita-PRES-DECL

正門が<u>開く</u>。

c.　철수는（운동화를 신으니까）빠르게 <u>달려진다</u>.　　（同 : 372）

chelswu-nun　　（wuntonghwa-lul　sin-unikka）　ppalu-key

チョルス -TOP　（運動靴 -ACC　　　履く - ので）　早い -ADV

tallye-ci-n-ta

走る -cita-PRES-DECL

チョルスは（運動靴をはくので）速く<u>走れる</u>（<u>走れて</u>
<u>しまう</u>）。

　（11c）は「운동화 wuntonghwa（運動靴）」という主語以外の外
部の力が関与することによって成り立つ行為だが、主語は能動的に
行為をおこなっていることから「疑似被動化」であるとしている。
しかし、なぜこれが「被動」のカテゴリーに入るのかについては、
詳しく論じられていない。

　裵禧任（1988）では、cita には「被動」と「自動詞化」の 2 つ
の用法があるとしている。（12a）のような〈他動詞 + cita〉は被動
を表し、（12b）のような〈形容詞 + cita〉では、cita は自動詞化の
役割を果たすとしている。

　（12）a.　공작품이 철수에 의해 <u>만들어졌다</u>.　　（裵禧任 1988: 119）

kongcakphwum-i　chelswu-ey.uyhay　　mantule-cye-ss-ta

工作品 -NOM　　　チョルス - によって　作る -cita-PAST-DECL

作品がチョルスによって<u>作られた</u>。

　　　b.　아이가 <u>예뻐진다</u>.　　　　　　　　　　（同 : 114）

ai-ka　　　　　yeyppe-ci-n-ta

子ども -NOM　かわいい -cita-PRES-DECL

子どもがかわいくなる。

　白峰子（1999）では、cita には被動と状態変化の用法があると
している。（13a）のような〈動詞 + cita〉では被動を表し、（13b）
のような〈形容詞 + cita〉では状態変化を表すとする。

　（13）a.　<u>주어진</u> 시간 안에 설명을 끝내야 합니다.　（白峰子 1999: 413）

cwue-ci-n　　　　sikan　an-ey　　selmyeng-ul

与える -cita-RT　時間　内 - で　説明 -ACC

kkuthnay-ya.ha-pni-ta

終える - しなければいけない -POL-DECL

与えられた時間内で説明を終えなければなりません。

b. 연습을 많이 하니까 발음이 점점 좋아집니다. （同：414）

yensup-ul　manh-i　　ha-nikka　palum-i　　cemcem

練習 -ACC　多い -ADV　する - ので　発音 -NOM　だんだん

coha-ci-pni-ta

良い -cita-POL-DECL

練習をたくさんするので発音がだんだんよくなります。

その一方で、次に示すようなものも cita が「被動」を表す例として挙げられている。

（14）a. 연필이 좋으니까 글씨가 잘 써진다. （白峰子 1999：413）

yenphil-i　　coh-unikka　kulssi-ka　cal

鉛筆 -NOM　良い - ので　字 -NOM　うまく

sse-ci-n-ta

書く -cita-PRES-DECL

鉛筆がいいので字がうまく書ける。

b. 제시간에 잠이 안 깨져서 항상 지각을 해요. （同：413）

ceysikan-ey　cam-i　　　an　　kkay-cye-se　　　hangsang

定時 - に　　眠り -NOM　NEG　覚める -cita- ので　いつも

cikak-ul　　hay-yo

遅刻 -ACC　する -POL.DECL

決まった時間に目が覚めないのでいつも遅刻をします。

c. 취직이 되었는지 결과가 몹시 기다려지네요. （同：413）

chwicik-i　　toye-ss-nunci　　kyelkwa-ka　mopsi

就職 -NOM　なる -PAST- のか　結果 -NOM　とても

kitalye-ci-ney-yo

待つ -cita-MOD-POL.DECL

就職できたのかどうか結果がとても待たれますね（待ち遠しいですね）。

（14a–c）の例は被動というよりもむしろ可能や自動詞化、非意図（自発）などの意味を持つと考えられるが、白峰子（1999）に

おいて〈動詞＋cita〉の形式を持つものは、すべて被動とされている。だとすると、被動とはいったいどんなカテゴリーなのかという疑問が生まれる。しかし、ここでも「何をもって被動とするか」については説明がなされていない。

李翊燮・蔡琬（1999）においても、citaの用法を被動と状態変化の2つに区分している。（15a）のような〈他動詞＋cita〉は被動、（15b）のような〈形容詞＋cita〉は状態変化、そして、（15c）のような〈自動詞＋cita〉は疑似被動であるとする。

(15)a. 이 금관은 언제 만들어졌을까？　　　（李翊燮・蔡琬 1999: 299）

　　　 i　　kumkwan-un　encey　mantule-cye-ss-ulkka

　　　 この　金冠 -TOP　　いつ　作る -cita-PAST-Q

　　　 この金冠はいつ作られたのだろうか？

　　b. 벌써 동쪽 하늘이 환해진다.　　　　　　（同：300）

　　　 pelsse　tongccok　hanul-i　　hwanhay-ci-n-ta

　　　 もう　　東側　　　空 - NOM　明るい -cita-PRES-DECL

　　　 もう東の空が明るくなる。

　　c. 졸업을 하고 나니 선생님 댁에 잘 가지지 않는다.　（同：300）

　　　 colep-ul　　ha-ko　　na-ni　　sensayngnim　tayk-ey

　　　 卒業 -ACC　する - て　出る - と　先生　　　　宅 - に

　　　 cal　　ka-ci-ci.anh-nun-ta

　　　 よく　行く -cita-NEG-PRES-DECL

　　　 卒業してしまうと先生のお宅にあまり足が向かない。

（15c）の〈自動詞＋cita〉は対応する能動文がないことから「疑似被動文」とされている。意味的に考えるとこれが「被動」であるというのは納得しかねるのだが、なぜこの文が被動のカテゴリーに入るのかに関しては、この論考でも詳しい記述がない。

「受身／状態変化二分型」の分類に該当する研究は、citaを単義語として扱う「cita＝受身」と「cita＝非受身」という2つの立場を折衷したものとしても解釈できる。4.1.3節ではcitaを単義語として扱う研究が形態論に縛られていることを批判したが、受身／状態変化二分型の研究も、形こそ異なるが形態論の束縛を受けている。

その要因は、先行用言の品詞が何かによってcitaの意味が決まると考える点にある。「先行用言の品詞がcitaの意味を決定する」という「品詞決定論」ともいえる研究では、文全体の意味がどのようなものであれ、citaの用法を「〈動詞＋cita〉＝被動」「〈形容詞＋cita〉＝状態変化」という枠組みに無理やり押し込め、受身文として解釈しにくいものまで被動のカテゴリーに入れている。そして、「被動」という用語が無制限に用いられ、この用語の指し示す範囲が無制限に拡張している。その一方で、受身文として解釈しにくいものを「被動」として扱う妥当性は論じられていない。結果として、形態論を基準にcitaの意味を論じようとするがために、citaの意味を適切に捉えられないという状況がここでも繰り返されているのである。なお、先行用言の品詞が用法を決定するという「品詞決定論」の妥当性については、第3章で詳しく検討する。

4.2.2　「1形式：多機能」とする研究

　Lee, Kee-dong（1993）は、Force Dynamicsの枠組みを用いてcitaを分析している。本動詞のcita「落ちる」を下方向へ移動しようとする力（agonist）とそれに対抗する力（antagonist）という2つの力の相互作用として捉え、対抗する力の方が弱まり2つの力の均衡関係が破れるときに、下方向に移動する動作が起きると考える。そして、助動詞citaの意味をこの2つの相反する力によって説明している。まず、（16a）のような〈形容詞＋cita〉は状態変化を表すとする。この場合、主語「방 bang（部屋）」と暖める力（この文では明示されていない）という2つの対立する力の相互作用があると述べている。一方、（16b）のような〈自動詞＋cita〉は可能を表すとする。（16b）では、2つの力に話者の心理的な見込みが関わってくる。話者の予想では、人（agonist）がその部屋（antagonist）で寝るのには多すぎるのだが、その見込みに反してプロセスが起こるとしている。（16c）のような〈他動詞＋cita〉に対しては、2つの拮抗する力が存在する状況において、話者にとっては予想外の形で、事態が成立するということを表すと記述している。

　（16）a.　그 방이 <u>따뜻해진다</u>.　　　　　　　　　　　　　（Lee 1993: 112）

20　Ⅰ　韓国語助動詞citaの多義性

ku   pang-i   ttattushay-ci-n-ta

その　部屋 -NOM　暖かい -cita-PRES-DECL

The room <u>becomes warm</u>.

b. 그 많은 사람들이 그 방에서 <u>자졌다</u>.　　　（同 : 114）

ku   manh-un salam-tul-i   ku   pang-eyse

その　多い -RL　人 -PL-NOM　その　部屋 -LOC

ca-cye-ss-ta

寝る -cita-PAST-DECL

That many people <u>managed to sleep</u> in the room.

c. 강물이 모래 주머니로 <u>막아졌다</u>.　　　（同 : 118）

kangmwul-i   molay   cwumeni-lo   maka-cye-ss-ta

川の水 -NOM　砂　　袋 - で　　　ふさぐ -cita-PAST-DECL

The river <u>was blocked</u> with sandbags.

　Lee（1993）のこれらの分析は、cita の意味の多様性を認めており、それまでの受身／状態変化二分型の研究とは一線を画している。しかし、先行用言の品詞によって cita の用法が決まると考える「品詞決定論」的な捉え方が見られる。

　손세모돌（1996）は韓国語の助動詞に関する論考の中で cita を扱っている。cita の意味としては「起動」「被動」「話者の心理的態度」の 3 つを認めている。（17a）は起動、（17b）は被動、（17c）は「不可能なことが起きた」という話者の心理的態度を表す例として挙げられているものである *14。

（17）a. 몸이 점점 <u>가벼워진다</u>.　　　（손세모돌 1996 : 253）

mom-i   cemcem   kapyewe-ci-n-ta

体 -NOM　だんだん　軽い -cita-PRES-DECL

<u>体がだんだん軽くなる</u>。

b. 이번 냉해로 벼가 얼마나 <u>거두어질지</u> 짐작할 수 없어요.

　　　　　　　　　　　　　　　　　　　（同 : 258）

ipen   naynghay-lo pye-ka   elmana

今回の　冷害 - で　　　稲 -NOM　どれほど

ketwue-ci-lci   cimcakha-l.swu.epse-yo

収穫する -cita- のか　推量する - 不可能 -POL.DECL

第 1 章　問題提起と本書の概要　　21

今回の冷害で稲がどのくらい<u>収穫される</u>のか見当がつきません。

c. 그 방에서 다 <u>자 지니</u>?（못 잘텐데）　　　　　　（同：263）

　　ku　　pang-eyse　ta　　ca　　ci-ni　　（mos

　　その　部屋 -LOC　みんな　寝る　cita-Q　（不可能

　　ca-ltheyntey）

　　寝る - だろうに）

　その部屋でみんな<u>寝られるの</u>？（寝られないだろうに）

　そして、上記の3つの意味は、すべて文脈的な条件によって「変化」という基本的意味から導きだされたものであるとしている。しかし、個々の意味を導きだす「文脈」とはどのようなものかについては、母語話者の直感に依存しており、具体的な記述に欠けている。손세모돌（1996）は cita の多義性を認めながらも、1つの基本的意味に還元させようとする点では、前述の cita を単義語として扱う研究の流れをくんだものであると考えられる。

　鄭聖汝（1999）は、接辞 -i- を中心とするヴォイスに関する論考の中で、cita も考察の対象としている。接辞 -i- を「意味的受動化」、cita を「統語的受動化」と位置づけ、接辞 -i- を「有生主語の行為の方向性を中心とした意味的他動性に基づく受動化」（p. 186）とし、cita を「文法関係の変換という統語的基準による態の変換」（p. 186）であると主張している。cita の受動文というのは、能動文の直接目的語が主語となって結合価が減少し、統語的に自動化するものであるとしている。cita の用法としては（18a）のような受動の他に、（18b）の状態変化、（18c）の自発、（18d）の可能を認めている。

（18）a.　마을사람들에 의해 길이 <u>넓혀졌다</u>.　　　　（鄭聖汝 1999: 200）

　　　maulsalam-tul-ey.uyhay　kil-i　　　nelp-hye-cye-ss-ta

　　　村人 -PL- によって　　　道 -NOM　広い -i-cita-PAST-DECL

　　　村人たちによって<u>道が拡張された</u>。

　　b.　강물이 <u>맑아졌다</u>.　　　　　　　　　　　　　（同：192）

　　　kangmwul-i　　malka-cye-ss-ta

　　　川の水 -NOM　澄む -cita-PAST-DECL

川の水がきれいになった。

c. 나도 몰래 그녀의 집 앞으로 발이 가지더라. （同：194）

na-to　mollay　kunye-uy　cip　aph-lo　pal-i

私 - も　知らずに　彼女 -GEN　家　前 - に　足 -NOM

ka-ci-tela

行く -cita-RT.MOD

自分も知らずに彼女の家の前に足が行ってしまった。

d. 시체 옆에서 맛있게 밥이 먹어질 리가 있나 ? （同：203）

sichey　yeph-eyse　masiss-key　　　pap-i

死体　横 -LOC　おいしい -ADV　ご飯 -NOM

meke-ci-l　　　li-ka　　　iss-na

食べる -cita-PRS　はず -NOM　ある -Q

死体の傍でおいしくご飯が食べられるもんか（食べられるわけがない）。

　その上で、cita の基本的な意味用法は自発であるとする。cita の自発は動作主の行為の成り行きが前面化する「成り行きの自発」であると主張し、可能は否定を介在して自発から転換し、受身は自発文において焦点から外された動作主を再び文中に表出することで獲得されたものであるとしている。

　Knoob（2002）は、既存の分析に見られる「無標の動詞が能動を表し、有標の動詞が受身や使役を表す」という、形態的派生によるヴォイスの分析は、実際の韓国語を適切に反映していないとし、ヴォイスを形態論的な基準によって判断する先行研究に対して疑問を投げかけている。そして、意味論と構文に基づいた分析が必要であることを主張する。これと関連して、韓国語の動詞体系は起動 *15 と受身を明確には区別していないことを指摘している。例えば、次の（19a-e）は原因となる要素や動作主の表され方によって、文の解釈が異なる。

（19）a. 불이 꺼졌다. （Knoob 2002: 71）

pwul-i　　　kke-cye-ss-ta

火 -NOM　消す -cita-PAST-DECL

The fire went out.（基本的な解釈）

The fire was put out. (可能な解釈)

b. 불이 {비에 / 소방대에 의해서} 꺼졌다.

pwul-i　　{pi-ey/　　sopangtay-ey.uyhayse}

火 -NOM　{雨 - に /　消防隊 - によって}

kke-cye-ss-ta

消す -cita-PAST-DECL

The fire got extinguished {by the rain / by the fire brigade}.

c. 비가 와서 불이 꺼졌다.

pi-ka　　　　wa-se　　pwul-i　　kke-cye-ss-ta

雨 -NOM　　降る - して　火 -NOM　消す -cita-PAST-DECL

It rained, and so the fire {went out / got extinguished}.

d. 소방대가 와서 불이 꺼졌다.

sopangtay-ka　　wa-se　　　pwul-i　　kke-cye-ss-ta

消防隊 -NOM　来る - して　火 -NOM　消す -cita-PAST-DECL

The fire brigade came, and so the fire was put out.

e. 열두 시가 되자 온 동네에서 불이 꺼졌다.

yeltwu　si-ka　　　toy-ca　　　　on　　　tongney-eyse

12　　　時 -NOM　なる - やいなや　全体の　町 -LOC

pwul-i　　kke-cye-ss-ta

火 -NOM　消す -cita-PAST-DECL

At twelve, the lights went out in the whole neighbourhood [because somebody put them out].

（19a）の「꺼졌다 kke-cye-ss-ta」は「go out（消えた）」というのが基本的な解釈だが、「be put out（消された）」という受身文としても解釈できるとする。（19b–e）のように、原因や動作主の示され方によって、「꺼지다 kke-cita」の解釈は「消える」と「消される」の間で揺れ動くというものである。このように、韓国語の受身と起動の間は連続したスペクトラムをなすと指摘している。そして、その意味は構文全体を見なければ把握できないことから、イベント構造と構文的な特徴に目を向ける必要性があると主張している。

Knoob（2002）は上述のとおり、形態論によってヴォイスを論じることの問題点を指摘している。しかし、cita については部分的

24　　I　韓国語助動詞 cita の多義性

にしか扱われていないため、多義性に関する記述は一部にとどまっている。

4.3　文法的特徴に関する研究

　文法的特徴の中でも、先行用言の品詞や受身文の格標示に関しては、ここまで紹介した研究の多くが言及しているが、この他に文法的特徴に焦点を当てながら cita と接辞 -i- を対比する研究がある。

　塚本・鄭（1993）は、韓国語の受身文において接辞 -i- と cita がどのように使い分けられているかを論じている。cita と接辞 -i- が受身形式として用いられる場合に、動詞の形態、三項動詞の受身化、動作主マーカー、主格名詞句の意味特性、アスペクトという 5 つの点について次の図表 1 に示すような異なる特徴が見られることを指摘している。

図表 1　塚本・鄭（1993）による接辞 -i- と cita の文法的特徴

	接辞 -i-	cita
動詞の形態	派生を経ていない他動詞	対応する -i- 形を持たない他動詞 自動詞からの派生を経た他動詞
三項動詞の名詞句	与格名詞句・奪格名詞句 →受身文の主語	対格名詞句→受身文の主語
動作主マーカー	에게 eykey「に」 에서 eyse「から」 로부터 lopwuthe「から」	에 의해 ey uyhay「によって」のみ
主格名詞句の意味特性	有生名詞	無生名詞
アスペクト	-어 있다 e issta を用いて行為の結果持続を表せない	-어 있다 e issta で行為の結果持続を表せる

　許明子（2004）は日本語と韓国語の受身文の数量的な分析をおこなっている。話しことばで受身文が用いられる割合は、日本語で7.2％、韓国語で1.8％であるのに対し、書きことばでは日本語が12.1％、韓国語が19.2％とともに頻度が高くなっている。さらに、日韓両言語ともに、話しことばでは有情物受身文を中心とした被害

の意味を表すものが多く使用され、書きことばでは非情物受身文を中心とした中立の意味のものが多く使われているという傾向があることを指摘した。

尹亭仁（2005）は日韓両言語の受身の対照研究の中で、cita の構文的な特徴について論じている。そこでは、cita は主語に起きた状態変化、結果状態に焦点が置かれた「状態変化受身」であると規定されている。そして、cita の受身構文では日本語のヲ格、ニ格に該当する格標示の名詞句が共起できないこと、「때리다 ttaylita（殴る）」、「죽이다 cwukita（殺す）」などの他動性の高い動詞と結合できないことを指摘し、cita は動作主の意図性を取り込めない意味構造を有していると主張している。

4.4　文法化に関する研究

文法化に関しては、通時的な変化をたどる研究と共時的な観点から意味拡張を論じる研究という 2 つの方向性が見られる。

尹鎬淑（1994, 1996, 1998）では、日韓両言語の受身表現の通時的な変化を数量的に分析している。それによると、日本語・韓国語ともに、19 世紀末以降、西洋言語からの翻訳文の影響によって受身文の使用頻度は倍増している。cita の受身文の使用頻度に関しては、1886〜1945 年においては受身表現全体の 1〜3 ％しか用いられていないのだが、1990 年代の新聞では受身表現全体の 17 ％にまで頻度が増大している。このことから、cita は他の受身形式よりも現代語への定着に時間を要したとしている。

이기종（2001）は cita を含んだ複合語「떨어지다 ttelecita（落ちる）」を認知言語学の立場から分析し、イメージスキーマとして図式化する過程で、cita の多義性についても部分的に論じている。そこでは、本動詞 cita の核心的な意味を「落ちる」であるとし、そこから「上から下への状態変化」という意味につながるとする。（20a）のような〈名詞 + cita〉は名詞の表す状態になることを表し、（20b）のような〈名詞 + cita〉は、ある状態や現象が表面に現れたり、成立することを表すとしている。さらに、（20c）の〈自動詞 + cita〉や（20d）の〈他動詞 + cita〉は「ある現象や動作が成

立したり、成立して現れる」（同：327）ことを表すとしている。

(20) a. 값지다 kaps-cita 〈値段 + cita〉「値が張る」
　　　　 기름지다 kilum-cita 〈油 + cita〉「油っこい」

　　 b. 숨지다 swum-cita 〈息 + cita〉「死ぬ」
　　　　 눈물지다 nwunmwul-cita 〈涙 + cita〉「泣く」

　　 c. 움직여지다 wumcikye-cita 〈動く + cita〉「動く」
　　　　 걸어지다 kele-cita 〈かける + cita〉「かかる」

　　 d. 만들어지다 mantule-cita 〈作る + cita〉「できる」
　　　　 깨어지다 kkaye-cita 〈壊す + cita〉「壊れる」

　そして、これらの cita の意味は本動詞に見られる「変化性」を土台に拡張したものであると主張する。しかし、それ以上の詳細な記述は見られず、助動詞 cita の全体像は示されていない。

5．先行研究から浮かび上がる課題

　それでは、本書の冒頭で提起した 4 つの問題は、先行研究においてどこまで把握され、どのような点が課題として残っているのだろうか。

　まず、①「cita にはどのような用法があるのか？」について考えてみたい。4.1 節で紹介した cita を単義語として扱う立場の研究は、何か 1 つの基本的意味に還元して cita のすべての用例を説明しようとする立場であるために、cita に見られる多様な意味を文脈によるニュアンスの差として処理する。しかし、その説明には矛盾点が多い。そのため、この枠組みからは「cita にどのような用法があるのか」という問いかけに対する十分な答えは得られないと考える。

　一方、4.2 節の多義を記述する研究では、cita の意味を受身／状態変化に二分する研究とそれ以外の用法も認める研究を概観した。そこで指摘されている用法としては、受身・可能・自発・状態変化・起動などがあるが、何を cita の用法とするかは研究者によって見解が分かれている。したがって、この点については諸説があり、まだ統一的な見解には至っていない状況にある。

　問題提起②「cita の用法はどのような文法的特徴と結びついてい

るのか？」に関しては、先行用言の品詞とcitaの用法を関係づける記述が多い。特に4.2.1節で紹介した受身／状態変化二分型の研究では、先行用言の品詞が何かによってcitaの用法が決定すると考えられている。このような先行用言の品詞に関する記述は多くの先行研究で見られる。しかし、それ以外の文法的特徴についてはまだ十分な記述がなされていない。

　別の観点から述べると、先行研究の記述は受身用法に集中している。塚本・鄭（1993）は接辞 -i- との比較からcitaの受身文の文法的特徴を記述している。また、許（2004）は被動文の動作主が明示される割合や、動作主マーカーについて統計的な調査をおこなっている。しかし、受身以外の用法の文法的特徴については調査されていない。

　このように、先行研究のcitaの文法的特徴に関する記述は、先行用言の品詞と受身という2つの側面に集中している。したがって、citaの多様な意味・用法と文法的特徴の相互関係を網羅的に捉える作業は、まだ手付かずの部分が多く残っている。

　問題提起③「citaはどのような意味拡張の経路を経て多義語になったのか？」に関しては、尹鎬淑（1994, 1996, 1998）が近世から現代までの統計的な調査をおこなっているが、これはあくまで受身に関するものである。citaのその他の用法の通時的な変遷については、他の研究も含めて部分的な記述にとどまっている。

　一方、citaの意味拡張に関しては、本動詞の「落ちる」「生じる」という意味からどのように助動詞に発展したのかが、裵禧任（1988）、Lee（1993）、鄭聖汝（1999）などで論じられている。しかし、そこでもcitaの用法のうち、受身のみに記述が集中している。そのため、受身以外の用法がどのように派生し、citaが多義語へと発展したのか、そのプロセスについては十分な説明がなされていない状況にある。

　問題提起④「citaの用法間の相互関係はどのように位置づけられるのか？」について、鄭聖汝（1999）では、可能と受身が自発用法から獲得されたものであるとし、自発を中心としてcitaの用法間の関係を記述している。またKnoob（2002）では、受身文と起動

文が連続した関係にあることが論じられている。しかし、その他の先行研究では用法間の相互関係はほとんど言及されていない。また、cita の用法間の相互関係を意味地図で視覚化したものは見られない。したがって、これもより本格的な考察が必要な分野である。

　まとめると、本書の4つの問題提起に関して、先行研究の記述は受身を中心になされており、それ以外の意味・用法は考察の対象とされていないことが多い。受身以外の用法に関する記述があったとしても部分的なものに限定され、十分であるとは言いがたい。したがって、cita の多義性に関しては、局所的・部分的な記述に偏っており、それらの知識を統合しつつ、cita の多様な用法を網羅して全体像を把握する作業は、課題として残されているのである。

＊1　cita は韓国の国語学では「補助動詞」（南基心・高永根 1985: 124 ほか）、英語の文献では Auxiliary verb（Martin 1992: 227 ほか）に分類されている。本書では、Auxiliary verb の訳語として「助動詞」という用語を用いる。

＊2　以下、ローマ字転写は Yale 式を用いる。先行研究から引用した例のローマ字転写、グロス、下線は基本的に本書で付加したものである。例文の後ろには出典を示す。記号で示した出典については、巻末に情報を示した。出典の表示のない例文は作例である。なお、グロスの下には例文の日本語訳を示すが、これには韓国語の文法性判断を反映させず、単純に意味のみを表す。

＊3　本書では、「意味」と「用法」という2つの用語を区別して使用している。「意味」はより個別的・具体的な指示内容について用い、「用法」は受身や可能といったより集合的・抽象的な指示内容について用いる。

＊4　本書で述べる「不可欠な文法的特徴」とは、ある用法内で共通している特徴であり、かつ、バリエーションに制限がある特徴を指している。詳しくは3章で論じる。

＊5　裵禧任（1988）, 박병채（1989）, Lee, Kee-dong（1993）ほか。

＊6　韓国語の品詞分類の「存在詞」というカテゴリーには、「있다 issta（ある・いる）」、「없다 epsta（ない・いない）」、「계시다 kyeysita（いらっしゃる）」の3つの用言が含まれる。存在詞は現在連体形が -는 nun という動詞と同じ形を取るが、過去連体形は -던 ten という形容詞と同じ形を取る。また、「계시다 kyeysita（いらっしゃる）」以外は現在下称形のマーカーがないという特徴が形容詞と共通している。つまり、形態論的な観点から見ると、存在詞は動詞と形容詞の中間的な特徴を持つ品詞カテゴリーである。

＊7　〈用言語幹＋아/어 a/e〉の形は、아/어形、第Ⅲ語基とも呼ばれるが、本書では慣例にしたがい「連用形」と呼ぶことにする。

＊8　「없애지다 epsay-cita」は次のような用例の中で見られる。

第1章　問題提起と本書の概要　　29

エクセルでは消せないセルを選択してコピーします.

eykseyl-eyse-nun　　epsay-ci-ci.anh-nun　　seyl-ul
エクセル-で-TOP　　なくす-cita-NEG-RL　　セル-ACC
senthayk-haye　　poksaha-pni-ta.
選択-して　　　　複写する-POL-DECL
エクセルでは<u>消せない</u>セルを選択してコピーします.

*9 例えば「개발하다 kaypal-hata（開発する）」や「추론하다 chwulon-hata（推論する）」などは、「*개발해지다 kaypal-hay-cita（開発される）」「*추론해지다 chwulon-hay-cita（推論される）」のような cita 形にはできない。2字漢語の hata 動詞は「개발되다 kaypal-toyta（開発される）」や「추론되다 chwulon-toyta（推論される）」のように、hata と「되다 toyta」の置き換えが起こる。

*10 우인혜（1997: 19）では、cita を受動表現として初めて扱った文献として 俞吉濬（1905）『朝鮮文典』を挙げている。

*11 1つの研究が複数の分類に該当する場合もあるが、以下ではその論文が中心的に論じている内容は何かに応じて紹介している。

*12 （4b）の例文に関しては複数の母語話者が違和感を感じると述べている。同様の意味を表す場合、接辞 -i-（いわゆる -i/hi/li/ki-）に cita が付いた形である「벗겨졌다 peskye-cye-ss-ta」の方がはるかに自然な表現であるという。なお、（5b）の例についても、複数の母語話者が容認できない文であると述べている。

*13 "… the established analysis of the Korean system in terms of morphological derived voice is inappropriate and should be abandoned in favor of an semantically based system of basic verbal voice and constructional diathesis." (Knoob 2002: 61)

*14 손세모돌（1996）で「話者の心理的態度」を表す例として取り上げられている例は、Lee（1993）において可能文として扱われているものとほぼ同一である。손세모돌（1996: 263）では「可能」という用語を用いず、「不可能なことが起きた」という話者の心理的な態度を表すものであるとしている。これは「過程の困難さ」を表す文脈によって、cita の基本的意味である「変化」から導きだされるものであるとしている。

*15 Knoob（2002）では「起動（inchoative）」は自発（spontaneous）と非対格（unaccusative）の両方を含んだカテゴリーとして論じられている。

第2章
用法の定義と意味的特徴

1. はじめに

　第2章では、冒頭に掲げた問題提起①「cita にはどのような用法があるのか？」について考察する。ここではまず、先行研究が cita に対してどのような用法を設定しているのかを整理することで、これまでの用法カテゴリーの設定に関する問題点を具体的に示したい。そして、意味的・機能的な側面から、それぞれの用法を立てる妥当性を論じた上で、それぞれの用法を定義する。さらに、各用法の意味的な特徴を記述し、いくつかの用法については下位分類も提示する。

1.1　先行研究の問題点

　まず、先行研究は cita に対してどのような用法を掲げているのだろうか。第1章4節でレビューした先行研究が掲げる cita の用法を整理し、図表1に示す。

　図表1の縦の列「グループ1，2...」とは、先行研究の分類をよりわかりやすく提示するために、本書において便宜的に設けたものである。グループ1は、人の感情の移ろいやモノの性質が変化していくことを表すものである。2つ飛ばして、グループ4には、被動者を中心として出来事を述べるものをまとめている。グループ5は動作が非意図的に行われることを表すものを、グループ6は事態の実現に対する話者の評価を表すものを入れた。

　なお、グループ2，3は上述のいずれのグループにも入らないもので、日本語訳では自動詞文で表されることが多いものである。このうち〈自動詞 + cita〉の構造を持つ文をグループ2、〈他動詞 + cita〉の構造を持つ文をグループ3としている。

図表1　先行研究による cita の用法の分類

先行研究	グループ		
	1 状態変化	2〈自動詞 + cita〉	3〈他動詞 + cita〉
成光秀 (1976/1986)		起動的被動 민물에서는 몸이 떠지지 않는다. 真水では体が浮かばない。	被動的機能 옷이 {거의, 저절로} 벗어진다. 服が {ほとんど, 自然に} 脱げる。
沈在箕 (1982)	状態動詞の自動詞化 그들 사이가 멀어진다. 彼らの関係が疎遠になる。		他動詞の自動詞化 대문이 열어진다. 正門が開く。
裵禧任 (1988)	状態動詞の自動詞化 아이가 예뻐진다. 子どもがかわいくなる。	派生自動詞化 봄이 오니 산봉우리의 눈이 다 녹아진다. 春が来ると峰の雪が全部溶ける。	
Lee (1993)	Change of State 그 방이 따뜻해진다. その部屋が暖かくなる。		
손세모돌 (1996)	起動 몸이 점점 가벼워진다. 体がだんだん軽くなる。		
우인혜 (1997)	形容詞の起動化 도로가 최근 넓어졌다. 道路が最近広くなった。	自動詞の起動化 이 신이 닳아졌다. この靴がすり減った。	他動詞の起動化 먼지가 말끔히 털어졌다. ほこりがすっかり落ちた。
白峰子 (1999)	状態変化 연습을 많이 하니까 발음이 점점 좋아집니다. 練習をたくさんするので発音がだんだん良くなります。		
李翊燮・蔡琬 (1999)	状態変化 벌써 동쪽 하늘이 환해진다. もう東の空が明るくなる。		

4 受身	5 非意図	6 可能
他動詞の被動詞化 대문이 열려진다. 正門が<u>開かれる</u>。	自動詞の被動詞化 철수는 (운동화를 신으니까) 빠르게 달려진다. チョルスは（運動靴をはくので）早く<u>走れてしま</u>う。	
被動 (영이가 하도 우니까) 영이에게 밥이 먹여진다. （ヨンイがひどく泣くので）ヨンイにご飯が<u>食べさせられる</u>。	弱化した被動性（起動性） 철수는 작년에 어려운 일이 겪어졌다. チョルスは去年、困難な出来事に<u>遭ってしまった</u>。	弱化した被動性（可能性） 올 봄에 아내가 얻어진다. 今度の春に嫁が<u>もらえる</u>。
Passive 강물이 막아졌다. 川の<u>水が</u>せき<u>止められた</u>。		Potentiality 그곳까지 자동차로 한 시간 만에 가졌다. そこまで自動車で一時間で<u>行けた</u>。
被動 이번 냉해로 벼가 얼마나 거두어질지 짐작할 수 없어요. 今回の冷害で稲がどのくらい<u>収穫される</u>のか見当がつきません。	被動 이상하게 그곳엔 잘 가지지가 않아요. なぜかそこにはあまり<u>足が向きません</u>。	話者の心理的態度 그 방에서 다 <u>자지니</u>? （못 잘텐데） その部屋でみんな<u>寝れる</u>の？（寝れないだろうに）
他動詞の起動化 그 김치 항아리는 땅 깊숙히 묻어졌다. そのキムチ甕は地面深くに<u>埋められた</u>。	自動詞の起動化 나는 요즈음 친정에 잘 가지지 않는다. 私は最近実家にあまり<u>足が向かない</u>。	自動詞の起動化 난 울려고 해도 안 울어진다. 私は泣こうとしても<u>泣けない</u>。
被動 주어진 시간 안에 설명을 끝내야 합니다. <u>与えられた</u>時間内で説明を終えなければいけません。	被動 취직이 되었는지 결과가 몹시 기다려지네요. 就職できたのか結果がとても<u>待たれます</u>ね（待ち遠しいですね）。	被動 연필이 좋으니까 글씨가 잘 써진다. 鉛筆がいいから字がうまく<u>書ける</u>。
被動 이 금관은 언제 만들어졌을까? この金冠はいつ<u>作られた</u>のだろうか？	被動 졸업하고 나니 선생님 댁에 갈 가지지가 않아요. 卒業してしまうと先生のお宅にあまり<u>足が向きません</u>。	

第 2 章　用法の定義と意味的特徴　　**33**

	1 状態変化	2〈自動詞 + cita〉	3〈他動詞 + cita〉
鄭聖汝 (1999)	状態変化 강물이 맑아졌다. 川の水が<u>きれいになった</u>。		無生自発 문이 저절로 열어지더라. ドアが自然に<u>開いた</u>。
Knoob (2002)			Inchoative 불이 꺼졌다. 火が<u>消えた</u>。
김영태 (2002)	被動 큰 아들에게는 논일이 <u>싫</u> <u>어진다</u>. <u>長男には農作業が嫌にな</u> <u>る</u>。		
이정택 (2004)	状態変化 요즘 얼굴이 점점 <u>거칠어</u> <u>져</u>. <u>最近顔がだんだん険しく</u> <u>なっている</u>。		主体の状態変化 그 질긴 종이가 <u>찢어졌다</u>. その丈夫な紙が<u>破れた</u>。
許明子 (2004)			被動 피나는 노력으로 인해 나의 꿈이 이루어졌다. 大変な努力によって私の 夢が<u>叶えられた</u>。

4 受身	5 非意図	6 可能
受動 마을사람들에 의해 길이 넓혀졌다. 村人たちによって道が広げられた。	有生自発 나도 몰래 그녀의 집 앞으로 발이 가지더라. 自分も知らずに彼女の家の前に足が行ってしまった。	可能 시체 옆에서 밥이 먹어질 리가 있나? 死体の傍でおいしくご飯が食べられるもんか。
Passive 불이 소방대에 의해서 꺼졌다. 火が消防隊によって消された。		
	被動 밥이 많이 먹어진다. ご飯がたくさん食べれてしまう。	被動 그 숫돌은 낫이 잘 갈아진다. その砥石は鎌がよく研げる。
環境との関係変化 김 씨는 의자 위에 앉혀졌다. 金さんはいすの上に座らされた。	心的変化 난 그녀가 바보로 여겨지더군. 私は彼女がばかに思えるんだよ。	心理的変化 넌 김 사장이 믿어지더냐? きみは金社長が信じられるのか?
被動 하수도 공사로 인해 길이 막아졌다. 下水道工事によって道が塞がれた。	可能・自発 이 운동화는 잘 달려진다. この運動靴はよく走れる。	

図表 1 で端的に示されるように、cita の意味・用法に関しては先行研究の一致した見解がなく、どのような用法カテゴリーを設定するか、また、そのカテゴリーに何を含めるかは研究者によって異なっている。先行研究に一致した見解がないというこの状況は、cita の多様な意味が境界のあいまいな連続体をなしていることに起因していると考えられる。そのため、その連続体のどの部分を用法として切り取るかは、研究者がどのような観点から分析するかによって大きな違いが生じる。このような状況を考えると、cita の用法を設定するのにあたっては、ある用法を 1 つのカテゴリーとして他のカテゴリーから区別する必要性、つまりはその用法を設定する妥当性を論じる必要がある。

　また、図表 1 を見ると、同じ用法名を用いていても、それが指示する対象に違いがある場合が多く見られる。例えば、「被動」というカテゴリーを設けている研究がいくつかあるが、何を被動に入れるかは研究者によって異なる。成光秀（1976/1986）は、「민물에서는 몸이 떠지지 않는다.（真水では体が浮かばない。）」という例を被動の枠組みに入れている。また、沈在箕（1982）は「철수는（운동화를 신으니까）빠르게 달려진다.（チョルスは（運動靴をはくので）早く走れてしまう。）」という例を「自動詞の被動化」として被動の枠組みに入れている。

　このように、同じ「被動」というラベルを用いていても、その内容は研究者によって異なっている。これはその用法をどのように概念規定するか、つまり、用法をどのように定義するかという問題と直結している。したがって、用法を掲げる上では、その用法を明確に定義することが必要不可欠である。

1.2　本章の構成

　本章ではまず、先行研究の検討を通して、それぞれの用法カテゴリーを設定する妥当性を検討し、その上で用法を定義する。そして、意味的な特徴を記述するとともに、いくつかの用法については下位分類を提示するという形で論を進める。

　以下の 2 節では受身、3 節では状態変化、4 節では非意図、5 節

では可能の各用法について論じる。そして、6節では上記のいずれにも当てはまらない用例が存在することを指摘し、それを「事態実現」用法として新たなカテゴリーを設定する。さらに、7節ではコーパスを用いた分析から、各用法の数量的な分布状況を示し、8節では2つの用法にまたがる用例について述べる。そして、9節において第2章の議論をまとめる。

2. 受身用法

2.1 先行研究における受身用法

多くの先行研究において、受身はcitaの用法の1つとして認められている。先行研究で受身用法の文として取り上げられている用例には、次のようなものがある。

(1) a.　마을사람들에 의해 길이 넓혀졌다.　　　　　(鄭聖汝 1999: 200)

　　　 maulsalam-tul-ey.uyhay　kil-i　　　　nelp-hye-cye-ss-ta

　　　 村人 -PL- によって　　　 道 -NOM　広い -i-cita-PAST-DECL

　　　 村人たちによって道が広げられた。

　　b.　불이 소방대에 의해서 꺼졌다.　　　　　　（Knoob 2002: 71）

　　　 pwul-i　　sopangtay-ey.uyhayse　kke-cye-ss-ta

　　　 火 -NOM　消防隊 - によって　　　消す -cita-PAST-DECL

　　　 火が消防隊によって消された。

（1a）では主語「길 kil（道）」が動作主「마을사람들 maulsalam-tul（村人たち）」の動作を受けて変化することを述べている。格標示から見ると、「넓히다 nelphita（広げる）」という動作の対象である「길（道）」が主格標示され、動作主「마을사람들（村人たち）」が「-에 의해 -ey uyhay（によって）」という斜格で標示されている。また、（1b）は主語「불 pwul（火）」が動作主「소방대 sopangtay（消防隊）」の動作を受けて変化することが述べられている。こちらも格標示では、「끄다 kkuta（消す）」という動作の対象である「불（火）」が主格標示され、動作主「소방대（消防隊）」が「-에 의해서 -ey uyhayse（によって）」で標示されている。

これらの文には、動作主ではなく、動作の対象を中心に出来事が

表現されるという際立った特徴がある。そして、動作主が斜格標示される一方で、動作の対象は主格標示されて文の主語になる。これは、動作主を主格で標示し、動作の対象を対格で標示する無標の他動詞文と対比すると、有標の文であり、1つの用法の枠組みとして捉える妥当性は十分にあると考える。

2.2 受身用法の定義

上で述べたように、多くの研究がcitaの用法として受身（あるいは「被動」）を認めている。しかし、図表1を見ると分かるように、この用法にどのようなものを入れるかは研究者によって異なっている*1。そこで、本書では言語学の共通基盤に立ち戻って、認知・機能主義的な立場に基づく受動態に関する記述を参照してみたい。

Givón（1990）、Payne（1997）等では、典型的な受身文の特徴として次の3つを指摘している。

①動作主の降格（斜格で標示される、あるいは明示されない）
②動作主以外の参与者が主語になる
③動詞は自動詞・状態動詞に近い属性を持つ

まず、受身文において動作主は典型的な主題の位置から格下げされる。ディスコースの中での動作主の相対的な重要性が低いために、動作主名詞句は文中に明示されなかったり、斜格で標示されたりする。そして、動作主が降格されると、その他の参与者が文の主題として解釈されて主語になる。典型的に見られるのは、被動者や動作の対象が主語になる場合である。さらに、出来事を結果状態として捉えなおすという特徴も伴い、そのために動詞が自動詞や状態動詞に近い特徴を持つようになる。

citaには、上記の3つの特徴に該当する例が確かに存在する。

(2) a.　위원들이 1962년에 문화재보호법을 만들었다.

wiwen-tul-i　　　1962nyen-ey　mwunhwajaypohopep-ul

委員-PL-NOM　1962年-に　　文化財保護法-ACC

mantule-ss-ta

作る-PAST-DECL

委員たちが1962年に文化財保護法を作った。

b. 위원들에 의해 1962 년에 문화재보호법이 만들어졌다.

wiwen-tul-ey.uyhay 1962nyen-ey mwunhwajaypohopep-i

委員 -PL- によって 1962 年 - に 文化財保護法 -NOM

mantule-cye-ss-ta

作る -cita-PAST-DECL

委員たちによって 1962 年に文化財保護法が作られた。

　（2a）は他動詞文、（2b）はそれに対応する cita 文である。まず、（2a）の他動詞文で主格標示されている動作主「위원들 wiwen-tul（委員たち）」は、（2b）の cita 文では「- 에 의해 -ey uyhay（によって）」という斜格で表されている（①動作主の降格）。また、動詞「만들다 mantulta（作る）」の行為の対象である「문화재보호법 mwunhwajaypohopep（文化財保護法）」は、（2a）の他動詞文では対格標示されているが、（2b）の cita 文では主格標示され主語になっている（②動作主以外の参与者が主語になる）。さらに、動詞に cita がついた形は自動詞として語彙化している場合が多く見られる＊2（③動詞が自動詞・状態動詞に近い属性を持つ）。

　このように、cita には Givón（1990）等の述べる典型的な受身文の特徴を備えている用例が存在する。したがって、cita には確かに受身用法が存在すると考えることができる。

　そこで、本書では受身用法を次のように定義する。

（3）　受身用法の定義：動作主を非焦点化し、被動者（あるいは動作の対象）を中心的な参与者として事態を述べるもの

　再び図表 1 に戻ると、本書の定義で受身用法に入る用例は、意味グループ 4 の列に提示している。本書の定義から見て受身のカテゴリーに入る用例としては次のようなものがある。

（4）a. 그 김치 항아리는 땅 깊숙히 묻어졌다. （우인혜 1997: 199）

ku kimchi hangali-nun ttang kiphswuk-hi

その キムチ 甕 -TOP 地面 奥深く -ADV

mwute-cye-ss-ta

埋める -cita-PAST-DECL

そのキムチ甕は地中深くに埋められた。

b.　김씨는 의자 위에 앉혀졌다.　　　　　　　（이정택 2004: 127）

kim-ssi-nun　　　uyca wi-ey　　　anc-hye-cye-ss-ta

金 - さん -TOP　椅子　上 - に　　座る -i-cita-PAST-DECL

金さんは椅子の上に座らされた。

　（4a）は우인혜（1997）では、「埋まった」状態が始まる「他動詞の起動化」を表す例とされている。「묻다 mwutta（埋める）」という動作の対象「김치 항아리 kimchi hangali（キムチ甕）」が主題として標示されており、これを中心に出来事が述べられている。この文では動作主は明示されていない。したがって、「動作主を非焦点化し、被動者（あるいは動作の対象）を中心に事態を述べる」という受身の定義に合致するものであると考える。

　（4b）は이정택（2004）では「環境との関係変化」として説明されている例である。「앉히다 anchita（座らせる）」という使役の動作を受ける対象「김씨 kim-ssi（金さん）」が主題として標示されている。動作主は明示されていないが、外部の動作主（使役者）の指示や動作を受ける「김씨（金さん）」を中心に出来事が述べられている。そのために、受身用法として解釈するのがもっとも適していると考えられる。

2.3　受身用法の意味的・構文的特徴

　第 1 章 3 節において、韓国語の代表的な受身の形式は接辞 -i- であることを述べた。ここでは cita の受身用法の意味的・構文的特徴について、接辞 -i- と対比しながら整理していくことにしたい。

　受身文は対応する能動文との関係によって、一般的に直接受身文と間接受身文に分けられる。直接受身文では主語が他の動作や行為を直接的に受けており、受身文と能動文は同一の事象を表す。一方、間接受身文は主語が他の動作や行為の影響を間接的に受けることを表すものである。間接受身文は基本となる文の事象に話者の認識を加えた形で表現される。間接受身文には自動詞ベースの受身や持ち主の受身が含まれる。

　このうち、cita が表すことができるのは直接受身のみであり、間接受身は表すことができない。韓国語には自動詞の受身文が存在し

ないことが大村（1979）や菅野（1982）ほかで指摘されているが、これは cita の受身用法にも当てはまる。

（5）학생이 아이에게 ｛*울렸다 / *울어졌다｝.（鷲尾 1997b: 26 一部改変）

haksayng-i　　ai-eykey　　｛*wul-lye-ss-ta/

学生 -NOM　　子ども -に　　｛* 泣く -i-PAST-DECL/

*wule-cye-ss-ta｝

* 泣く -cita-PAST-DECL｝

学生が子どもに泣かれた。

　間接受身文の 1 つである持ち主の受身について見ると、接辞 -i- は一定の条件下で表すことができるが、cita では表すことができないことが李文子（1979）で指摘されている *3。

（6）순희는 어머니한테 머리를 ｛깎이었다 / * 깎아졌다｝.

swunhuy-nun　　emeni-hanthey　　meli-lul　　｛kkakk-ie-ss-ta/

スンヒ -NOM　　母 -に　　　　　　髪 -ACC　　｛切る -i-PAST-DECL/

*kkakka-cye-ss-ta｝

* 切る -cita-PAST-DECL｝

スンヒは母に髪を切られた。

（7）*나는 같은 반 학생들에 의해 구두를 숨겨져 버렸다.

*na-nun　　kath-un　　pan　　haksayng-tul-ey.uyhay　　kwutwu-lul

私 -TOP　　同じ -RL　　クラス　学生 -PL- によって　　　　靴 -ACC

swumkye-cye　　pelye-ss-ta

隠す -cita　　　しまう -PAST-DECL

　私は同じクラスの生徒たちによって靴を隠されてしまった。

　これには cita が同一文中に対格「를 lul」が共起するのを許さないこととも関連していると考えられる。

　次に、直接受身文の動作主標示について見てみたい。cita の受身文では動作主が明示されない場合が圧倒的に多い。7 節で詳述する本書のコーパスの調査では、cita の受身用法の文 313 例のうち、動作主が明示されるものは 52 例（16.6 %）、明示されないのが 261 例（83.3 %）と明らかな違いが見られた *4。

　動作主名詞句が共起する場合であっても、cita には接辞 -i- と比較して厳しい格標示の制限がある。まず、接辞 -i- の場合、動作主

名詞句を「에 ey（に）」「에게 eykey（［人］に）」「한테 hanthey（［人］に）」「에 의해 ey uyhay（によって）」などで標示できる。(8a)(9a)は他動詞の能動文、(8b)(9b)はそれに対応する受動文である。

(8) a. 태풍이 도시를 휩쓸었다. 　　　　　　（李翊燮ほか2004: 204）

thayphwung-i　tosi-lul　　　hwipssule-ss-ta

台風-NOM　　都市-ACC　襲う-PAST-DECL

台風が都市を襲った。

b. 도시가 {태풍에 / 태풍에 의해} 휩쓸렸다.

tosi-ka　　　　{thayphwung-ey/ thayphwung-ey.uyhay}

都市-NOM　　{台風-に /　　　台風-によって}

hwipssul-lye-ss-ta

襲う-i-PAST-DECL

都市が {台風に / 台風によって} めちゃくちゃにされた。

(9) a. 지금도 많은 사람들이 삼국지를 읽고 있다.

cikum-to　manh-un　salam-tul-i　　samkwukci-lul

今-も　　　多い-RL　人-PL-NOM　三国志-ACC

ilk-ko.iss-ta

読む-ている-DECL

いまも多くの人が三国志を読んでいる。

b. 지금도 삼국지는 많은 {사람들에게 / 사람들한테 / 사람들에 의해} 읽히고 있다.

cikum-to　　samkwukci-nun　manh-un　{salam-tul-eykey/

今-も　　　三国志-TOP　　多い-RL　{人-PL-に /

salam-tul-hanthey/ salam-tul-ey.uyhay}　ilk-hi-ko.iss-ta

人-PL-に /　　　　人-PL-によって}　　読む-i-ている-DECL

今も三国志は多くの {人々に / 人々に / 人々によって} 読まれている。

これに対して cita の受身文は、日本語のニ格に該当する「에 ey（に）」「에게 eykey（［人］に）」「한테 hanthey（［人］に）」では動作主名詞句を標示することができない。

(10) a. 소방대가 불을 껐다.

42　I　韓国語助動詞 cita の多義性

sopangtay-ka　　pwul-ul　　kke-ss-ta

消防隊 -NOM　　火 -ACC　　消す -PAST-DECL

消防隊が火を消した。

b.　불이 {*소방대에게 /*소방대한테 / 소방대에 의해} 꺼졌다.

(Knoob 2002: 71 一部改変)

pwul-i　　　{*sopangtay-eykey/　*sopangtay-hanthey/

火 -NOM　　{消防隊 - に /　　　　　消防隊 - に /

sopangtay-ey.uyhay}　kke-cye-ss-ta

消防隊 - によって}　　消す -cita-PAST-DECL

火が {消防隊に / 消防隊によって} 消された。

　このように cita の受身文では動作主名詞句の格標示に厳しい制限がある＊5。

　接辞 -i- と cita の受身用法の意味的・構文的特徴については図表 2 のように整理できる。

図表 2　接辞 -i- と cita の受身文の特徴

受身文の種類		接辞 -i-	cita
直接受身		○	○
間接受身	持ち主の受身	△	×
	自動詞ベースの受身	×	×
動作主名詞句の格標示	에 ey, 에게 eykey, 한테 hanthey	○	×
	에 의해 ey uyhay	○	○

　このように接辞 -i- と比較すると、cita の受身用法は意味的にも構文的にも制限が多いことがわかる。

3.　状態変化用法

3.1　先行研究における状態変化用法

　受身とともに、cita の用法として存在を指摘されることが多いのが、状態変化である。状態変化を cita の用法として記述している研究には、Lee（1993）、손세모돌（1996）、白峰子（1999）などがある。

第 2 章　用法の定義と意味的特徴　　43

状態変化用法として指摘されているのは、図表1では意味グルー
プ1の列に示した、次のような例である。

(11) 그 방이 <u>따뜻해진다</u>.　　　　　　　　　　(Lee 1993: 112)

　　ku　　pang-i　　　ttattushay-ci-n-ta

　　その　部屋 -NOM　暖かい -cita-PRES-DECL

　　その部屋が<u>暖かくなる</u>。

　(11) の文の述語「따뜻해지다 ttattushay-cita（暖かくなる）」は、
形容詞の「따뜻하다 ttattushata（暖かい）」に cita がついた形であ
り、主語「방 pang（部屋）」の温度が、暖かくない状態から暖かい
状態へと移行することを表している。

「따뜻하다（暖かい）」という形容詞自体は、温度に関する状態を
表すものであり、時間的な変化を含意しない。しかし、cita が付加
されることによって、"温度が上がる"という事態を表すようにな
る。つまり cita の付いた形は、温度が上がり始め、次第に前の時点
よりも暖かくなっていき、ある一定の温度に至るという、いくつか
の局面からなる一連の出来事を表している。

3.2　状態変化用法の定義

本書では、状態変化用法を次のように定義する。

(12) 状態変化用法の定義：時間の経過にしたがって、参与者の
　　　　　　　　　　　　　性質や様相が移ろい転じていく事態
　　　　　　　　　　　　　を表すもの

「参与者の性質や様相」には、以下に示すように、数量（13a）
や大きさ（13b）、色（13c）、心情（13d）など多様なものが含ま
れる。

(13) a.　이제 마혼인데 얼굴의 주름살도 훨씬 <u>많아져 있었다</u>.

　　　　　　　　　　　　　　　　　　　　　　　（K123–114）

　　　icey　mahun-intey　elkwul-uy　cwulumsal-to　hwelssin

　　　今　　40- だが　　　顔 -GEN　　しわ - も　　　ずっと

　　　manha-cye.isse-ss-ta

　　　多い -cita- ている -PAST-DECL

　　　今 40 だが、顔のしわもずっと<u>多くなっていた</u>。

44　　Ⅰ　韓国語助動詞 cita の多義性

b. 조태의 조그마한 눈이 더욱 작아졌다. (K123–128)

cothay-uy　　cokumaha-n　nwun-i　　tewuk

ジョテ -GEN　小さい -RL　　目 -NOM　さらに

caka-cye-ss-ta

小さい -cita-PAST-DECL

ジョテの小さな目がさらに小さくなった。

c. 햇볕에 타서 얼굴이 빨개졌다.

hayspyeth-ey　tha-se　　elkwul-i　　ppalkay-cye-ss-ta

日差し -に　　焼ける - て　顔 -NOM　赤い -cita-PAST-DECL

日に焼けて顔が赤くなった。

d. 그는 여러 사람들의 주목을 받은 데 대해 기분이 좋아졌다.

(K124–146)

ku-nun　　yele　　salam-tul-uy　cwumok-ul　pat-un

彼 -TOP　多くの　人 -PL-GEN　　注目 -ACC　受ける -RT

tey　　　tayhay　kipwun-i　　coha-cye-ss-ta

ところ　対して　気分 -NOM　よい -cita-PAST-DECL

彼は大勢の人たちの注目を浴びたことで気分が良くな

った。

　なお、多くの先行研究において、〈形容詞 + cita〉の構造は状態
変化用法になるとされている（Lee 1993, 白峰子 1999, 李翊燮・蔡
琬 1999 ほか）。この記述の妥当性については第 3 章で詳細な検討
を加えることにする。

3.3　状態変化用法の意味的特徴

　状態変化用法では cita の付加によって「状態→イベント」という
根本的な変化が起きている。次に示す副詞の共起テストは、cita の
そのような特徴を浮き彫りにしている。まず、（14a）の形容詞文
では時間の推移による変化は含意されないため、特に時間副詞など
で限定がない限り、時間軸のどこを切っても「暖かい」状態である
と解釈される。そのため、（14b）に提示するように、状態が恒常
的であることを表す「언제나 enceyna（いつも）」という副詞は共
起できるが、漸次的な変化や推移を表す「점점 cemcem（だんだ

第 2 章　用法の定義と意味的特徴　　45

ん）」、「조금씩 cokumssik（少しずつ）」のような副詞とは共起でき
ない。

　これとは逆に、助動詞の cita が付加された（15a）の例は、時間
軸にしたがって変化が進行する事態を表す。そのため、漸次的な推
移を表す副詞が問題なく共起できる。

（14）a.　방이 따뜻했다.

　　　　pang-i　　　　ttattushay-ss-ta

　　　　部屋 -NOM　　暖かい -PAST-DECL

　　　　部屋が暖かかった。

　　 b.　방이 {언제나 /*점점 /*조금씩} 따뜻했다.

　　　　pang-i　　　{enceyna/　*cemcem/　*cokum-ssik}

　　　　部屋 -NOM　{いつも /　＊だんだん /　＊少し - ずつ}

　　　　ttattushay-ss-ta

　　　　暖かい -PAST-DECL

　　　　部屋が {いつも /＊ だんだん /＊ 少しずつ} 暖かかった。

（15）a.　방이 따뜻해졌다.

　　　　pang-i　　　　ttattushay-cye-ss-ta

　　　　部屋 -NOM　　暖かい -cita-PAST-DECL

　　　　部屋が暖かくなった。

　　 b.　방이 {언제나 / 점점 / 조금씩} 따뜻해졌다.

　　　　pang-i　　　{enceyna/　cemcem/　cokumssik}

　　　　部屋 -NOM　{いつも /　だんだん /　少しずつ}

　　　　ttattushay-cye-ss-ta

　　　　暖かい -cita-PAST-DECL

　　　　部屋が {いつも / だんだん / 少しずつ} 暖かくなった。

　（14a）の形容詞文は時間軸による変化を含意しない静的な状態
を表すものだが、（15a）のように cita が含まれる文では、時間の
推移にしたがって状態が変化していくことを表している。つまり、
cita の付加によって、「状態から出来事へ」という転換が起きてい
る。これは次のようなイメージ図で示すことができる。

46　　Ⅰ　韓国語助動詞 cita の多義性

図表3　形容詞文と状態変化文のイメージ図

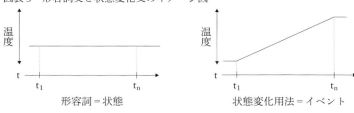

　（15b）に提示したような状態変化を表す文が、上述の受身用法や以下で論じる他の用法と異なるのは、citaの付加によって「状態→イベント」という変化が起きることである。citaの他の用法では、citaなしの自動詞文や他動詞文がすでに出来事を表している。つまり、先行用言そのものが出来事を表す動詞であるため、「状態→イベント」という根本的な変化は起こらない。したがって、状態変化用法を他の用法から区別するカギは「状態→イベント」という変化にある。

4．非意図用法

4.1　先行研究における非意図用法

　先行研究のうち、citaに非意図に該当する用法が存在することを指摘している研究としては鄭聖汝（1999）がある。そこでは次のような文を「自発」用法の例として示している*6。

（16）나도 몰래 그녀의 집 앞으로 발이 가지더라.　　（鄭聖汝1999: 194）
　　　na-to　mollay　kunye-uy　cip　aph-ulo　pal-i
　　　私-も　知らずに　彼女-GEN　家　前-に　足-NOM
　　　ka-ci-tela
　　　行く-cita-RT.MOD
　　　自分も知らずに彼女の家の前に足が行ってしまった。

　（16）の用例は「足が向かう」という動作が、「나도 몰래 na-to mollay（自分も知らずに）」という副詞句に表れているとおり、動作主の意志にかかわらず実現している。これは、本来、意志的におこなわれるはずの動作が、動作主のコントロール外で思いがけず実現したことを表している。主語の「나 na（私）」は、意志的ではな

いにせよ、実際の動作をおこなっている。つまり、意志的ではないという点では動作主性が弱いが、あくまで動作主であることには変わりがない。ということは、この文は被動者を中心（つまり主語）として事態を述べる受身文とは、まったく別の動機づけに基づいている。したがって、受身とは別の用法として扱う必要性がある。動作主の意志性を否定するという際立った特徴を持っていることから、1つの用法として扱う妥当性は十分にあると考える。

　非意図は韓国の国語学の伝統に基づく研究では、これまで指摘されることのなかった用法であり、「被動」や「起動」などの枠組みに入れられてきたものである。

(17) 이상하게 그곳엔 잘 가지지가 않아요.　　　　(손세모돌 1996: 258)

　　isangha-key kukos-ey-n 　　cal 　　ka-ci-ci-ka.anha-yo

　　変だ-ADV 　　そこ-に-TOP 　　あまり 　　行く-cita-NEG-NOM-POL

　　おかしなことに、そこにはあまり足が向きません。

　(17) は손세모돌（1996）では「被動」を表す例として示されているが、この文には被動者は存在しない。むしろ、「이상하게 isangha-key（おかしなことに）」という副詞に表れているように、「行く」という事態が、動作主の意志とは関係なく実現しないということを表しているため、（16）の例と同じく非意図文として解釈するのが最も適切である。

4.2　非意図用法の定義

　非意図用法に関しては、次の柴谷（2000: 168）の「自発」に関する定義を踏襲することにしたい。

(18) 非意図用法の定義：　動作主の意志によらずに事態がもたらされることを表すもの

　この用法では、動作主の意志の及ばないところで動作や変化が実現した、というように事態を捉えている。これには動作主の意志に反して事態が生起したという場合も含まれる。

　また、非意図用法は動作主の意志の有無が問われていることから、話し手が動作主の意志を把握し、意志の有無を認識できることが前提となる。そのため、非意図用法の文では1人称が動作主となる場

48　　I　韓国語助動詞 cita の多義性

合が典型的である。

cita の用例としては次のようなものがある。

（19）a.　왜 이렇게 됐는지 신기하게 <u>느껴졌다</u>.

way　ileh-key　tway-ss-nunci　sinkiha-key

なぜ　こう -ADV　なる -PAST- のか　不思議だ -ADV

nukkye-cye-ss-ta

感じる -cita-PAST-DECL

なぜこうなったのか不思議に<u>感じられた</u>。

b.　무거운 분위기에 안에 들어가기가 <u>망설여졌다</u>.

mwukewu-n　pwunwiki-ey　an-ey　tuleka-ki-ka

重い -RL　　雰囲気 - に　　中 - に　入っていく - こと -NOM

manselye-cye-ss-ta

ためらう -cita-PAST-DECL

重い雰囲気で中に入るのが<u>ためらわれた</u>。

（19a）は「느끼다 nukkita（感じる）」という知覚的な行為が、動作主の意志によらず、なかば自然発生的に成立することを表している。また（19b）は「망설이다 mangselita（ためらう）」という行為が、動作主の意志に反して起きており、動作主が自分の行為や感情をコントロールできないという状況を表している。

　本書の非意図用法の定義に当てはまるものを図表 1 では意味グループ 5 に列挙している。用例としてはこの他に次のようなものがある。

（20）취직이 되었는지 결과가 몹시 <u>기다려지네요</u>.　（白峰子 1999: 413）

chwicik-i　toye-ss-nunci　kyelkwa-ka　mopsi

就職 -NOM　なる -PAST- のか　結果 -NOM　とても

kitalye-ci-ney-yo

待つ -cita-MOD-POL. DECL

就職できたのかどうか結果がとても<u>待たれますね</u>（<u>待ち遠しいですね</u>）。

（20）は白峰子（1999）において「被動」として分類されているものだが、主語の「결과 kyelkwa（結果）」を動作の影響を受ける対象と考えたり、それを中心的な参与者として事態を述べるとする

第 2 章　用法の定義と意味的特徴　　49

受動態の分析は成立しにくい。むしろ、「待つ」行為が、動作主の
意志にかかわらず、内面から心情として自然に生起するものとして
捉えることができる。したがって、非意図用法として解釈するのが
もっとも適していると考えられる。

4.3 非意図用法の意味的特徴

　上述のとおり、本書において非意図用法としているものは、日本
語学の「自発」と重なるものである。しかし、cita の非意図用法に
は独特の意味的特徴がある。

　まず、現代の日本語における自発は「思われる、考えられる、感
じられる」のように知覚・感情・認識を表す他動詞に限定されてい
る。一方、cita の非意図用法では上の（19）（20）に示した知覚・
感情・認識を表す動詞のほかに動作性の高い動詞にもつくことがで
きる。

(21) a.　토요일 아침에 일찍 <u>일어나져서</u> 뭐할까 하다가 모닝세트 먹으
　　　러 갔어요.

　　　thoyoil　achim-ey　ilccik　ilena-cye-se　　mwe-ha-lkka
　　　土曜日　朝 - に　　　早く　起きる -cita- して　何 - する - か

　　　ha-taka　　moning-seythu　　meku-le
　　　思う - して　モーニング - セット　食べる - しに

　　　ka-sse-yo
　　　行く -PAST-POL.DECL

　　　土曜日の朝、早く<u>起きてしまって</u>何をしようかと思っ
　　　てモーニングセットを食べに行きました。

　　b.　콜라를 사려고 했는데 나도 모르게 녹차 버튼이 <u>눌러졌다</u>.

　　　　　　　　　　　　　　　　　　　　　　（円山 2007: 54）

　　　kholla-lul　　sa-lyeko　　　hay-ss-nuntey　　na-to
　　　コーラ -ACC　買う - しようと　する -PAST- のに　私 - も

　　　molu-key　　　nokcha　pethun-i　　nwulle-cye-ss-ta.
　　　知らない -ADV　緑茶　　ボタン -NOM　押す -cita-PAST-DECL

　　　コーラを買おうとしたのに知らないうちに緑茶のボタ
　　　ンを<u>押してしまった</u>。

50　　I　韓国語助動詞 cita の多義性

（21a）では「일어나다 ilenata（起きる）」という自動詞に cita が
ついて「起きてしまう」という自分の意図しない行為であることを
表し、（21b）では「누르다 nwuluta（押す）」という他動詞に cita
がついて「押してしまった」という自分の行為が不注意によって起
きた意図に反するものであることを表している。いずれの例も具体
的な身体の動きを伴う動作である。このように、cita の非意図用法
には動作性に関する制限は見られない。

　この他に、cita の非意図用法では（21b）の「나도 모르게 na-to
molu-key（知らないうちに）」のような動作主の意図を打ち消す副
詞句が共起しやすい。cita の非意図用法は自分の行為でありながら
意図性を否定することで「自分には事態に対する責任がない」とい
う責任回避を表す場合がある。この場合、cita が事態に対する話者
の態度を表すというモダリティ的な機能を担っていると考えること
ができる。

5．可能用法

5.1　先行研究における可能用法

　先行研究のうち、cita に可能用法があることを指摘しているもの
としては、Lee（1993）、鄭聖汝（1999）がある。それぞれ次のよ
うな文を可能の用例として提示している。

（22）a.　　그곳까지 자동차로 한 시간만에 <u>가졌다</u>.　　　（Lee1993: 115）

　　　　　kukos-kkaci　catongcha-lo　han　sikan-maney

　　　　　そこ - まで　　自動車 - で　　1　　時間 - で

　　　　　ka-cye-ss-ta

　　　　　行く -cita-PAST-DECL

　　　　　We managed to go there by car in an hour.

　　　b.　　시체 옆에서 맛있게 밥이 <u>먹어질</u> 리가 있나?　　（鄭 1999: 203）

　　　　　sichey　yeph-eyse　masiss-key　　pap-i

　　　　　死体　　そば -LOC　おいしい -ADV　ご飯 -NOM

　　　　　meke-ci-l　　　　li-ka　　　　　iss-na

　　　　　食べる -cita-PRS　わけ -NOM　ある -Q

死体の傍でおいしくご飯が食べられるもんか（食べられるわけがない）。

Lee（1993）は（22a）を 'potentiality' を表す文、つまり可能文に分類している。Lee（1993: 115）ではこの文について、「話者が "その距離は車では1時間で行けない" という見込みを持つことが含意されている」と述べている。

（22b）の例に関しては、鄭（1999）において、「仮においしく食べようと意図しても、そのような環境ではおいしく食べるという事態の成立には至らない、ということから逆理として、可能の意味を表す」（p. 203）と記述されている。

また、用法としては明示されていないものの、cita が可能や可能性を表す場合があることは、裴禧任（1988）、손세모돌（1996）、許（2004）においても指摘されている*7。このように、cita が可能の意味を表す場合があることは複数の先行研究で記述されている。

（22）の2つの例は「ある事態が実現する、あるいは実現しない」という蓋然性について述べたり、事前の見込みと実際の結果の一致／不一致を述べたりしている。このことは上述の受身や非意図、状態変化と異なる意味特徴であることから、cita には「可能」を用法として設定する妥当性が十分にあると考える。

5.2　可能用法の定義

本書では、可能用法を次のように定義する。

（23）可能用法の定義：事態の実現に対する見込みの有無や、見込みどおりに実現できたかどうかを述べるもの

可能用法では時制が非過去であれば、肯定文は実現の見込みがあることや見込みどおりに実現する潜在性があることを表し、否定文は実現の見込みがないことを表す。過去時制であれば、実現したこと・しなかったことを話者の見込みとの一致／不一致とともに表すものである。

cita の可能用法には次の（24）のような例が該当する。

（24）a.　이 펜을 쓰면 글씨도 잘 써진다.

　　　　i　　pheyn-ul　　ssu-myen　　kulssi-to　cal

　　　　この　ペン -ACC　使う -すれば　字 - も　　　よく

　　　　sse-ci-n-ta

　　　　書く -cita-PRES-DECL

　　　　このペンを使えば字もうまく書ける。

　　b.　그 사람의 이야기가 도저히 <u>믿어지지 않는다</u>.

　　　　ku　　salam-uy　iyaki-ka　　tocehi

　　　　その　人 -GEN　話 -NOM　とうてい

　　　　mite-ci-ci.anh-nun-ta

　　　　信じる -cita-NEG-PRES-DECL

　　　　その人の話がとうてい<u>信じられない</u>。

　（24a）は「字をうまく書く」という事態が実現する見込みがあ
ること、またはそのペンに事態を実現させる性質があることを表し、
可能を表す文として解釈される。（24b）は「その人の話を信じる」
をいう事態が実現する見込みのないこと、実現しないことを表して
おり、不可能を表す文として解釈される。

　冒頭の図表 1 では、本書の可能用法の定義に当てはまるものをグ
ループ 6 の列に提示した。可能用法に属する例としては、この他に
次のようなものがある。

（25）난 울려고 해도 안 <u>울어진다</u>.　　　　　　　　　（우인혜 1997: 198）

　　　na-n　　wul-lyeko　　hay-to　　an　　wule-ci-n-ta

　　　私 -TOP　なく -しようと　する - も　NEG　泣く -cita-PRES-DECL

　　　私は泣こうとしても<u>泣けない</u>。

　（25）は우인혜（1997）において「起動文」として扱われている
例である。しかし、この文の述語「울어지다 wule-cita」は泣くとい
う動作の開始を表す文というよりも、「泣こうとしても」という条
件節に表れているように、事態に対して話者が抱く期待・見込みに
対して、それに沿う形では事態を実現できないということ、つまり
は不可能を表している。したがって、（25）は可能文として解釈す
るのがもっとも適していると考えられる。

第 2 章　用法の定義と意味的特徴　　53

5.3　可能用法の意味的特徴

　citaが表す可能は「非情物の変化」に関するものと「人間の行為」に関するものに大きく分けることができる。非情物の変化とは基本的に動作の対象の変化に関して述べるもので、動作主は含意的に関与するが、非情物の変化の実現／非実現に焦点が当てられている。一方、「人間の行為」とは動作主が関与しており、その行為の実現／非実現に対して焦点が当てられる*8。

　この分類は実際に事態が生起するかどうかによって、さらに2つに分けられる。1つは、一回性のイベントを表す可能である。事態は実現済みであり、それについて見込みとの一致／不一致を述べるものである。そのため、テンスは過去で現れるのが典型である。副詞としては「겨우 kyewu（ようやく）、쉽게 swip-key（簡単に）、좀처럼 com-chelem（なかなか）」など事態の展開の仕方に対する話者の判断を表すものが共起しやすい。本書ではこれを「一回性可能」と呼ぶことにする。一回性可能は図表4に示すように、「①非情物の一回性可能」と「③人間の行為の一回性可能」に下位分類される。

　もう1つは、恒常的な性質を述べる可能である。こちらは個々の事態には縛られずに、ある事態が生起しうる（あるいは生起しえない）ことを述べることによって、その物や人が持つ属性を記述するものである。こちらはテンスが非過去で現れる。副詞としては「언제나 encey-na（いつも）、누구나 nwukwu-na（だれでも）」などが共起できる。本書ではこれを「恒常的可能」と呼ぶことにする。恒常的可能は図表4に示すように「②非情物の恒常的可能」と「④人間の行為の恒常的可能」に下位分類される。

　以下では、この分類に沿って可能用法の意味的特徴を整理していく。

　まず、①非情物の一回性可能には次のようなものが該当する。

(26) a.　수동으로 파일을 삭제해보려고 하니 좀처럼 <u>지워지지 않았습</u><u>니다</u>.

swutong-ulo　phail-ul　　　 sakceyhay-po-lyeko

手動 - で　　　ファイル -ACC　削除する - みる - しようと

ha-ni　　comchelem　ciwe-ci-ci.anha-ss-supni-ta

54　　Ⅰ　韓国語助動詞 cita の多義性

図表4　可能用法の分類

	非情物の変化	人間の行為
一回性可能 　時制：過去が典型的 　副詞：ようやく、簡単に、なかなか 　意味：実現した事態について述べる	①	③
恒常的可能 　時制：非過去 　副詞：いつでも、だれでも 　意味：属性記述	②	④

する - と　なかなか　　消す -cita-NEG-POL-DECL

手動でファイルを削除しようとしたら、なかなか<u>消せ</u>
<u>ません</u>でした。

b.　주택시공은 얼마나 많이 지었는지 보다는 얼마나 잘 <u>지어졌는</u>
<u>지가</u> 중요합니다.

cwuthayk-sikong-un　elmana　　manh-i　　　cie-ss-nunci

住宅 - 施工 -TOP　　　どれほど　多い -ADV　建てる -PAST- のか

pota-nun　　elmana　　cal　　cie-cye-ss-nunci-ka

より -TOP　どれほど　よく　建てる -cita-PAST- のか -NOM

cwungyoha-pni-ta

重要だ -POL-DECL

住宅施工はどれほど多く建てたかではなく、どれほど
<u>よく建てられた</u>かが重要です。

（26a）は「지우다 ciwuta（消す）」（26b）は「짓다 cista（建て
る）」に cita がついて、それぞれ「消せない」「建てられた」という
可能を表している。（26a）は「좀처럼 comchelem（なかなか）」
（26b）は「잘 cal（よく）」という副詞が共起しており、どちらも
すでに実現した事態に対して話者の持つ期待や見込みを絡めて語ら
れている。これにより「（本来なら消せるはずなのに）なかなか消
せない」「（期待どおりに）うまく建てられた」という可能の意味が
付与されている。なお、①非情物の一回性可能の用例には、事態の
実現は成り行き的・偶発的に決まるというニュアンスがある。

次の分類、②非情物の恒常的可能には次のような例が該当する。

第 2 章　用法の定義と意味的特徴　　55

(27) a. 그 숫돌은 낫이 잘 갈아진다.　　　　　（김영태 2002: 110）

ku　　swustol-un　nas-i　　　cal　　kala-ci-n-ta

その　砥石 -TOP　鎌 -NOM　よく　研ぐ -cita-PRES-DECL

その砥石は鎌がよく研げる。

b. 한 번 닫힌 문은 쉽게 열어지지 않는다.

han　pen　tat-hi-n　　　　mwun-un　swip-key

一　　回　　閉める -i-RL　門 -TOP　　簡単だ -ADV

yele-ci-ci.anh-nun-ta

開ける -cita-NEG-PRES-DECL

一度閉じた門は簡単には開けられない。

　（27a）は「갈다 kalta（研ぐ）」、（27b）は「열다 yelta（開ける）」
に cita がついて、それぞれ「研げる」「開けられない」という可能
の意味を表している。（27a）は「숫돌 swustol（砥石）」、（27b）は
「문 mwun（門）」という非情物の恒常的な性質を表していると捉え
ることができる。②非情物の恒常的可能では事態の生起が可能（あ
るいは不可能）であることを述べることによって、その非情物の属
性を記述している。

　③人間の行為の一回性可能には次のような例が該当する。

(28)　a. 그곳까지 겨우 한 시간만에 가졌다.

kukos-kkaci　kyewu　　han　sikan-maney

そこ - まで　　どうにか　1　　時間 - で

ka-cye-ss-ta

行く -cita-PAST-DECL

そこまでどうにか 1 時間で行けた。

b. 다리가 퉁퉁 붓고 다음날은 신발이 신어지지 않았다.

tali-ka　　　thwungthwung　pwus-ko　　　taum-nal-un

足 -NOM　ぱんぱんに　　　腫れる - して　次の - 日 -TOP

sinpal-i　　sine-ci-ci.anha-ss-ta

靴 -NOM　履く -cita-NEG-PAST-DECL

足がぱんぱんに腫れて翌日は靴がはけなかった。

　（28a）は「가다 kata（行く）」、（28b）は「신다 sinta（はく）」に
cita がついて、それぞれ「行けた」「はけなかった」という可能の

56　Ⅰ　韓国語助動詞 cita の多義性

意味を表している。どちらもすでに実現した事態に対して話者の持
つ期待や見込みを絡めて語られている。これにより（28a）は
「（無理かと思ったけど）どうにか行けた」、（28b）は「（普段はは
ける）靴がはけなかった」という可能の意味が付与されている。こ
の分類に該当する用例は、動作主が意図的に行為をおこなっている
のにもかかわらず、その事態の実現の可否は成り行き的・偶発的に
決まるというニュアンスがある。その意味では非意図用法と共通す
る意味的特徴を持っている。

④人間の行為の恒常的可能には次のような例が該当する。

(29) a.　새 신발을 사면 기분이 좋다. 그리고 정말 잘 달려진다.

　　　　　say　　sinpal-ul　sa-myen　　kipwun-i　　coh-ta.

　　　　　新しい　靴-ACC　買う-すれば　気分-NOM　良い-DECL

　　　　　kuliko　cengmal　cal　tallye-ci-n-ta

　　　　　そして　本当に　　よく　走る-cita-PRES-DECL

　　　　　新しい靴を買うと気分がいい。そして本当によく<u>走れ
　　　　　る（走れてしまう）</u>。

　　 b.　목이버섯볶음은 칭따오와 함께 먹으니 더 잘 먹어진다.

　　　　　mokipeses-pokkum-un　　chingttao-wa　hamkkey

　　　　　きくらげ-炒め-TOP　　　　青島-と　　　　一緒に

　　　　　mek-uni　　te　　　cal　　meke-ci-n-ta

　　　　　食べる-と　もっと　よく　食べる-cita-PRES-DECL

　　　　　きくらげ炒めは青島ビールと一緒に食べるともっとお
　　　　　いしく<u>食べられる（食べれてしまう）</u>。

　　 c.　난 울려고 해도 안 울어진다.　　　　　（우인혜 1997:198）

　　　　　na-n　　wul-lyeko　　hay-to　　an

　　　　　私-TOP　泣く-しようと　する-も　NEG

　　　　　wule-ci-n-ta

　　　　　泣く-cita-PRES-DECL

　　　　　私は泣こうとしても<u>泣けない</u>。

（29a）は「달리다 tallita（走る）」、（29b）は「먹다 mekta（食べ
る）」、（29c）は「울다 wulta（泣く）」に cita がついて、それぞれ
「走れる」「食べられる」「泣けない」という可能（および不可能）

第2章　用法の定義と意味的特徴　　57

の意味を表す。この分類の可能文に共通するのは、「왠지 waynci（なぜか）」、「나도 모르게 nato molukey（ついつい、知らないうちに）」という副詞が共起可能であることである。動作主は意図的に行為をおこなうものの、思うように実現できなかったり、実現自体を成り行き的なものとして捉えたりしている。よって、（29）の例には①非情物の一回性可能や③人間の行為の一回性可能の場合と同じように、事態が偶発的であるという意味合いがある。

　日本語学の「状況可能／能力可能」という分類では、（29a）と（29b）は「新しい靴」、「青島ビールと一緒に食べる」という外的な条件が動作の可否を決定する要因となっているため、状況可能に属すると考えられる。一方、（29c）は「私」が持つ潜在的な力について語るものであるため能力可能に属すると考えられる。しかし、同じ状況可能・能力可能に属するものであっても、次の用例ではcita によって可能を表すことはできない。

（30）a. ＊그 선수는 100 미터를 10 초에 달려진다. （달릴 수 있다）

　　　　＊ ku　　senswu-nun　　100-mithe-lul　　　　10-cho-ey

　　　　　その　選手 -TOP　　100- メートル -ACC　10- 秒 - で

　　　　tallye-ci-n-ta

　　　　走る -cita-PRES-DECL

　　　　その選手は 100 メートル 10 秒で走れる。

　　b. ＊고기 뷔페에서는 고기를 무한리필해서 먹어진다. （먹을 수있다）

　　　　＊ koki　pwiphey-eyse-nun　　　koki-lul

　　　　　肉　　ビュッフェ-LOC-TOP　肉 -ACC

　　　　mwuhan-liphil-hay-se　　　　　meke-ci-n-ta

　　　　無限 - おかわり - する - して　　食べる -cita-PRES-DECL

　　　　焼き肉食べ放題では肉を何度もおかわりして食べられる。

（30a）は（29a）と同じ「달려지다 tallye-cita（走れる）」、（30b）は（29b）と同じ「먹어지다 meke-cita（食べられる）」を述部としているものの、どちらも可能文としては容認されない。同じ内容を表そうとすると「- ㄹ / 을 수 있다 -l/ul swu issta（～することができ

る）」という可能形式を用いることになる。意味的に考えると、
（30a）は「その選手」に「100メートルを10秒で走る」能力があ
るという属性を述べている。（30b）は「食べ放題」の約束事とし
て「何度もおかわりして食べる」ことが実現する潜在性を述べてい
る。これらの文が表す状況は、社会的な約束事や個人の能力など、
当然起きるべきことが起きるという蓋然性が高く、偶発性や成り行
きといった解釈が入る余地がない。

　ここでは、（29）のような事態が成り行き的・偶発的に実現する
と捉えられているものを「偶発的可能」と呼び、（30）のような当
然起こるべきことが起きていると捉えられているものを「蓋然的可
能」と呼ぶことにする。偶発的可能と蓋然的可能は④人間の行為の
恒常的可能の下位分類として位置づけられる。すると、cita では偶
発的可能を表すことができるが、蓋然的可能は表せないということ
になる。

　ここまでの議論は、図表5のように整理することができる。図表
5では、cita の可能用法で表せるものを○、表せないものを×とし
た。グレーで表示したのは事態が成り行き的・偶発的であるという
ニュアンスを持つ下位分類である。

図表5　cita の可能用法

	非情物の変化	人間の行為
一回性可能	①　　　　　○	③　　　　　○
恒常的可能	②　　　　　○	④ 偶発的可能 ○ 蓋然的可能 ×

　図表5に見るように、cita は4つの下位分類のうち、①非情物の
一回性可能、②非情物の恒常的可能、③人間の行為の一回性可能を
表すことができる。④人間の行為の恒常的可能に関しては、偶発的
可能は表せるが、蓋然的可能は表せないという制限がある。

　また、①非情物の一回性可能、③人間の行為の一回性可能、④人

間の行為の恒常的可能のうち偶発的可能では、事態が成り行き的・偶発的に実現するというニュアンスがある。これまでにも cita の可能用法は、「見込みが外れて○○できた」あるいは「見込みが外れて○○できなかった」という、話者の予想が外れた想定外の状況を表す場合が多いと指摘されてきた（Lee 1993, 손세모돌 1996）。事態が成り行き的・偶発的に実現するということは、一般的に話者が予想したものとは異なる結果になりやすい。これが先行研究の指摘する「見込みが外れる」という状況につながると考える。

6. 事態実現用法

再び、図表1を見てみると、これまで論じた受身・非意図・可能・状態変化のいずれにも該当しない例が存在する。それがグループ2，3の部分である。本書の定義に基づくとグループ1は状態変化、グループ4は受身、グループ5は非意図、グループ6は可能の各用法に該当する。以上の4つの分類のいずれにも属さないのが、グループ2，3である。このうち、グループ2には〈自動詞 + cita〉、グループ3には〈他動詞 + cita〉の構造を持つものを分類した*9。

それぞれの例を次に挙げる。

（31）　　グループ2〈自動詞 + cita〉

　　a.　민물에서는 몸이 떠지지 않는다.（成光秀 1976/1986, 起動的被動）

　　　　minmwul-eyse-nun　mom-i　　tte-ci-ci.anh-nun-ta

　　　　真水 - で -TOP　　　体 - NOM　浮く -cita-NEG-PRES-DECL

　　　　真水では体が浮かばない。

　　b.　봄이 오니 산봉우리의 눈이 다 녹아진다.

　　　　　　　　　　　　　　　（裵禧任 1988, 派生自動詞化）*10

　　　　pom-i　　　o-ni　　　sanpongwuli-uy　nwun-i　　ta

　　　　春 -NOM　来る - すると　峰 -GEN　　　　雪 -NOM　全部

　　　　noka-ci-n-ta

　　　　とける -cita-PRES-DECL

　　　　春が来ると峰の雪が全部とける。

　　c.　열매가 영글어졌다.　　　　　（우인혜 1997, 自動詞の起動化）

60　　Ⅰ　韓国語助動詞 cita の多義性

yelmay-ka　　yengkule-cye-ss-ta

果実 -NOM　実る -cita-PAST-DECL

果実が実った。

（32）　　　グループ 3〈他動詞 + cita〉

　　a.　옷이 {거의, 저절로} 벗어진다. （成光秀 1976/1986, 被動的機能）

　　　　os-i　　　{keuy/　　cecello}　　pese-ci-n-ta

　　　　服 -NOM　{ほとんど /　ひとりでに}　脱ぐ -cita-PRES-DECL

　　　　服が {ほとんど、ひとりでに} 脱げる。

　　b.　대문이 열어진다.　　　　　（沈在箕 1982, 他動詞の自動詞化）

　　　　taymwun-i　　yele-ci-n-ta

　　　　正門 -NOM　　開ける -cita-PRES-DECL

　　　　正門が開く。

　　c.　먼지가 말끔히 털어졌다.　　（우인혜 1997, 他動詞の起動化）

　　　　menci-ka　　　malkkum-hi　　thele-cye-ss-ta

　　　　ほこり -NOM　きれいに -ADV　払い落とす -cita-PAST-DECL

　　　　ほこりがきれいに落ちた。

　　d.　문이 저절로 열어지더라.　　（鄭聖汝 1999, 無生自発）

　　　　mwun-i　　　cecello　　　yele-ci-tela

　　　　ドア -NOM　ひとりでに　開ける -cita-RT.MOD

　　　　ドアが自然に開いた。

　　e.　그 질긴 종이가 찢어졌다.　　（이정택 2004, 主体の状態変化）

　　　　ku　　cilki-n　　congi-ka　　ccice-cye-ss-ta

　　　　その　丈夫だ -RL　紙 -NOM　破る -cita-PAST-DECL

　　　　その丈夫な紙が破れた。

　各例の右に先行研究での分類を提示した。（31）（32）に列挙し
た用例をどのような用法として扱うかは、研究者によって大きく見
解が分かれている。グループ 2 の例は「被動、自動詞内での派生、
起動」といった捉え方で論じられている。一方、グループ 3 の例は、
「被動、自動詞化、起動化、自発、状態変化」と、こちらも研究者
によって異なる用法に分類されている。これほど多様な用語が乱立
していることから分かるように、cita のグループ 2，3 の用例は特
徴が非常に捉えにくいものである。

第 2 章　用法の定義と意味的特徴　　61

6.1　新たな用法カテゴリー

　上述のとおり、（31）（32）の例は受身や自発、状態変化といった様々な用法に分類されており、扱いが一定していない。そこで、これまでに論じてきた用法の定義と照らし合わせることで、これらの用例をどのように扱うのがもっとも妥当か検討してみたい。そして、結論から先に述べると、これらの用例は本書の受身・非意図・状態変化のいずれの用法にも当てはまらないことから、新たな用法カテゴリーを設定して扱う必要があることを主張する。

6.1.1　受身用法とする可能性

　第一に、これらの用例を受身用法として解釈する可能性を考えてみる。まず、グループ 2 は〈自動詞 + cita〉の構造を持つが、この事態によって事態の外部にいる人物が影響を受けるという意味は読み取れない。つまり、自動詞ベースの受身であるという解釈は成り立たない。

　グループ 3 の〈他動詞 + cita〉の例を見ると、（32a）の「옷이 {거의 / 저절로} 벗어진다（服が {ほとんど / ひとりでに} 脱げた）」という例を成光秀（1976/1986）は「被動的機能」に分類している。しかし、この用例は「저절로 cecello（ひとりでに）」という副詞に見られるように、外部の動作主は想定されておらず、自然発生的に事態が実現したことを表している。本章 2 節では受身用法を「動作主を非焦点化し、被動者を中心的な参与者として事態を述べる」と定義した。しかし、グループ 3 の用例では、はじめから動作主が事態の中に概念化されていない。これが受身文と（32a）の大きな違いである。したがって、受身用法と解釈することには問題があると考えられる。

6.1.2　非意図用法とする可能性

　次に、これらの例を非意図用法とする可能性を検討してみたい。鄭聖汝（1999）は（32d）の例「문이 저절로 열어지더라（ドアが自然に開いた）」を「無生自発」と名付けている。

　まず、グループ 2 〈自動詞 + cita〉の例を見てみると、主語が

（31a）「몸 mom（体）」、（31b）「눈 nwun（雪）」、（31c）「열매 yelmay（果実）」というように、非情物あるいは無生物であり、いずれも意志的に動作をおこなう動作主にはなりにくいものである。

　4.2 で掲げた非意図用法の定義を再び述べると「動作主の意志によらず事態がもたらされる」というものである。この定義から翻って言うと、非意図用法は動作主が意志的に動作をおこなうというプロトタイプ的な事態を想定し、そこから逸脱した「動作主の意志にかかわらず事態が実現する」有標の状況を表している。つまり、非意図用法は本来、意志的に動作をおこなう動作主を前提としている。

　すると、グループ 2 の例の主語（（31a）体、（31b）雪、（31c）果実）は、「意志的に動作をおこなう動作主」あるいは、「話し手が意志を把握できる存在」であるという非意図用法の前提条件にそぐわない。そのため、これらの文は非意図用法とは別の枠組みで扱うのが適切であると考える。

　グループ 3〈他動詞 + cita〉の場合も、（32d）「문이 저절로 열어지더라（ドアが自然に開いた）」では、主語が「문 mwun（ドア）」という無生物である。さらに、「저절로 cecello（自然に）」という副詞に表されているように、事態は自然発生的に生起している。つまり、動作主が概念化されず、単純に事態が実現したことのみが表されている。ということは、意志的に動作をおこなう動作主を前提とする非意図用法とは性質が異なる。したがって、グループ 3 の用例も非意図用法とは別の枠組みで捉えるのが適切であると考える。

6.1.3　状態変化用法とする可能性

　次に、これらの用例が状態変化用法に入る可能性があるのかどうかを検討する。이정택（2004）では、グループ 3 の例である（32e）「그 질긴 종이가 찢어졌다（その丈夫な紙が破れた）」を「主体の状態変化」としている。

　3.1 節で述べたように、状態変化用法では cita の付加によって、時間的な変化を含意しない状態から、いくつかの局面からなる一連の出来事を表すようになる。つまり、「状態→イベント」という根本的な変化が起きる。しかし、グループ 2, 3 の用例は cita が付い

ても付かなくても、もとから出来事を表しており、cita の付加による「状態→イベント」という変化は起きていない。

（33）a.　열매가 영글어졌다.　　　　　　　　　（우인혜 1997: 195）

　　　　yelmay-ka　　yengkule-cye-ss-ta

　　　　果実 -NOM　　実る -cita-PAST-DECL

　　　　果実が実った。

　　b.　열매가 영글었다.

　　　　yelmay-ka　　yengkule-ss-ta

　　　　果実 -NOM　　実る -PAST-DECL

　　　　果実が実った。

（34）a.　먼지가 말끔히 털어졌다.　　　　　　　（우인혜 1997: 202）

　　　　menci-ka　　malkkum-hi　　thele-cye-ss-ta

　　　　ほこり -NOM　きれいに -ADV　払い落とす -cita-PAST-DECL

　　　　ほこりがきれいに落ちた。

　　b.　먼지를 말끔히 털었다.

　　　　menci-lul　　malkkum-hi　　thele-ss-ta

　　　　ほこり -ACC　きれいに -ADV　払い落とす -PAST-DECL

　　　　ほこりをきれいに払い落とした。　　　・

　（33a）はグループ 2 の例、（34a）はグループ 3 の例で、（33b）（34b）はそれに対応する cita なしの自動詞文と他動詞文である。どちらも cita の有無にかかわらず「果実が実る」「ほこりを払い落とす」という出来事を表している。つまり、これらの例においては、cita の状態変化用法の特徴である「状態→イベント」という変化は見られない。したがって、グループ 2, 3 を状態変化用法として捉える可能性も否定される。

6.1.4　新たな用法カテゴリーの必要性

　その他に、우인혜（1997）では（33a）（34a）の例を「動作や状態の始まりを表す」ものとして解釈し、「起動（inchoative）」というカテゴリーに入れている。しかし、これらの例が事態の展開の中でどの局面を表しているのかを考えると、起動という用語から想起される「実りはじめる」「落ちはじめる」という事態の開始局面を

表しているのではない。むしろ、「実った（状態になる）」「落ちた（状態になる）」という事態が実現する終局の局面を表している＊11。したがって、これらの用例を「起動」という枠組みで捉えることにも問題がある。

　ここまでの考察を一度まとめると、グループ2，3の用例はこれまで論じてきたcitaの用法、受身・非意図・状態変化のいずれの用法にも属さない。さらに「起動」という枠組みで扱うことにも無理がある。citaの用法には他に可能用法があるが、(31, 32)に示したグループ2，3のいずれの用例においても、事態の実現に対する見込み・予想との一致／不一致といった意味は読み取れない。このように、グループ2，3の用例は既出のcitaの用法の枠組みでは、捉えきれないものである。したがって、新たな用法カテゴリーを設定して捉え直す必要があると考える。以下では、これらの用例をどのように特徴づけることができるのか検討したい。

6.2　用例に共通する特徴

　グループ2，3の用例には共通する特徴がある。これらの用例では、citaを付加することによって先行用言の示す事態が実現することを表している。「事態の実現」とは、動作や状況が開始し、展開して、何らかの結果に至る終結までの一連の流れの中で、特に終結の局面を重点的に述べるということである。

　「事態の実現」という意味は、用例をそのまま観察しているだけでは把握しにくいものである。例えば次のcita文とcitaなしの自動詞文を対比してみたい。

(35) a.　눈이 소복이 쌓여졌다.

　　　　nwun-i　　sopoki　　ssah-ye-cye-ss-ta
　　　　雪-NOM　うずたかく　積む-i-cita-PAST-DECL
　　　　雪がうずたかく積もった。

　　b.　눈이 소복이 쌓였다.

　　　　nwun-i　　sopoki　　ssah-ye-ss-ta
　　　　雪-NOM　うずたかく　積もる-i-PAST-DECL
　　　　雪がうずたかく積もった。

第2章　用法の定義と意味的特徴　　65

（35a）は cita 文、（35b）は自動詞文と形は異なる。しかし、日本語訳で見るとどちらも「積もった」と表現され、両者の違いは非常に微細で把握しにくい。しかし、アスペクト形式の共起テストをおこなうと、両者の違いが明確になる。ここでは、主に結果状態を表す「-어 있다 -e issta（ている）」と、主に動作の継続・進行を表す「-고 있다 -ko issta（ている）」を共起させて比較することにする。

（36）a.　아침에 보니 마당에 눈이 {쌓여져 있다 / 쌓여 있다}.

　　　　achim-ey　po-ni　　　　　matang-ey　nwun-i

　　　　朝 - に　　見る - すると　庭 - に　　雪 -NOM

　　　　{ssah-ye-cye.iss-ta/　　　ssah-ye.iss-ta}

　　　　{積む -i-cita- ている -DECL/　積む -i- ている -DECL }

　　　　朝に見たら庭に雪が<u>積もっている</u>。

　　　b.　눈이 지금도 {# 쌓여지고 있다 / 쌓이고 있다}.

　　　　nwun-i　　cikum-to　{#ssah-ye-ci-ko.iss-ta/

　　　　雪 -NOM　　今 - も　　{# 積む -i-cita- ている -DECL/

　　　　ssah-i-ko.iss-ta}

　　　　積む -i- ている -DECL}

　　　　雪が今も<u>積もっている</u>。

（36a）のように結果状態を表す -e issta は、cita 形の「쌓여지다 ssahye-cita」と自動詞の「쌓이다 ssahita」どちらとも共起できる。しかし、動作の継続・進行を表す -ko issta では差が表れる。（36b）に見るように、自動詞の「쌓이다 ssahita」と -ko issta が共起した場合、動作の継続・進行を表している。一方、cita 形の「쌓여지다 ssahye-cita」が -ko issta と共起した場合には、動作の継続・進行よりもむしろ多回性や反復を表す。

　-ko issta が共起し、動作の継続・進行を表すということは、動作がある程度の時間的な幅をもっておこなわれることを示している。そのため、動詞句が表す内容には、事態の一連の流れのうち、事態の展開局面が含まれていると考えることができる。一方、結果状態を表す -e issta と共起できるということは、事態がすでに終結局面にあることを前提としている。そのため、動詞句が表す内容には、事態の一連の流れのうち終結局面が含まれていると考えることがで

きる。

　とすると、-e issta と -ko issta の両方が共起できる自動詞の「쌓이다 ssahita」は、事態の展開局面と終結局面の両方を含むと考えられる。これに対し、-e issta は共起できるが -ko issta の共起には制限がある cita 形の「쌓여지다 ssahye-cita」は、事態の展開局面を含まず、事態の終結局面だけを表していることになる。

　このように、日本語では同じ「積もる」と表される「쌓여지다 ssahye-cita」と「쌓이다 ssahita」は、動詞句が表す事態の局面に差がある。cita の付加によって、動作や状況が何らかの到達点に至る局面が強調され、事態の実現が重点的に表されている。言い換えると、cita のこれらの用例は、事態が開始点から終結に向かって展開していく一連の流れを線的に概念化しているのではなく、事態が実現する局面に焦点を当て、その局面を切り取り、点的に概念化しているのである。

　このことから、本書ではこの用法を「事態実現用法」と名付けることにしたい。

6.3　名詞句に関する特徴

　さらに、この用法では文中に現れる名詞句に関しても特徴が見られる。先行用言が他動詞の場合、動作の対象が主格で標示されて文の主語になり、動作主名詞句が共起できなくなるというものである。(32c) の文「먼지가 말끔히 털어졌다.（ほこりがきれいに落ちた。）」をもとに考えてみたい。

(37)a.　영이가 먼지를 말끔히 털었다.

　　　　yengi-ka　　　menci-lul　　　malkkum-hi

　　　　ヨンイ -NOM　ほこり -ACC　きれいに -ADV

　　　　thele-ss-ta

　　　　落とす -PAST-DECL

　　　　ヨンイがほこりをきれいに落とした。

　　b　먼지가 {*영이에게 /*영이에 의해} 말끔히 털어졌다.

　　　　menci-ka　　　　{*yengi-eykey/　*yengi-ey.uyhay }

　　　　ほこり -NOM　　{* ヨンイ - に /　* ヨンイ - によって}

第 2 章　用法の定義と意味的特徴　　67

```
malkkum-hi        thele-cye-ss-ta
きれいに-ADV     落とす-cita-PAST-DECL
```
ほこりが {*ヨンイに/*ヨンイによって} きれいに<u>落ちた</u>。

(37a)の他動詞文で対格標示されている動作の対象「먼지 menci（ほこり）」が、(37b)の cita 文では主格標示され、主語になっている。さらに、(37a)の他動詞文の動作主「영이 yengi（ヨンイ）」は、(37b)の cita 文では -eykey で標示しても、-ey uyhay で標示しても共起できない。

このようにグループ3の文には、動作の対象が主格標示されて主語になるという特徴と、動作主を表す名詞句は共起することができないという特徴が見られる。

また、先行用言が自動詞の場合でも、(31a)「민물에서는 몸이 떠지지 않는다．（真水では体が浮かばない。）」の「몸 mom（体）」や(31c)「열매가 영글어졌다．（果実が実った。）」の「열매 yelmay（果実）」のように、主語の位置に現れる名詞句は、動作主ではなく、むしろ状態の変化をこうむる対象である場合がほとんどである。

事態実現用法の文に見られるこのような特徴を action chain モデルを参考にして説明したい。

まず、(38a)のような「動作主が行為を実行し、それが原因となって、対象が変化し、ある状態に至る」という典型的な他動詞のイベントの展開を想定する。このうち、事態実現用法の cita 文が言語化しているのは、(38b)において四角で囲んだ、「対象が変化し、ある状態に至る」という部分である。事態実現用法では事態の実現に焦点が当てられている。それとともに、イベントの開始点（動作主）から焦点がはずれる。それにとどまらず、動作主は概念化の枠組みからはずれ、(38c)のように言語化もされなくなってしまう。そして、参与者が動作や変化の対象だけになるため、これが主要な参与者となる。

(38) a.

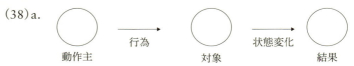

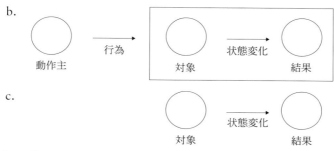

　(38c) の状況は Kemmer（1993a: 207–210）の表現を用いて言えば、「イベントの相対的な精緻化（relative elaboration of events）」の程度が低い状況である。イベントの相対的な精緻化とは、個々の状況における参与者や下位イベントなどを区別する度合いである。話者がイベントを細かく区分しないで述べるか、下位構造や個々の構成要素に言及するかを選択する。イベントの精緻化の程度とはつまり、話者がイベントを概念化する詳細さの程度を表している。

　cita の事態実現用法について言えば、(38c) に見るように動作主や動作主の行為は概念化されず、動作の対象が主要な参与者となり、対象に起きる変化だけが描かれるため、イベントの精緻化の程度は低い。

　6.2 節と 6.3 節の考察から、事態実現用法は、事態の終結局面を重点的に表すというアスペクト的な特徴と、動作主を概念化の枠組みから外し、動作の対象を主要な参与者とするというヴォイス的な特徴の両方を併せ持っていると言うことができる。

6.4　事態実現用法の定義

以上の議論から事態実現用法の特徴は次の 3 つにまとめることができる。
　①動作主を概念化の枠組みからはずす
　②動作の対象や変化をこうむるものを主要な参与者とする
　③対象に起こる変化の終結局面を重点的に表す
以上の考察から、事態実現用法を次のように定義する。

(39) 事態実現用法の定義：動作主を概念化の枠組みからはずし、
　　　　　　　　　　動作や変化の対象を主要な参与者と
　　　　　　　　　　しながら、事態の終結局面を重点的
　　　　　　　　　　に表すもの

　なお、事態実現用法の文は「事態が自然発生的に生起した」、ある
いは「事態が成り行き的に実現した」という解釈を伴いやすい。
これは上に述べたように動作主が概念化されないことに起因すると
考えられる。動作主が概念化の枠組みからはずれ、（38c）に示す
ような概念化をされるようになると、動作主の不在から事態の開始
部分に対して類推が働く。そして、「動作主がいない」＝「自然発
生、成り行き的な事態の実現」という意味に拡張していくものと考
える。

　これと関連して、生越（2008: 174–178）では、動詞「찢다
ccicta（裂く）」に接辞 -i- が付いた「찢기다 ccic-ki-ta」と cita が付
いた「찢어지다 ccice-cita」のそれぞれが、どのような状況で用い
られるのかを分析している。それによると「찢어지다 ccice-cita」が
自然な表現となるのは、次のような状況であるとしている。

　・変化を引き起こした動作主が明確でなく、主語の性質や結果状
　　態を表すにすぎない場合
　・主語である変化物と動作主・原因の関係が不明確な場合
　・自然に起こった変化を表す場合
　・主語の変化物と動作主・原因の関係より、主語である事物の変
　　化そのものに表現の中心がある場合

　これらの状況は、cita の事態実現用法にまさに当てはまる特徴で
ある。別の捉え方をすると、事態実現用法が用いられる意味的・語
用論的動機づけであるとも解釈できる。もちろん、上の項目のいく
つかは状態変化用法などとも重なる部分があるが、生越（2008:
178）の述べる「明確な動作主の存在を前提とせずに変化自体を表
す」という cita に対する特徴づけは、本書の枠組みでは、事態実現
用法に典型的に表れていると考える。

70　　I　韓国語助動詞 cita の多義性

6.5 事態実現用法の意味的特徴

　事態実現用法は人間が事態に関与する度合いによって、大きく「自然現象」と「対象の変化」の 2 つに下位分類できる。

　第一の「自然現象」とは、人間の意志や働きかけとは無関係に、自然の法則によって起きる事柄に関するものである。これには次のような例が該当する。

（40）a.　대나무 위에도 소담스레 눈이 <u>쌓여져 있다</u>.

taynamwu　wi-ey-to　sotamsuley　nwun-i
竹　　　　上 - に - も　ふんわり　　雪 -NOM

ssah-ye-cye.iss-ta.
積む -i-cita- ている -DECL

竹の上にもふんわりと雪が<u>積もっている</u>。

　　 b.　초록빛 잔디에 갖가지 예쁜 꽃들이 <u>피어져 있다</u>.

cholok-pich　canti-ey　kackaci　yeyppu-n
緑 - 色　　　芝生 - に　いろんな　きれいだ -RL

kkoch-tul-i　　phie-cye.iss-ta.
花 -PL-NOM　咲く -cita- ている -DECL

緑色の芝生の上にいろんなきれいな花が<u>咲いている</u>。

　（40a）は自動詞「쌓이다 ssahita（積もる）」、（40b）は自動詞「피다 phita（咲く）」に cita が付いて、「雪が積もる事態が実現し、その結果生じた状態にある」「花が咲く事態が実現し、その結果状態にある」という意味内容を示している。これらは文字どおり自然発生的に状況が出現したことを表す。cita が付加されることで、事態が進行していく過程は話者の意識からはずれ、もっぱら出現した状況の終結局面（および結果状態）に焦点が当てられる。この分類の先行用言は基本的に自動詞であり、人間は事態に関与せず、動作主も元から存在しない。

　第二の「対象の変化」は人間の行為や働きかけの結果、動作の対象に起こる変化の終結局面に焦点を当てるものである。この下位分類には次のような例が該当する。

（41）a.　보글보글 <u>끓어진</u> 김치찌개에 밥을 비벼 먹으면 너무나도 맛있다 .

第 2 章　用法の定義と意味的特徴　　71

pokulpokul　kkulhe-ci-n　　kimchiccikay-ey　pap-ul

ぐつぐつ　　煮える -cita-RL　キムチチゲ - に　　ご飯 -ACC

pipye　mek-umyen　　nemwunato　masiss-ta

混ぜる　食べる - すれば　とても　　　おいしい -DECL

ぐつぐつ<u>煮えた</u>キムチチゲにご飯を混ぜて食べるととてもおいしい。

b.　돼지양념갈비가 노릇노릇하게 잘 <u>구워졌습니다</u>.

twayci-yangnyem-kalbi-ka　nolusnolusha-key　cal

豚 - たれ - カルビ -NOM　　　黄色い -ADV　　　よく

kwuwe-cye-ss-supni-ta

焼く -cita-PAST-POL-DECL

味付け豚カルビがきつね色によく<u>焼けました</u>。

　（41a）は自動詞「끓다 kkulhta（煮える、沸く）」、（41b）は他動詞「굽다 kwupta（焼く）」に cita が付いて、「煮える事態がすでに実現したキムチチゲ」「豚カルビがきつね色に焼ける事態が実現する」という意味内容を表す。どちらも煮たり焼いたりする事態が終結局面に至り実現していることを述べている。この下位分類では動作主の働きかけや途中の経過は話者の意識からはずれ、対象に起きる変化の終結局面が強調されるため、話者は事態が動作主の力というよりは成り行き的に生じたと捉えている。（41a）の〈自動詞 + cita〉の場合も（41b）の〈他動詞 + cita〉の場合も動作主が事態に関与しているが（人が働きかけないとキムチチゲは煮えないし、豚カルビも焼けない）、いずれの場合も動作主名詞句は同一文中に共起させることができない。

　このように事態実現用法は人間が事態に関与する度合いによって「自然現象」と「対象の変化」の 2 つに下位分類することができる。

　また、cita の事態実現用法は非対格型自動詞と共通する特徴を持っている。吉村（2004）では非対格型自動詞について、①状態変化を起こすエネルギーをどこから得たのかを概念化しない、②原因（=「動作主—行為」）を考えずに結果（=「対象—状態変化」）の部分だけを強調する。③「対象—状態変化」のスコープだけを取り出してプロファイルする、と特徴づけている。これらは上記の cita

72　Ⅰ　韓国語助動詞 cita の多義性

の事態実現用法の特徴と共通している。そのように考えると、cita は助動詞の用法の1つではあるが、非対格型自動詞と非常に近い機能を担っていると言える。

7. 数量的分布

ここまで、cita には受身・非意図・可能・状態変化・事態実現の5つの用法があることを指摘し、それぞれの定義を述べた。それでは、これらの用法はどれくらいの頻度で用いられているのだろうか。試みにコーパスを用いて cita の用例を分析し、各用法の使用頻度を調査してみた。

KAIST コーパス*12 から 1,276 例を抽出したところ、各用法の数量的な分布は図表6のようになった。

図表6　用法ごとの数量的分布

	状態変化	事態実現	受身	非意図	可能	合計
状態変化	518(41%)					
事態実現		232(18%)				
受身		125	313(25%)			
非意図	6	4	1	50(4%)		
可能		7	3	6	11(1%)	
計	524	368	317	56	11	1276

太枠内の数字はその用法に該当する例の数、太枠以外の数字は2つの用法のどちらにも解釈できる例の数である（例えば、状態変化用法と非意図用法の両方の解釈が可能なものが6例、事態実現用法と受身用法の両方の解釈が可能なものが125例）。

この表からわかるように、cita でもっとも用例が多いのは状態変化用法で、518例と全体の41%を占めている。次に受身用法313例（25%）、事態実現用法232例（18%）と続き、この3つの用法で全体の84%を占める。一方、自発用法と可能用法は用例数が少なく、数量的な観点から見ると周辺的な用法であるといえる。

ここで注目すべきは、表の太枠以外に記載した数、つまり、2つの用法にまたがる用例が存在することである。もっとも多いのは事

態実現用法と受身用法の両方に解釈できる 125 例であり、この数値は全体のおよそ 1 割にも及ぶ。

8. 2つの用法にまたがる用例

7節の数量的分布において指摘したように、実際の用例を検討してみると、意味的に複数の解釈が成り立ち、1つの用法では捉えきれない例が見られる。具体的には次のようなものである。

（42）状態変化＋非意図

나는 <u>어리둥절해지지</u> 않을 수 없었다. （K121–45）

na-nun　　elitwungcelhay-ci-ci.anh-ul.swu.epse-ss-ta

私 -TOP　うろたえる -cita-NEG- 不可能 -PAST-DECL

私はうろたえずにいられなかった。

（42）は「어리둥절하다 elitwungcel-hata（うろたえる）」という形容詞 **13** に cita が付いて、「うろたえた状態になる」という状態変化用法と、「心ならずもうろたえてしまう」という非意図用法の両方に解釈ができる。

（43）受身＋事態実現

미국에서는 대학이 각각 시니어 칼리지로 <u>나누어져</u> 단과대학과 똑같이 불리고 있다. （K121–12）

mikwuk-eyse-nun　　tayhak-i　　kakkak　　sinie　　khallici-lo

アメリカ -LOC-TOP　大学 -NOM　それぞれ　シニア　カレッジ - に

nanwue-cye　tankwatayhak-kwa　ttokkath-i　pwul-li-ko. iss-ta

分ける -cita　単科大学 - と　　　同じ -ADV　呼ぶ -i- ている -DECL

アメリカでは大学がそれぞれシニアカレッジに {<u>分かれて</u>/ <u>分けられて</u>} 単科大学と同じように呼ばれている。

（43）の例は「나누다 nanwuta（分ける）」という他動詞に cita が付いた例であり、隠れた動作主が存在すると考えれば「分けられる」という受身用法の解釈が成り立ち、動作主を想定しなければ「分かれる」という事態実現用法の解釈になる。

（44）受身＋可能

여기서 어떤 결과가 <u>얻어지</u>느냐에 달렸지. （K122–70）

yeki-se　　ette-n　　　kyelkwa-ka　ete-ci-nunya-ey

ここ -LOC　どうだ -RL　結果 -NOM　得る -cita-Q- に

tallye-ss-ci

かかる -PAST-MOD

ここでどんな結果が<u>得られる</u>のかにかかっていたんだ。

　（44）の動詞「얻다 etta（得る）」に cita がついた例は、「결과 kyelkwa（結果）」を主語として事態を述べる受身用法としての解釈と、「結果を得ることができる」という可能文の解釈の両方が成り立つ。

　（45）非意図＋可能

　　방 안은 캄캄했다. 사람이 있는 것 같은 기척은 전혀 <u>느껴지지 않았</u><u>다</u>.　　　　　　　　　　　　　　　　　　　　（K124–64）

pang　an-un　　khamkhamhay-ss-ta.　salam-i　　iss-nun　　kes

部屋　中 -TOP　真っ暗だ -PAST-DECL　人 -NOM　いる -RL　こと

kath-un　　kichek-un　　cenhye　　　nukkye-ci-ci.anha-ss-ta.

同じ -RL　気配 -TOP　まったく　感じる -cita-NEG-PAST-DECL

部屋の中は真っ暗だった。人がいるような気配は全く<u>感じ</u><u>られなかった</u>。

　（45）の動詞「느끼다 nukkita（感じる）」に cita が付いて、「気配が感じられる」という非意図用法の否定文と、「気配を感じることができない」という不可能を表す文の両方の意味で解釈できる。

　（46）事態実現＋可能

　　여자들의 향수 냄새는 어째서 그렇게 쉽게 다른 사람한테 옮겨지고, 또 좀처럼 <u>지워지지 않는지</u> 도무지 알 수가 없었다 . （K121–61）

yeca-tul-uy　hyangswu　naymsay-nun　eccayse　　kuleh-key

女 -PL-GEN　香水　　におい-TOP　どうして　そうだ -ADV

swip-key　　　talu-n　　salam-hanthey　olmkye-ci-ko,　　tto

簡単だ -ADV　違う -RL　人 - に　　　　移る -cita- して　また

comchelem　ciwe-ci-ci.anh-nunci　tomwuci

少しも　　　消す -cita-NEG- のか　到底

a-l.swu-ka-epse-ss-ta.

知る - 不可能 -NOM-PAST-DECL

第 2 章　用法の定義と意味的特徴　　75

女たちの香水のにおいはどうして、あんなに簡単に他の人
　　に移り、そして、なかなか ｛消えない / 消せない｝ のか到底
　　わからなかった。

　（46）の「지우다 ciwuta（消す）」という他動詞に cita が付いた
例は、「消えない」という事態実現用法と「消せない」という不可
能を表す可能用法の両方の意味で解釈できる。

　これらの 2 つの用法にまたがる用例が存在することは、本書の問
題提起④「cita の用法間の相互関係はどのように位置づけられるの
か？」に関係すると考える。両方の用法にまたがる例があるという
ことは、それぞれの用法が隣接あるいは近接していると考えること
ができるためである。これに関しては第 4 章において詳しく論じる。

9.　第 2 章のまとめ　cita の用法とその定義

　第 2 章では、「cita にはどのような用法があるのか」について論
じた。先行研究の掲げる用法を整理・検討することを通じて、cita
に対してどのような用法を設定するのが妥当か考察し、さらに各用
法の定義と意味的な特徴について記述した。

　cita は多義語であるために意味・用法間の線引きには困難が伴い、
先行研究においても、cita にどのような用法があるかに関して一致
した見解は得られていない。本書では、先行研究と用例の検討を通
じて、cita の用法は「受身・非意図・可能・状態変化・事態実現」
の 5 つに分類できることを論じた。以下に各用法の定義を再提示す
る。

　　　受身：　　　動作主を非焦点化し、被動者を中心的な参与者とし
　　　　　　　　　て事態を述べる
　　　状態変化：時間の経過にしたがって、参与者の性質や様相が移
　　　　　　　　　ろい転じていく事態を表す
　　　非意図：　動作主の意志によらずに事態がもたらされることを
　　　　　　　　　表す
　　　可能：　　　事態の実現に対する見込みの有無や、見込みどおり
　　　　　　　　　実現できたかどうかを述べる

　　76　　Ⅰ　韓国語助動詞 cita の多義性

事態実現：動作主を概念化の枠組みからはずし、動作や変化の
　　　　　対象を主要な参与者としながら、事態が終結する局
　　　　　面を重点的に表す

　事態実現用法は本書で新たに設けた用法カテゴリーである。この
用法には、事態の終結局面を重点的に表すというアスペクト的な側
面と、動作主を概念化の枠組みからはずして動作の対象を主語とし、
対象に起こる変化を中心に表すというヴォイス的な側面を併せ持っ
ている。事態実現という用法を設定することの妥当性に関しては、
第3章の文法的特徴、第4章の意味拡張においても、それぞれの側
面から検証していく。

　コーパスを用いた分析においては、各用法の数量的な分布を見る
と、状態変化用法が最も多く全体の約4割を占め、次に受身用法、
事態実現用法の順で多く用いられていることが明らかになった。非
意図用法と可能用法が用いられる頻度は低く、数量的に見てcitaの
周辺的な用法である。

　また、コーパスの調査においては、2つの用法にまたがる用例も
多く見られ、それらの用例は数量的に見て、全体の約1割を占めて
いることを述べた。

＊1　本書で述べる「受身」と韓国の国語学の枠組みに基づく「被動」は、重
なる部分もあるが同一のものではない。先行研究では被動の例として次のよう
な文が示されている。

ⅰ．민물에서는 몸이 <u>떠지지 않는다</u>.　　　　　　　　（成光秀 1976/1986: 174）
　　minmwul-eyse-nun　mom-i　　tte-ci-ci.anh-nun-ta
　　真水 - で-TOP　　　　体 -NOM　浮く -cita-NEG-PRES-DECL
　　真水では体が<u>浮かばない</u>。

ⅱ．철수는 운동화를 신으니까 빠르게 <u>달려진다</u>.　　　（沈在箕 1982: 372）
　　chelswu-nun　　wuntonghwa-lul　sin-unikka　ppalu-key
　　チョルス TOP　　運動靴 -ACC　　　履く - ので　速い -AD
　　tallye-ci-n-ta
　　走る -cita-PRES-DECL
　　チョルスは運動靴をはくので早く走れてしまう。

（ⅰ）は、主語「몸 mom（体）」が浮かぶという事態が、「민물 minmwul（真水）」
という外部の要因によって実現しないこと、（ⅱ）は主語「철수 chelswu（チョ

ルス）」が走るという事態が、主語の意志に基づかずに実現することから被動
文に分類されている。2つの例は〈自動詞＋cita〉が述語になっており、対応
する他動詞文が存在しない。このような対応する他動詞文が想定しにくい"被
動文"について、李翊燮ほか（1997）では次のように説明している。

> 「それは韓国語被動文の独特の意味機能に起因するものであり、（中略）意
> 志や意図を持った主体が想定しにくい場合に被動文が使われるのである。
> だから、韓国語の被動文には通常'Xによって'が文章の表面に現れない
> 場合が多い。被動文は単純に主語の位置交替という意味を超えて、主語と
> 関連した状況や行為が主語の意志と関係なく現れるものである。」

（p.216-217、訳および下線は本書による）

　李翊燮ほか（1997）によると被動の用法には、「主語に意志や意図を想定で
きない場合」や「状況や行為が主語の意志と関係なく現れる場合」が含まれる
という。すると、韓国の国語学における被動は、動作主を非焦点化し、被動者
を中心に事態を記述するという受動態の機能を離れて、周辺領域にまで拡張し
ていることになる。結果として、被動は雑多なものを抱え込んだ枠組みになっ
てしまっている。この「被動」という幅の広すぎる枠組みが、cita の用法を捉
えにくいものにしている可能性がある。

＊2　受身用法の cita が語彙化して、辞書の見出し語となっている例としては、
次のようなものがある。これらは自動詞として品詞分類されていることが多い。

그려지다 kulye-cita「描かれる」＜그리다 kulita「描く」＋ cita
만들어지다 mantule-cita「作られる」＜만들다 mantulta「作る」＋ cita
세워지다 seywe-cita「立てられる」＜세우다 seywuta「立てる」＋ cita
주어지다 cwue-cita「与えられる」＜주다 cwuta「与える」＋ cita

＊3　鷲尾（1997b）は自動詞の受身や持ち主の受身も含めた間接受身におけ
る接辞 -i- の分布を「関与受動／排除受動」という枠組みで統一的に説明して
いる。接辞 -i- で間接受身を表せるのは、主語がイベントに関与している「関
与受動」の場合のみで、イベントに関与しない「排除受動」の場合は受身にで
きない。次の例では、「머리 meli（髪）」が「철수 chelswu（チョルス）」のもの
であり「チョルスが（チョルスの）髪をヨンヒに切られた」という解釈は成り
立つが、「머리 meli（髪）」が「영희 yenghuy（ヨンヒ）」のものであり「チョ
ルスが（ヨンヒの）髪をヨンヒに切られた」という解釈は成り立たない。

철수가 영희에게 머리를 깎였다.
chelswu-ka　　　yenghuy-eykey　meli-lul　　kkak-ye-ss-ta
チョルス -NOM　ヨンヒ -に　　　髪 -ACC　　切る -i-PAST-DECL
チョルスがヨンヒに髪を切られた。

＊4　許明子（2004）では日韓両言語のテレビドラマのシナリオ（話し言葉）
と新聞コラム（書き言葉）の受身文の分析をおこなっている。そのうち、韓国
語では動作主が明示される割合が、話し言葉で14％、書き言葉で11.2％との
結果が出ている。この数値は cita のみならず、接辞 -i- や他の形式を含めた受
身文全体の数値だが、本研究の cita の分析で得られた数値と非常に近い。

＊5　cita の受身用法は「알려지다 al-lye-cita（知られる）」「잊혀지다 ic-hye-cita
（忘れられる）」のように〈動詞語根 -i- ＋ cita〉の形で現れることがあり、その
場合は接辞 -i- の影響で動作主を에게 eykey 格で標示することが許される。

그는 많은 사람들에게 알려져 있다.

　　　ku-nun　　manh-un　　salam-tul-eykey　　al-lye-cye.iss-ta

　　　彼 -TOP　　多い -RL　　人 -PL- に　　　　知る -i-cita- ている -DECL

　　　彼は多くの人々に知られている。

＊6　日本語学では非意図的な行為を表す用法を「自発」と呼ぶが、日本語の「自発」とその英訳とされる‘spontaneous’では表す意味の範囲が異なっている。「自発」は後述するように「動作主の意志に基づかない動作」や「動作主の意志によらず事態が実現すること」を表すが、‘spontaneous’は「自然発生」などより広範囲の意味を表している（Kemmer 1993a: 269–270 参照）。これらの用語の混乱を避けるため、本書ではより明示的な「非意図」という用語を用いることにする。

＊7　裵熙任（1988: 119）では、cita が「可能化や起動化などの（被動の：本書訳注）二次的機能を担当している」と述べている。一方、손세모돌（1996: 264）は「不可能だと思ったが可能だった」という話者の心的態度を表しているとする。また、許（2004: 55）は cita によって「可能性、起動性、自発性等の意味を含んだ二次的な被動性が表される」と記述している。

＊8　「非情物の変化」「人間の行為」という分類では、どちらに属するのか明確ではない中間例も存在する。次の例では「文字が書かれることで状態が変化する」という非情物の変化の解釈と、「文字を書く行為が実現する」という人間の行為の実現の 2 つの解釈が可能である。

　　　잉크가 말라서 글씨가 써지지 않는다.

　　　ingkhu-ka　　malla-se　　kulssi-ka　　sse-ci-ci.anh-nun-ta

　　　インク -NOM　乾く -して　文字 -NOM　書く -cita-NEG-PRES-DECL

　　　インクが乾いて文字が書けない。

＊9　本書では、グループ 2，3 を合わせて 1 つの枠組みで扱うが、先行研究ではどちらか片方のみを扱っている論考が多いため、図表 1 では 2 つのグループに分けて提示した。

＊10　母語話者の判断では（31b）の例文には違和感があるという。

＊11　Comrie（1976: 19）では、完了形と非完了形の区別のある言語では、ある特定の状態動詞の完了形は状態の開始（ingressive）を表すのに用いられるとしている。確かに、事態の実現の局面は結果状態が出現する局面と同時であると考えてよい。そのため、「事態の実現＝状態の開始」という状況では cita は「起動」を表すという解釈も成り立たないわけではない。しかし、論理的には事態の実現なくしては結果状態もないため、「結果状態の開始」はあくまで副次的なものであると考える。

＊12　KAIST コーパスは、KAIST（韓国科学技術院）において、1994 年から 1997 年にかけて韓国語情報処理技術の開発のために構築されたコーパスである。このコーパスは、小説・学術論文・伝記・論説などの書き言葉を中心として、約 6,500 万語が収録されている。タグを使用して助動詞 cita を含む文を検索すると、約 35,000 例がヒットする。本書ではこのうち、リスト上部から 1276 例を抜き出して分析をおこなった。

＊13　어리둥절하다 elitwungcel-hata「うろたえる、面くらう」は『朝鮮語辞典』（油谷ほか 1993: 1252）では動詞ではなく、形容詞に分類されている。

第 3 章

cita の文法的特徴

1. はじめに

第 3 章では、冒頭に提示した問題提起②「cita の用法はどのような文法的特徴と結びついているのか？」について考察する。第 2 章では cita に対して、受身・非意図・可能・状態変化と事態実現用法という 5 つの用法を設定することを論じたが、第 3 章では、5 つの用法がどのような文法的特徴を持つのかについて記述する。本章の目的は cita の多義を文法的特徴の側面から捉えることにある。議論を通じて、cita の用法と文法的特徴の相互関係について考察したい。

先行研究では、先行用言の品詞と cita の用法の間に相関関係があるとする記述が多く見られる。先行用言が形容詞のときは状態変化用法、他動詞のときは受身用法というように、先行用言の品詞が cita の用法を決定するという議論である。本章ではまず、この記述の妥当性を検討する。詳細に分析していくと、先行用言の品詞と cita の用法の間にはある程度の相関関係が見られるが、cita の用法は品詞のみによって規定されているのではないということが明らかになる。

そこで本書は、先行用言の品詞のみにとらわれず、語彙レベル・構文レベル・語用論レベルにまで範囲を広げて cita の文法的特徴の分析を行っていく。

語彙レベルにおいては①先行用言の品詞と②先行用言の語彙アスペクト、構文レベルにおいては③構文的特徴と④名詞句の属性、語用論レベルにおいては⑤話者の予想がどのように関わるかを考察の対象とする *1。中でも、ある用法内で共通し、かつ、バリエーションに制限が見られる特徴、つまり、不可欠な文法的特徴に着目し、各用法がどのような文法的条件のもとで現れているのかを整理した

81

形で提示する。

そして、議論を通じて、語彙レベル・構文レベル・語用論レベル
という多層にわたる文法的特徴がcitaの用法と連動していることを
主張する。

1.1 先行研究の問題点

第1章4節において概観したとおり、先行研究におけるcitaの文
法的特徴の記述は、複数の用法の中でも受身用法に集中し、それ以
外の用法に関しては先行用言の品詞についてのみ論じているものが
大半である。そのため、受身以外の用法がどのような文法的特徴を
持つのか、先行用言の品詞以外ではどのような文法的特徴が見られ
るのかについては、これまで十分に考察されてこなかった。よって、
citaの文法的特徴を網羅的に把握する作業は課題として残されてい
る状況である。

上でも述べたように、先行研究において多く見られるのは、「先
行用言の品詞に応じてcitaの用法が決定される」という記述である。
これを本書では「品詞決定論」と呼ぶことにしたい。例えば、Lee
(1993) や이기종 (2001) では、〈形容詞 + cita〉は状態変化、〈自
動詞 + cita〉は可能、〈他動詞 + cita〉は受身を表すと述べている。
また、沈在箕 (1982) や白峰子 (1999) では、〈動詞 + cita〉は被
動、〈形容詞 + cita〉は状態変化を表すとしている。

ここでさっそく、(1) の文について検討してみたい。

(1) a.　퇴근시간이 가까워지니 왠지 일할 생각이 덜해졌다.

(K120–146)

thoykunsikan-i　　kakkawe-ci-ni　　waynci　ilha-l
退勤時間 -NOM　　近い -cita- すると　なぜか　働く -RL
sayngkak-i　　telhay-cye-ss-ta
考え -NOM　　減る -cita-PAST-DECL
退勤時間が近づいたらなぜか働く気がなくなった。

　　b.　아이가 쉽게 업어지지 않는다.　　　(우인혜 1997: 202)

ai-ka　　　　swip-key　　epe-ci-ci.anh-nun-ta
子ども -NOM　簡単だ -ADV　おぶる -cita-NEG-PRES-DECL

子どもがなかなか<u>おぶれない</u>。

（1a）は先行用言が自動詞「덜하다 telhata（減る、薄まる）」であるので、Lee（1993）や이기종（2001）の記述どおりであれば、可能を表すはずだが、そのような意味は読み取れない。むしろ状態変化を表す文として理解される。一方、（1b）は先行用言が「업다 epta（おぶる）」という他動詞であるので、上に挙げた先行用言の記述では受身（あるいは被動）を表すはずである。しかし、（1b）は受身ではなく「おぶることができない」という不可能の意味を表す文として解釈される*2。

（1a, b）の例は、上記の先行研究が述べる先行用言と cita の用法の関係に合致しない。また、こういった例をどのように説明するのかも、先行研究では明確にされていない。つまり、「先行用言の品詞は何か」という１つの要因に還元して cita の用法を説明しようとすることには限界があり、適切な文法記述ではない。

したがって、「品詞決定論」の枠組みから離れて、cita の文法的特徴を捉えなおす必要がある。

1.2　本書の考え方

そこで本書は、先行用言の品詞のみならず、複数の観点からより多角的に cita の文法的特徴を捉えることにしたい。

まず、本書が議論の土台とするのは「cita が現れる環境と cita の意味には密接な関係がある」という考えである。cita が現れる環境には、先行用言の語彙的な特徴や、どのような名詞句が共起し、どのように格標示されるかといった構文的特徴、話者の持つ背景的な知識のような語用論的特徴など、いくつもの特徴が折り重なった多様な側面がある。その中でも本書は、①先行用言の品詞、②先行用言の語彙アスペクト、③格標示や名詞句の増減などの構文的特徴、④名詞句の属性、⑤話者の予想との一致／不一致、という５つの項目について分析をおこなう。

以下の分析においては、cita の現れる環境を複数の特徴からなる「特徴の束」として捉え、その中でも特に、「不可欠な文法的特徴」は何かに着目する。不可欠な文法的特徴とは、ある用法に該当する

用例が共通して持つ特徴であり、かつ、特定の偏りを見せるなど、バリエーションが制限されている特徴である。言い換えると、不可欠な文法的特徴とは、その用法で必ず見られる特徴である。逆から考えると、その用法を文法的な側面から規定する要因であると言うこともできる。

　ここでは、複数の観点から cita の各用法の文法的特徴を分析し、不可欠な文法的特徴を手がかりとして、cita の多義性に文法的特徴という切り口からアプローチしていきたい。

1.3　本章の構成

　以下では、先行用言の品詞（2 節）、先行用言の語彙アスペクト（3 節）、構文的特徴（4 節）名詞句属性（5 節）、話者の予想（6 節）という順序で、cita の 5 つの用法それぞれについて分析する。そして、7 節ではそれまでの考察の結果をまとめて整理し、cita の各用法と文法的特徴の相関関係について述べる。

2.　先行用言の品詞

　ここでは、上述の「品詞決定論」を検証するという意味も含めて、cita の用法別にどのような先行用言と結びついているのかを分析する。cita の先行用言になりうるのは、「動詞（自動詞・他動詞）・形容詞・存在詞」の 4 つである。

2.1　状態変化用法における先行用言の品詞

　沈在箕（1982）、Lee（1993）、손세모돌（1996）等、多くの先行研究において、先行用言が形容詞の場合に cita は状態変化を表すと記述されている。確かに、(2) に示すように形容詞を先行用言とする〈形容詞 + cita〉の文は、状態変化用法として解釈できる。

(2)　a.　햇볕에 타서 얼굴이 빨개졌다.

　　　　hayspyeth-ey　　tha-se　　　　elkwul-i　　ppalkay-cye-ss-ta

　　　　日差し -に　　　焼ける -して　顔 -NOM　赤い -cita-PAST-DECL

　　　　日に焼けて顔が赤くなった。

84　　I　韓国語助動詞 cita の多義性

b. 그래서 나는 미국이 좋아졌어요. （K120–134）

kulayse na-nun mikwuk-i

だから　私-TOP　アメリカ-NOM

coha-cye-sse-yo

好き-cita-PAST-POL.DECL

だから私はアメリカが好きになりました。

（2a）は属性形容詞「빨갛다 ppalkahta（赤い）」に cita が付いて、主語「얼굴 elkwul（顔）」の属性が赤くない状態から赤い状態へと変化したことを表す。（2b）は感情形容詞「좋다 cohta（好きだ）」に cita が付いて、主題標示されている「나 na（私）」の感情が主語の「미국 mikwuk（アメリカ）」に対して、特に好きではない状態から好意を抱いた状態に変化したことを表している。

このように、先行用言が形容詞のとき cita は状態変化を表している。本書の調査においても、先行用言が形容詞である例はすべて状態変化用法に該当していた。第2章7節の cita の用法の数量的分布で取り上げた KAIST コーパスにおいても、先行用言が形容詞である478例はすべて状態変化を表している。したがって、〈形容詞＋cita〉が状態変化を表すという先行研究の記述は決して間違いではない。

しかし、状態変化用法には、先に掲げた（1a）の「덜해지다 telhay-cita（少なくなる）」のように先行用言が自動詞の例や、（3a）のような他動詞、（3b）のような存在詞を先行用言とする例が見られる。

（3）a. 부부는 얼굴이나 행동이 닮아져 간다고 한다.

pwupwu-nun elkwul-ina hayngtong-i

夫婦-TOP　　顔-や　　　行動-NOM

talma-cye-ka-nta-ko　　　ha-n-ta

似る-cita-ていく-PRES-と　いう-PRES-DECL

夫婦は顔や行動が似（るようになっ）ていくという。

b. 하루 1 개의 사과를 먹으면 의사가 할 일이 없어진다.

（K127–143）

halwu hankay-uy sakwa-lul mek-umyen uysa-ka

1日　　1個 -GEN　　リンゴ -ACC　　食べる - れば　　医者 -NOM

ha-l　　　il-i　　　　epse-ci-n-ta

する -PRS　　仕事 -NOM　　ない -cita-PRES-DECL

　　1日1個リンゴを食べると医者がする仕事がなくなる。

　（3a）は「닮다talmta（似る）」という他動詞にcitaが付いた例、
（3b）は「없다epsta（ない）」という存在詞にcitaが付いた例であ
る。これも、citaの付加によって、「似るようになる」「なくなる」
という時間の推移に伴う状態の変化を表している＊3。

　ということは、状態変化用法の先行用言としては形容詞のみなら
ず、自動詞・他動詞・存在詞も許されるということになる。つまり、
状態変化用法の先行用言は形容詞のみに限定されているわけではな
い。したがって、先行用言の品詞のみでは状態変化用法かどうかは
判断できないということになる。「先行用言が形容詞の場合にcita
は状態変化を表す」という先行研究の指摘は間違いではないが、そ
れでは形容詞以外の用言を先行用言とする状態変化用法の例を説明
できないため、不十分な記述であると言わざるを得ない。

　なお、上述のとおり〈形容詞 + cita〉は必ず状態変化を表すのだ
が、〈存在詞 + cita〉も同様に必ず状態変化を表す。そのため、以
下で述べる他の用法では、〈形容詞 + cita〉〈存在詞 + cita〉の例は
存在しない。

2.2　受身用法における先行用言の品詞

　受身用法では、先行用言の品詞に制限が見られる。（4）に示す
ように、受身用法の先行用言はすべて他動詞であり、自動詞や形容
詞、存在詞を先行用言とする受身文は見られない。

（4）a.　이 잡지에서는 저출산문제가 자세하게 다루어져 있다.

　　　　i　　capci-eyse-nun　　cechwulsanmwuncey-ka　　caseyha-key

　　　　この　　雑誌 -LOC-TOP　　低出産問題 -NOM　　　詳細だ -ADV

　　　　talwue-cye.iss-ta

　　　　扱う -cita- ている -DECL

　　　　この雑誌では少子化問題が詳細に扱われている。

　　　b.　키가 큰 풀밭이나 갈대밭 속에는 큰 쓰레기들이 많이 버려져

86　　I　韓国語助動詞cita の多義性

있다.

khi-ka　　khu-n　　　phwulpath-ina　kaltaypath

背 -NOM　高い -RL　草むら - や　　　芦原

sok-ey-nun　khu-n　　　　ssuleyki-tul-i　manh-i

中 - に -TOP　大きい -RL　ごみ -PL-NOM　多い -ADV

pelye-cye.iss-ta

捨てる -cita- ている -DECL

　背の高い草むらや芦原の中には大きなゴミがたくさん
捨てられている。

　（4a）は「다루다 talwuta（扱う）」、（4b）は「버리다 pelita（捨て
る）」という他動詞をそれぞれ先行用言としている。

　韓国語に自動詞ベースの受身がないことは第 2 章 2.3 節において
指摘した。そのため、（5）に示すように、cita は〈自動詞 + cita〉
の形では受身文を作ることができない。

　（5）　* 그는 아내에게 도망가졌다.

　　　*ku-nun　　anay-eykey　　tomangka-cye-ss-ta

　　　彼 -TOP　妻 - に　　　　逃げる -cita-PAST-DECL

　　　彼は妻に逃げられた。

　また、形容詞や存在詞を先行用言とする場合は、2.1 節で述べた
ようにすべて状態変化用法になるために、受身用法としての解釈の
可能性は排除される。

　したがって、cita の受身用法の先行用言は、品詞が他動詞に制限
されていると述べることができる。

2.3　非意図用法における先行用言の品詞

　非意図用法の先行用言には、（6）に示すように自動詞と他動詞
の両方が見られる。

　（6）　a.　무거운 분위기때문에 나는 안에 들어가기가 망설여졌다.

　　　　mwukewu-n　pwunwiki-ttaymwuney　na-nun

　　　　重い -RL　　雰囲気 - のせいで　　　　私 -TOP

　　　　an-ey　tuleka-ki-ka　　mangselye-cye-ss-ta

　　　　中 - に　入る - こと -NOM　ためらう -cita-PAST-DECL

第 3 章　cita の文法的特徴　　87

重い雰囲気のせいで私は中に入るのが<u>ためらわれた</u>。

b. 기차는 시간표대로 움직였지만, 돌아오는 길은 유난히 더디게 <u>느껴졌다</u>. (K120–78)

kicha-nun　sikanphyo-daylo　wumcikye-ss-ciman
汽車 -TOP　時刻表 - どおり　　動く -PAST- だが

tolao-nun　　　kil-un　　yunanhi　teti-key
帰ってくる -RL　道 -TOP　　とても　　遅い -ADV

nukkye-cye-ss-ta
感じる -cita-PAST-DECL

汽車は時刻表どおりに動いたが、帰り道はとてもゆっくりと感じられた。

（6a）は自動詞「망설이다 mangselita（ためらう）」、（6b）は他動詞「느끼다 nukkita（感じる）」に cita が付いて、いずれも動作主の意志にかかわらず事態が実現する非意図を表している。

このように、非意図用法の先行用言には自動詞と他動詞の両方が見られる。

2.4　可能用法における先行用言の品詞

Lee（1993）や이기종（2001）では、先行用言が自動詞の場合に cita が可能を表すとしている。しかし、（7b）のような先行用言が他動詞の可能文も存在する。

（7）a. 장미는 무릎에 힘이 없어서 <u>일어서지지 않았다</u>. (K124–180*)

cangmi-nun　　　mwuluph-ey　him-i　　　epse-se
チャンミ -TOP　ひざ - に　　　力 -NOM　　ない - ので

ilese-ci-ci.anha-ss-ta.
立つ -cita-NEG-PAST-DECL

チャンミはひざに力が入らなくて<u>立てなかった</u>。

b. 사업의 손해는 쉽게는 <u>메워지지 않는다</u>.

saep-uy　　　sonhay-nun　swip-key-nun
事業 -GEN　　損害 -TOP　　簡単だ -ADV-TOP

meywe-ci-ci.anh-nun-ta.
埋める -cita-NEG-PRES-DECL

事業の損害は簡単には埋められない。

（7a）は自動詞「일어서다 ileseta（立ち上がる）」に cita が付いた否定文、（7b）は他動詞「메우다 meywuta（埋める）」に cita が付いた否定文であり、それぞれ「立ち上がれなかった」「埋められない」という不可能を表している。

このように、可能用法の先行用言には自動詞と他動詞の両方が見られる。したがって、Lee（1993）や이기종（2001）の「先行用言が自動詞の場合に cita が可能を表す」という記述は正確ではない。

2.5 事態実現用法における先行用言の品詞

第 2 章において設定したカテゴリー、事態実現用法の先行用言について観察すると、こちらも自動詞と他動詞の両方が見られる。

(8) a. 나지막한 산속에 자리한 절의 입구에서 발이 멈춰졌다.

    nacimakha-n sansok-ey caliha-n   cel-uy

    低い -RL   山中 - に   位置する -RL 寺 -GEN

    ipkwu-eyse   pal-i   memchwe-cye-ss-ta

    入り口 -LOC 足 -NOM 止まる -cita-PAST-DECL

    低い山の中に位置する寺の入り口で足が止まった。

  b. 그녀가 뭐라고 말할 사이도 없이 전화는 일방적으로 끊어졌다.   （K124–65）

    kunye-ka   mwe-lako malha-l   sai-to   eps-i

    彼女 -NOM 何 - と   言う -PRS 間 - も ない -ADV

    cenhwa-nun ilpangcek-ulo kkunhe-cye-ss-ta

    電話 -TOP   一方的 - に   切る -cita-PAST-DECL

    彼女が何か言う間もなく電話は一方的に切れた。

（8a）は「멈추다 memchwuta（止まる）」という自動詞、（8b）は「끊다 kkunhta（切る）」という他動詞に cita が付いて、事態の実現が表されている。

このように、事態実現用法においても自動詞と他動詞両方の先行用言が見られる。

2.6 cita の用法と先行用言の品詞

先行用言の品詞に関する 2.1 節から 2.5 節までの分析結果を整理すると、図表 1 のようになる。

図表 1　cita の用法と先行用言の品詞

品詞＼用法	状態変化	受身	非意図	可能	事態実現
他動詞	△	○	○	○	○
自動詞	○	×	○	○	○
形容詞	○	×	×	×	×
存在詞	○	×	×	×	×

　この表のうち、状態変化用法に関しては、他動詞が先行用言になる例として、「닮다 talmta（似る）」の他は該当するものが見られなかったため、△で表示した。

　用法の側から見ると、受身用法では先行用言が他動詞に限定されている。これは受身用法の用例全体に共通する特徴である。したがって、先行用言が他動詞であることが受身用法の不可欠な特徴であることが分かる。しかし、〈他動詞 + cita〉は受身用法だけではなく、他のすべての用法にも見られることから分かるように、これはあくまで受身用法の必要条件であって、〈他動詞 + cita〉が必ずしも受身用法になるわけではない。

　その他の用法に関しては、先行用言が何か 1 つの品詞に限定されるという制限は見られなかった。

　逆に品詞の側から見ると、形容詞と存在詞が先行用言になる場合に cita は必ず状態変化を表す。一方、他動詞や自動詞が先行用言になる場合は、いろいろな用法になる可能性があり、先行用言だけで cita の用法を特定することはできない。

　この結果は、先行研究の記述に見られる「先行用言が何かによって cita の用法が決定する」という品詞決定論の矛盾を明白に示している。多くの先行研究においては、〈形容詞 + cita〉が状態変化を表すと記述されてきた。確かに先行用言が形容詞の場合、cita は状態変化を表すが、先行用言が自動詞や他動詞、存在詞の状態変化用

法も見られる。つまり、状態変化用法は品詞のみでは規定すること
ができない。また、Lee（1993）と이기종（2001）においては、先
行用言が自動詞の場合に、cita は可能を表すと記述されているが、
cita の可能文の中には他動詞を先行用言とするものも見られる。さ
らに、多くの先行研究が〈他動詞 + cita〉は受身を表すとしている
が、〈他動詞 + cita〉の非意図文、可能文なども多く存在する。

　このように、先行用言の品詞と cita の用法の間には部分的な対応
関係が見られるが、決して 1 対 1 の対応をなすものではない。した
がって、品詞決定論は cita の用法に対する適切な説明であるとは言
えない。そのため、cita の用法と文法的特徴の相関関係は新たな観
点から検討する必要がある。

3.　先行用言の語彙アスペクト

　次に、cita の先行用言を語彙アスペクトという観点から分析した
い。本書では、Vendler（1967）による語彙アスペクトの分類、状
態（state）・活動（activity）・到達（achievement）・達成（accom-
plishment）に基づいて分析をおこなう。

　Vendler（1967）は「動詞は時間の概念を前提とし、時間の概念
を含んでいる」（p. 143）として英語の動詞を分析した。①動作の
進行・継続を表す〜ing 形が共起できるか、② How long? で始まる
疑問文が成り立つか、③ For how long? で始まる疑問文が成り立つ
か、という 3 つの基準によって英語の動詞を 4 つに分類している。
これは言い換えれば、［±動作性］［±継続性］［±完了性]*4 の分
析から動詞を分類するものである。

図表2　Vendler（1967）の動詞分類

	動作性	継続性	完了性	例
状態（state）	−	+	−	love, know, believe
活動（activity）	+	+	−	run, walk, swim
到達（achievement）	+	−	+	reach, recognize, spot
達成（accomplishment）	+	+	+	draw a circle, paint a picture

影山（1996: 42）ではこれら4つの分類を次のように表現している。

　状態：時間的な制限にしばられない恒常的な状態

　活動：意図的に開始したり終了したりできる行為

　到達：何らかの目標（状態）に至るという行為の終了点を重点的
　　　　に述べる

　達成：何らかの活動の結果、最終的な目標（状態）に至る

　これらの分類を韓国語に適用するのに当たっては、アスペクトを表す形式「-고 있다 -ko issta（ている）」と時間副詞との共起関係に着目する*5。-ko issta は主に動作の継続・進行を表す形式である。-ko issta が共起して、動作の継続・進行を表す場合、その用言は［＋継続性］であると考える。一方、-ko issta が共起不可能な用言や、共起しても動作の継続・進行ではなく、動作の多回性や結果状態などを表す場合、その用言は［－継続性］であると考える。

　また、時間副詞のうち「한 시간 han sikan（1時間）」のような単純に時間的な幅を表すものは、動作が完結せずに繰り返したり、継続したりできる［－完了］の動詞句と共起するが、動作が完結して事態が実現する局面までが含まれる［＋完了］の動詞句とは共起しにくい。

　一方、「한 시간에 han sikan-ey（1時間で）」のような限定された時間を表す副詞は、動作が完結する［＋完了］の動詞句と共起するが、動作の完結が示されない［－完了］の動詞句とは共起しにくい。

　これらの特徴と語彙アスペクトのタイプとの関係を整理すると図表3のようになる。

図表3　語彙アスペクトと文法形式の共起関係

	アスペクト形式	時間副詞	
	-고 있다 ko issta *6	한 시간 (동안) 1時間	한 시간에 1時間で
状態動詞	×／#	○	×
活動動詞	○	○	×
到達動詞	×／#	×	○
達成動詞	○	○	○

92　Ⅰ　韓国語助動詞 cita の多義性

状態動詞は、-ko issta が共起不可能な場合と、共起しても動作の継続・進行ではなく結果状態を表す場合がある。単純に時間的な幅を表す副詞は共起できるが、限定された時間を表す副詞は共起できない。

　活動動詞は、-ko issta が共起して動作の継続・進行を表す。単純に時間的な幅を表す副詞は共起できるが、限定された時間を表す副詞は共起できない。

　到達動詞は、-ko issta が共起不可能な場合と、共起しても動作の継続・進行ではなく結果状態や多回性を表す場合がある。時間副詞に関しては、単純に時間的な幅を表す副詞は共起できないが、限定された時間を表す副詞は共起できる。

　そして、達成動詞は -ko issta が共起して動作の継続・進行を表し、副詞は時間的な幅を表すもの、限定された時間を表すものの両方が共起可能である＊7。

　なお、ここでは議論を簡略化するために、まず、-ko issta の共起テストをおこない、動作性の動詞で -ko issta が共起しないもの、あるいは共起しても動作の継続・進行を表さないものに関しては、到達動詞として特定し、時間副詞のテストを省略する。

　以下では、このようなアスペクト形式と時間副詞の共起テストによって、cita の各用法の先行用言を語彙アスペクトという観点から分析する。

3.1　状態変化用法における先行用言の語彙アスペクト

　まず、状態変化用法の先行用言を観察すると、すべての先行用言が状態アスペクトに該当するという顕著な特徴が見られる。(9a)(10a) に示す状態変化用法の文の先行用言について、共起テストをおこなうと (9b, c) や (10b, c) のようになる。

(9)　a.　햇볕에 타서 얼굴이 <u>빨개졌다</u>.

　　　　 hayspyeth-ey　 tha-se　　　　 elkwul-i　　 ppalkay-cye-ss-ta

　　　　 日差し-に　　 焼ける-して　 顔-NOM　 赤い-cita-PAST-DECL

　　　　 日に焼けて顔が<u>赤くなった</u>。

　　b.　* 얼굴이 빨갛고 있다.

第 3 章　cita の文法的特徴　　93

```
*elkwul-i    ppalkah-ko.iss-ta
顔-NOM    赤い-ている-DECL
```

顔が赤くテイル。

c. 햇볕에 타서 얼굴이 {일주일동안/*일주일만에} 빨갰다.

```
hayspyeth-ey   tha-se        elkwul-i    {ilcwuil-tongan/
日差し-に      焼ける-して    顔-NOM    {1週間-あいだ/
*ilcwuil-maney}    ppalkay-ss-ta
*1週間-で}        赤い-PAST-DECL
```

日に焼けて顔が {1週間/*1週間で} 赤かった。

（9a）は「빨갛다 ppalkahta（赤い）」という形容詞を先行用言とする状態変化文である。（9b）のように「빨갛다（赤い）」は -ko issta と共起することができない。また、（9c）のように「일주일동안 ilcwuil-tongan（1週間）」という時間的な幅を表す副詞は共起できるが、「일주일만에 ilcwuil-maney（1週間で）」のような限定された時間を表す副詞は共起できない。したがって、「빨갛다（赤い）」の語彙アスペクトは「状態」に該当する。

（10）a. 하루 1개의 사과를 먹으면 의사가 할 일이 <u>없어진다</u>.

（K127–143）

```
halwu   hankay-uy   sakwa-lul     mek-umyen     uysa-ka
1日     1個-GEN     リンゴ-ACC    食べる-すれば   医者-NOM
ha-l        il-i          epse-ci-n-ta
する-PRS   仕事-NOM    ない-cita-PRES-DECL
```

1日1個リンゴを食べると医者がする仕事が<u>なくなる</u>。

b. *의사가 할 일이 없고 있다.

```
*uysa-ka    ha-l        il-i          eps-ko.iss-ta
医者-NOM   する-PRS   仕事-NOM    ない-ている-DECL
```

医者のする仕事がなくテイル。

c. 의사가 할 일이 {한 달간/*한 달에} 없었다.

```
uysa-ka    ha-l        il-i          {han tal-kan/
医者-NOM   する-PRS   仕事-NOM    {ひと月-間/
*han tal-ey}    epse-ss-ta
*ひと月-で}    ない-PAST-DECL
```

医者がする仕事が {ひと月の間/* ひと月で} なかった。

　一方、（10a）は存在詞「없다 epsta（ない）」を先行用言とする状態変化文である。「없다（ない）」は（10b）のように、-ko issta と共起できない。また、（10c）のように「한 달간 han talkan（ひと月の間）」のような時間的な幅を表す副詞は問題なく共起できるが、「한 달에 han tal-ey（ひと月で）」のような限定された時間を表す副詞句は共起できない。このような共起関係は、「없다（ない）」の語彙アスペクトが「状態」に該当することを表している。

　この他の状態変化の用例に見られる先行用言、（1a）の自動詞「덜하다 telhata（減る）」や（3a）の他動詞「닮다 talmta（似ている）」も状態動詞に分類されるものである。

　つまり、状態変化用法の先行用言は語彙アスペクトが「状態」であるという特徴が共通している。逆に言えば、状態以外の語彙アスペクトの先行用言に結びついて、cita が状態変化を表す例は存在しない。状態変化用法では先行用言の語彙アスペクトが「状態」であることが不可欠な条件となっている。

　先行研究においては、先行用言が形容詞の場合に cita が状態変化を表すと記述されてきたが、1.2 節と 2 節ではそれが不正確な記述であることを指摘した。ここでの考察から、先行用言の品詞が形容詞であることではなく、むしろ、先行用言の語彙アスペクトが「状態」であることが、状態変化用法の不可欠な文法的特徴になっていると主張できる。

3.2　受身用法における先行用言の語彙アスペクト

　受身用法の先行用言の語彙アスペクトを見ると、こちらは状態動詞以外の活動・到達・達成動詞の 3 つが見られる。（11a）［＝（4a）］で示す受身用法の先行用言について、時間副詞や -ko issta と共起させると（11b, c）のようになる。

（11）a.　이 잡지에서는 저출산문제가 자세하게 다루어져 있다.

　　　　i　　capci-eyse-nun　　cechwulsanmwuncey-ka　caseyha-key
　　　　この　雑誌 -LOC-TOP　　低出産問題 -NOM　　　詳細だ -ADV
　　　　talwue-cye.iss-ta

第 3 章　cita の文法的特徴　　95

扱う -cita- ている -DECL

この雑誌では少子化問題が詳細に扱われている。

b.　이 잡지는 지금 저출산문제를 다루고 있다.

i　　　capci-nun　cikum　cechwulsanmwuncey-lul

この　雑誌 -TOP　今　　　低出産問題 -ACC

talwu-ko.iss-ta

扱う - ている -DECL

この雑誌は今、少子化問題を扱っている。

c.　이 잡지는 {3주동안/*3 주간만에} 저출산문제를 다루었다.

i　　　capci-nun　{samcwu-tongan/　*samcwukan-maney}

この　雑誌 -TOP　{3 週 - あいだ /　　*3 週間 - で}

cechwulsanmwuncey-lul　talwue-ss-ta

低出産問題 -ACC　　　　　扱う -PAST-DECL

この雑誌は {3 週間 /*3 週間で} 少子化問題を扱った。

（11a）の先行用言「다루다 talwuta（扱う）」は、（11b）のように -ko issta が共起可能であり、動作の継続・進行を表している。また、（11c）のように期間を表す副詞「3 주동안 samcwu-tongan（3 週間）」が共起できる一方で、「3 주간만에 samcwukan-maney（3 週間で）」という限定された時間を表す副詞は共起できない。このことから、「다루다（扱う）」は活動動詞に該当すると判断できる。活動動詞とは意図的に開始したり終了したりできる行為を表す動詞である。

　一方、（12a）の受身文の先行用言「세우다 seywuta（停める）」は、動作性の動詞であるが、（12b）のように、-ko issta を共起させると、場面をスローモーションのように捉える場合や、多回性を表す場合に限定されることから、事態が実現する局面を重点的に表す到達動詞に該当する。

（12）a.　학교 앞에 버스가 세워져 있다.

hakkyo　aph-ey　pesu-ka　　　seywe-cye.iss-ta

学校　　前 - に　　バス -NOM　停める -cita- ている -DECL

学校の前にバスが停められている。

96　Ⅰ　韓国語助動詞 cita の多義性

b. #학교 앞에 버스를 세우고 있다.

　　#hakkyo　aph-ey　pesu-lul　　seywu-ko.iss-ta

　　学校　　　前 - に　　バス -ACC　停める - ている -DECL

　　学校の前にバスを停めている。

　（13a）の受身文の先行用言「만들다 mantulta（作る）」は、（13b）のように -ko issta が共起して、動作の継続・進行を表す。また、（13c）のように「3년동안 samnyen-tongan（3 年間）」という時間的な幅を表す副詞も、「3년만에 samnyen-maney（3 年で）」という制限された時間を表す副詞も共起できる。このことから、「만들다（作る）」は達成動詞であると判断できる。

（13）a.　위원들의 노력에 의해 문화재보호법이 <u>만들어졌다</u>.

　　wiwen-tul-uy　　nolyek-ey.uyhay　　mwunhwajaypohopep-i

　　委員 -PL-GEN　　努力 - によって　　文化財保護法 -NOM

　　mantule-cye-ss-ta

　　作る -cita-PAST-DECL

　　委員たちの努力によって文化財保護法が<u>作られた</u>。

b.　위원들이 문화재보호법을 만들고 있다.

　　wiwen-tul-i　　　mwunhwajaypohopep-ul　mantul-ko.iss-ta

　　委員 -PL-NOM　文化財保護法 -ACC　　　作る - ている -DECL

　　委員たちが文化財保護法を作っている。

c.　위원들은 문화재보호법을 {3년동안 /3년만에} 만들었다.

　　wiwen-tul-un　mwunhwajaypohopep-ul　{samnyen-tongan/

　　委員 -PL-TOP　文化財保護法 -ACC　　　{3 年 - あいだ /

　　samnyen-maney}　mantule-ss-ta

　　3 年 - で}　　　　　作る -PAST-DECL

　　委員たちは文化財保護法を {3 年の間 /3 年で} 作った。

　よって、受身用法の先行用言には、活動動詞・到達動詞・達成動詞のそれぞれが見られる。つまり、状態動詞以外であれば、どの語彙アスペクトに該当する動詞であっても、受身用法の先行用言になりうる。

3.3 非意図用法における先行用言の語彙アスペクト

次に非意図用法について見てみると、先行用言としては活動動詞と到達動詞が見られるが、達成動詞は見られない。（14a）（15a）は非意図用法の文であり、（14b, c）（15b, c）はそれらの先行用言に関する共起テストである。

(14) a. 무거운 분위기때문에 나는 안에 들어가기가 <u>망설여졌다</u>.

mwukewu-n pwunwiki-ttaymwuney na-nun   an-ey

重い -RL   雰囲気 - のせいで   私 -TOP 中 - に

tuleka-ki-ka   mangselye-cye-ss-ta.

入る - こと -NOM   ためらう -cita-PAST-DECL

重い雰囲気のせいで私は中に入るのが<u>ためらわれた</u>。

b. 나는 안에 들어가기를 망설이고 있었다.

na-nun   an-ey tuleka-ki-lul

私 -TOP 中 - に 入る - こと -ACC

mangseli-ko.isse-ss-ta

ためらう - ている -PAST-DECL

私は中に入るのをためらっていた。

c. 무거운 분위기때문에 안에 들어가기를 {10분간 / *10분만에} 망설였다.

mwukewu-n   pwunwiki-ttaymwuney an-ey

重い -RL   雰囲気 - のせいで   中 - に

tuleka-ki-lul   { sippwunkan/ *sippwun-maney}

入る - こと -ACC {10 分間 /   *10 分 - で}

mangselye-ss-ta

ためらう -PAST-DECL

重い雰囲気のために中に入るのを {10 分間 /*10 分で} ためらった。

（14a）の非意図文の先行用言「망설이다 mangselita（ためらう）」は、（14b）のように -ko issta を共起させて動作の継続・進行を表すことができる。また、（14c）のように「10 분간 sippwunkan（10 分間）」という時間的な幅を表す副詞は共起可能だが、「10 분만에 sippwun-maney（10 分で）」という限定された時間を表す副詞

98   Ⅰ　韓国語助動詞 cita の多義性

は共起できない。したがって、「망설이다（ためらう）」は活動動詞
に該当する。

　一方、（15a）の動詞「일어나다 ilenata（起きる）」は、動作性の
動詞だが、-ko issta が共起できないことから、到達動詞に該当する
と判断できる。

（15）a.　오늘 아침은 시계가 울리기 전에 왠지 일어나졌다.

　　　　onul　achim-un　sikyey-ka　　wul-li-ki　　cen-ey　waynci

　　　　今日　朝 -TOP　　時計 -NOM　鳴る -i- こと　前 - に　なぜか

　　　　ilena-cye-ss-ta

　　　　起きる -cita-PAST-DECL

　　　　今朝は時計が鳴る前になぜか起きてしまった。

　　b.　*오늘 아침은 시계가 울리기 전에 일어나고 있다.

　　　　*onul　　achim-un　sikyey-ka　　wul-li-ki　　　cen-ey

　　　　今日　　朝 -TOP　　時計 -NOM　鳴る -i- こと　前 - に

　　　　ilena-ko.iss-ta

　　　　起きる - ている -DECL

　　　　今朝は時計が鳴る前に起きている。

　このように非意図用法には、先行用言が活動動詞の例と到達動詞
の例が見られるが、達成動詞を先行用言とする例は見られなかった。

　非意図用法において達成動詞を先行用言とする例が見られないの
は、「動作主の意志によらずに事態がもたらされる」という定義と、
達成動詞の性格が合致しにくいためだと考えられる。なぜならば、
達成動詞は継続性を持った動作を経て事態が実現することを表すも
のである。そのため、動作主の意志の介在なしに動作を継続して、
事態が終結の局面まで及ぶという状況が想定しにくい。こういった
理由で、非意図文と達成動詞とでは意味的特性が合わないと考えら
れる *8。

3.4　可能用法における先行用言の語彙アスペクト

　可能用法の先行用言に関しては、状態動詞以外の活動・到達・達
成動詞が見られる。（16a）は動詞「달리다 tallita（走る）」を先行
用言とする可能文である。（16b）に見るように、この動詞は -ko

issta が共起して動作の継続・進行を表すことができる。また、
(16c) に見るように、時間的な幅を表す副詞「한 시간 han sikan
（1時間)」は共起できるが、限定的な時間を表す副詞「한 시간만에
han sikan-maney（1時間で)」は、どこまで走ったかという終了点
が示されない限り共起しにくい。したがって、「달리다（走る)」は
活動動詞に該当する。

(16) a. 이 운동화는 잘 달려진다. （許明子 2004: 55)

    i   wuntonghwa-nun   cal   tallye-ci-n-ta

    この   運動靴 -TOP   よく   走る -cita-PRES-DECL

    この運動靴はよく走れる。

b. 철수는 이 운동화를 신고 달리고 있다.

    chelswu-nun   i   wuntongwha-lul   sin-ko

    チョルス -TOP   この   運動靴 -ACC   はく - して

    talli-ko.iss-ta

    走る - ている -DECL

    チョルスはこの運動靴をはいて走っている。

c. 철수는 이 운동화를 신고 {한 시간 /*한 시간만에} 달렸다.

    chelswu-nun   i   wuntongwha-lul   sin-ko

    チョルス -TOP   この   運動靴 -ACC   はく - して

    {han sikan/ *han   sikan-maney}   tallye-ss-ta

    {1 時間 /   *1   時間 - で}   走る -PAST-DECL

    チョルスはこの運動靴をはいて {1時間/*1時間で} 走
    った。

　一方、(17a) の可能文の先行用言「타다 thata（乗る)」は動作動
詞であるが、-ko issta を共起させると、「すでに乗った状態にある」
という結果状態や「いつも乗っている」という多回性を表し、動作
の進行・継続を表すものとは解釈しにくい。そのため、この先行用
言は到達動詞であると判断できる。

(17) a. 그 작은 차에 우리 여섯 명이 다 타졌다.

    ku   cak-un   cha-ey wuli   yeses   myeng-i

    その   小さい -RL   車 - に   私たち 6   名 -NOM

    ta   tha-cye-ss-ta

みんな　乗る-cita-PAST-DECL

　その小さい車に私たち6人がみんな乗れた。

b. #그 작은 차에 우리 여섯명이 다 타고 있다.

#ku　　cak-un　　　cha-ey　wuli　　yeses　myeng-i　　ta

その　小さい-RL　車-に　私たち　6　　　名-NOM　みんな

tha-ko.iss-ta

乗る-ている-DECL

　その小さい車に私たち6人がみんな乗っている。

　そして、（18a）［＝（7b）］に示した可能文の先行用言「메우다
meywuta（埋める）」は、-ko issta が共起して、動作の継続・進行
を表し、かつ「일년동안 ilnyen-tongan（1年間）」と「일년만에
ilnyen-maney（1年で）」どちらの時間副詞とも共起できることか
ら、達成動詞に該当する。

（18）a.　사업의 손해는 쉽게는 메워지지 않는다.

saep-uy　　　sonhay-nun　swip-key-nun

事業-GEN　損害-TOP　　簡単だ-ADV-TOP

meywe-ci-ci.anh-nun-ta

埋める-cita-NEG-PRES-DECL

　事業の損害は簡単には埋められない。

b.　그는 지금도 사업의 손해를 메우고 있다.

ku-nun　　cikum-to　saep-uy　　　sonhay-lul

彼-TOP　　今-も　　　事業-GEN　損害-ACC

meywu-ko.iss-ta

埋める-ている-DECL

　彼は今も事業の損害を埋めている。

c.　사업의 손해를 {1년동안/1년만에} 메웠다.

saep-uy　　　sonhay-lul　{ilnyen-tongan/　ilnyen-maney}

事業-GEN　損害-ACC　{1年-間/　　　　1年-で}

meywe-ss-ta

埋める-PAST-DECL

　事業の損害を {1年間/1年で} 埋めた。

　このように、可能用法の先行用言には、状態動詞以外の活動・到

第3章　cita の文法的特徴　101

達・達成動詞が見られる。

3.5 事態実現用法における先行用言の語彙アスペクト

事態実現用法の先行用言でも、状態動詞以外の活動・到達・達成動詞が見られる。

（19a）の事態実現用法の文の先行用言「구르다 kwuluta（転がる）」は、（19b）に示すように、-ko issta が共起して動作の継続・進行を表す。また、（19c）のように時間的な幅を表す「1分動安 ilpwun-tongan（1分間）」は共起できるが、限定された時間を表す「1分만에 ilpwun-maney（1分で）」は共起できない。よって、「구르다（転がる）」は活動動詞であると考えることができる。

（19）a.　무덤 입구에 있던 돌이 굴러져 있고 무덤은 비어 있었습니다.

　　　　mwutem　ipkwu-ey　　iss-ten　　tol-i
　　　　墓　　　　入り口 - に　　ある -RT　石 -NOM

　　　　kwulle-cye.iss-ko　　　　　mwutem-un
　　　　転がる -cita- ている - して　墓 -TOP

　　　　pi-e.isse-ss-supni-ta.
　　　　空く - ている -PAST-POL-DECL

　　　　墓の入り口にあった石が転がっており、墓は空になっていました。

　　　b.　저기서 커다란 돌이 구르고 있다.

　　　　ceki-se　　　khetala-n　　tol-i　　　　kwulu-ko.iss-ta
　　　　あそこ -LOC　巨大だ -RL　石 -NOM　転がる - ている -DECL

　　　　あそこで巨大な石が転がっている。

　　　c.　커다란 돌이 {1 분동안 /*1 분만에} 굴렀다.

　　　　khetala-n　　tol-i　　　{ilpwun-tongan　/*ilpwun-maney}
　　　　巨大だ -RL　石 -NOM　{1 分 - 間　　　　/1 分 - で}

　　　　kwulle-ss-ta
　　　　転がる -PAST-DECL

　　　　巨大な石が {1 分間 /1 分で} 転がった。

（20a）の事態実現を表す文の先行用言「끊다 kkunhta（切る）」は動作性の動詞だが、（20b）に示すように、-ko issta が共起した

場合、動作の進行ではなく、例えば電話線を抜くなどして「通話できない状態にした」という結果状態を表している。そのため、到達動詞に該当すると判断できる。

(20) a. 친구한테서 온 전화가 끊어졌다.

chinkwu-hantheyse　o-n　　　　cenhwa-ka

友達 - から　　　　　　来る -RT　電話 -NOM

kkunhe-cye-ss-ta

切る -cita-PAST-DECL

友達から来た電話が切れた。

b. #전화를 지금 끊고 있다.

#cenhwa-lul　cikum　kkunh-ko.iss-ta

電話 -ACC　　今　　切る - ている -DECL

電話を今切っている。

(21a) の事態実現用法文の先行動詞「굽다 kwupta（焼く）」は、(21b) のように -ko issta が共起して動作の継続・進行を表すことができる。また、(21c) のように、時間的な幅を表す副詞「10 분간 sippwunkan（10 分間）」と限定された時間を表す副詞「10 분만에 sippwun-maney（10 分で）」の両方が共起可能である。このことから、「굽다 kwupta（焼く）」は達成動詞であると考えられる。

(21) a. 생선이 맛있게 구워졌다.

sayngsen-i　masiss-key　　　kwuwe-cye-ss-ta

魚 -NOM　おいしい -ADV　焼く -cita-PAST-DECL

魚がおいしそうに焼けた。

b. 지금 생선을 굽고 있다.

cikum　sayngsen-ul　kwup-ko.iss-ta

今　　魚 -ACC　　焼く - ている -DECL

今、魚を焼いている。

c. 생선을 {10 분간 / 10 분만에} 구웠다.

sayngsen-ul　{sippwunkan/　sippwun-maney}

魚 -ACC　　{10 分間 /　　10 分 - で}

kwuwe-ss-ta

焼く -PAST-DECL

第 3 章　cita の文法的特徴　103

魚を ｛10 分間 /10 分で｝ 焼いた。

このように、事態実現用法の先行用言には、受身・可能用法と同様に、状態動詞以外の活動・到達・達成動詞が見られる。

3.6　citaの用法と先行用言の語彙アスペクト

3.1 節から 3.5 節までの先行用言の語彙アスペクトに関する考察をまとめると、図表 4 のようになる。

図表 4　cita の用法と先行用言の語彙アスペクト

語彙 アスペクト ＼ 用法	状態変化	受身	非意図	可能	事態実現
状態	○	×	×	×	×
活動	×	○	○	○	○
到達	×	○	○	○	○
達成	×	○	×	○	○

状態変化用法では先行用言の語彙アスペクトが「状態」に制限されている。つまり、先行用言の語彙アスペクトが状態変化用法の不可欠な文法的特徴になっている。2 節では、状態変化用法になるかどうかは先行用言の品詞によって決まっているのではないことを指摘したが、ここでの考察から、状態変化用法は先行用言の品詞ではなく、むしろ、語彙アスペクトによって規定されていることが明らかになった。

その他の用法では、非意図用法で達成動詞が先行用言になりにくいことを除いては、語彙アスペクトに関する制限は見られなかった。

4.　構文的特徴

次に、各用法の構文的特徴について検討する。ここでは特に、名詞句の増減と格標示に注目したい。cita 文とそれに対応する cita なしの動詞文や形容詞文を比較することで、名詞句の増減と格標示の変化を確認し、その特徴を整理していく。さらに、受身・非意図・

可能・事態実現の4用法については、他動詞を先行用言とする場合に動作主名詞句が共起できるかどうかについても検討する。

4.1　状態変化文の構文的特徴

　状態変化用法の文に特徴的なのは、ごく少数の〈他動詞＋cita〉の例を除き、対応するcitaなしの文（多くは形容詞文）と対比して、名詞句が増減せず、格標示や主題表示も変化しないことである。

　（22a）の「환하다 hwanhata（明るい）」を述語とする形容詞文と、（22b）のそれに対応する状態変化を表すcita文の2つを対比してみたい。まず、名詞句に関しては増減がなく、cita文にもそのまま引き継がれる。（22a）の形容詞文で主格標示されている「동쪽 하늘 tongccek hanul（東の空）」は、（22b）の状態変化文においても主格標示されている。

（22）a.　벌써 동쪽 하늘이 환하다.

　　　　pelsse　tongccok　hanul-i　　hwanha-ta
　　　　もう　　東側　　　空 -NOM　明るい -DECL
　　　　もう東の空が明るい。

　　　b.　벌써 동쪽 하늘이 환해진다.　　　　　（李翊燮・蔡琬 1999: 300）

　　　　pelsse　tongccok　hanul-i　　hwanhay-ci-n-ta
　　　　もう　　東側　　　空 -NOM　明るい -cita-PRES-DECL
　　　　もう東の空が明るくなる。

　一方、（23a）は「나쁘다 napputa（悪い）」と「좋다 cohta（良い）」の2つの形容詞が現れる複文である。こちらでも名詞句の増減は見られず、名詞句はそのままcita文に引き継がれる。また、格標示も変化せず（23a）で主題標示されている「눈 nwun（目）」と「성적 sengcek（成績）」は、（23b）のcita文でも主題標示されている。

（23）a.　눈은 나빴지만 성적은 놀랄 만큼 좋았다.

　　　　nwun-un　nappa-ss-ciman　　sengcek-un　nolla-l
　　　　目 -TOP　悪い -PAST- だが　成績 -TOP　　驚く -PRS
　　　　mankhum　coha-ss-ta
　　　　ほど　　　　よい -PAST-DECL

目は悪かったが成績は驚くほど良かった。

b. 눈은 나빠졌지만 성적은 놀랄 만큼 좋아졌다. （무 240）

nwun-un　nappa-cye-ss-ciman　sengcek-un　nolla-l

目 -TOP　悪い -cita-PAST- だが　成績 -TOP　驚く -PRS

mankhum　coha-cye-ss-ta

ほど　　　　よい -cita-PAST-DECL

目は悪くなったが成績は驚くほど良くなった。

　（22）（23）には項が１つだけの形容詞文を提示したが、形容詞文には感情・感覚形容詞を中心に、２つの項を持つ場合がある。（24a）は感情形容詞の「좋다 cohta（好きだ）」が述語になる形容詞文だが、感情の経験者とその感情の対象という２つの名詞句が現れる。

（24）a.　그래서 나는 미국이 좋았어요.

na-nun　mikwuk-i　coha-sse-yo

だから　私 -TOP　アメリカ -NOM　好き -PAST-POL.DECL

だから私はアメリカが好きでした。

b.　그래서 나는 미국이 좋아졌어요. （K120–134）

kulayse　na-nun　mikwuk-i

だから　　私 -TOP　アメリカ -NOM

coha-cye-sse-yo

好き -cita-PAST-POL.DECL

だから私はアメリカが好きになりました。

　（24a）では、感情の経験者「나 na（私）」が主題で標示され、感情の対象「미국 mikwuk（アメリカ）」が主格標示されている。（24b）の対応する cita 文を見ると、名詞句は増減なくそのまま引き継がれており、格標示に関しても、感情の経験者「나（私）」が主題、感情の対象「미국（アメリカ）」が主格標示と、形容詞文と同じになっている。

　つまり、形容詞文とそれに対応する状態変化用法の cita 文の間では、構文の変化が起こらない。名詞句の増減もなく、形容詞文の格標示・主題表示がそのまま引き継がれている*9。

　以上の状態変化文の構文的特徴に関する議論を図表５にまとめる。

106　　I　韓国語助動詞 cita の多義性

図表5　状態変化文の構文的特徴

先行動詞	1項（形容詞・自動詞）	2項（形容詞）
名詞句の数	1 → 1	2 → 2
格標示	N1 ka V（Adj.） →N1 ka V（Adj.）＋ cita N1 nun V（Adj.） →N1 nun V（Adj.）＋ cita	N1 nun N2 ka V（Adj.） →N1 nun N2 ka V（Adj.）＋ cita

4.2　受身文の構文的特徴

　2.2 節で指摘したように、cita には自動詞を先行用言とする受身文がない。そのため、ここでは他動詞文と対応する cita の受身文を比較する。

　（25a）の他動詞文と（25b）の受身文を見比べると、まず、「범인의 인상 착의 pemin-uy insang chakuy（犯人の人相と着衣）」と「황미숙양 hwangmiswuk-yang（黄美淑さん）」という 2 つの名詞句が現れ、名詞句は増減していない。しかし、格標示について見ると、（25a）で主格標示されている「황미숙양（黄美淑さん）」が（25b）の受身文では「- 에 의해 ey uyhay（によって）」で標示され、（25a）では対格標示されている「범인의 인상 착의（犯人の人相と着衣）」が（25b）では主題標示されている。つまり、他動詞文の主語が降格し、他動詞の目的語が主題になっている。

（25）a.　황미숙양이 범인의 인상 착의를 대강 밝혔습니다.

　　　　hwangmiswuk-yang-i　pemin-uy　insang　chakuy-lul

　　　　黄美淑 - 孃 -NOM　　犯人 -GEN　人相　　着衣 -ACC

　　　　taykang　palk-hye-ss-supni-ta

　　　　ほぼ　　　明らかだ -i-PAST-POL-DECL

　　　　黄美淑さんが犯人の人相と着衣をほぼ明らかにしました。

　　b.　범인의 인상 착의는 황미숙양에 의해 대강 밝혀졌습니다.

　　　　　　　　　　　　　　　　　　　　　（K123–129）

　　　　pemin-uy　insang　chakuy-nun　hwangmiswuk-yang-ey.uyhay

　　　　犯人 -GEN　人相　　着衣 -TOP　　黄美淑 - 孃 - によって

　　　　taykang　palk-hye-cye-ss-supni-ta

ほぼ　　明らかだ -i-cita-PAST-POL-DECL

犯人の人相と着衣|は|黄美淑さん|によって|ほぼ明らかに
されました。

　cita の受身用法の格標示は、これまで比較的多く研究されてきた
テーマである。先行研究によると、cita の受身文では動作主を表す
名詞句を에게 eykey 格（日本語のニ格に対応）で標示することがで
きず、- 에 의해 ey uyhay（日本語のニヨッテに対応）という副詞句
に近い形でしか標示できないと指摘されている（塚本・鄭 1993,
尹 2005 ほか）。先行研究の指摘するとおり、cita の受身文に動作主
が現れる場合、- 에 의해 ey uyhay で標示される例が多い＊10。

　しかし、コーパスのデータの中で最も多いのは、（26a,b）のよ
うな動作主が明示されない例である。

(26) a.　천안에 호두가 심어진 것은 고려시대의 일이다.　　(K127–13)

chenan-ey　hotwu-ka　　sime-ci-n　　　kes-un

天安 - に　　くるみ -NOM　植える -cita-RT　こと -TOP

kolyesitay-uy　　il-i-ta

高麗時代 -GEN　　こと -COP-DECL

天安に胡桃が<u>植えられた</u>のは高麗時代のことだ。

b.　무는 여러가지 소화효소가 많아서 천연 소화제라 일컬어질 정
도이다.　　　　　　　　　　　　　　　　　(K127–219＊)

mwu-nun　yele-kaci　　sohwahyoso-ka　manha-se　chenyen

大根 -TOP　数々の - 種類　消化酵素 -NOM　多い - ので　天然

sohwajey-la　ilkhele-ci-l　　　cengto-i-ta

消化剤 - と　　称する -cita-PRS　程度 -COP-DECL

大根にはいろいろな消化酵素が多いので、天然の消化
剤と<u>称される</u>ほどだ。

　（26a, b）いずれの例でも動作主は文中に現れない。このような
例が cita の受身用法の圧倒的多数を占めている＊11。KAIST コー
パスでは受身の用例 313 例中、261 例（83％）で動作主が明示さ
れていなかった。

　しかし、動作主名詞句の共起可能性という点から考えると、
（26a, b）の文は動作主名詞句を同じ文中に共起させることが可能

である。

(27)a. （마을사람들에 의해）천안에 호두가 심어진 것은 고려시대의
일이다.

（maulsalam-tul-ey.uyhay） chenan-ey hotwu-ka

（村人 -PL- によって） 天安 - に くるみ -NOM

sime-ci-n kes-un kolyesitay-uy il-i-ta

植える -cita-RT こと -TOP 高麗時代 -GEN こと -COP-DECL

（村人たちによって）天安に胡桃が<u>植えられた</u>のは高麗
時代のことだ。

b. 무는 여러가지 소화효소가 많아서（전문가들에 의해）천연 소
화제라 일컬어질 정도이다.

mwu-nun yele-kaci sohwahyoso-ka manha-se

大根 -TOP 数々の - 種類 消化酵素 -NOM 多い - ので

（cenmwunka-tul-ey.uyhay） chenyen sohwajey-la

（専門家 -PL- によって） 天然 消化剤 - と

ilkhele-ci-l cengto-i-ta

称する -cita-PRS 程度 -COP-DECL

大根にはいろいろな消化酵素が多いので、（専門家によ
って）天然の消化剤と<u>称される</u>ほどだ。

このように、cita の受身文は動作主名詞句が明示されないもので
あっても、共起させることは可能である。このことから、受身文で
は動作主が明示されていなくても、動作主の存在は含意されている
と考えることができる。

ここまでの受身文の構文的特徴に関する議論をまとめると、図表
6 のようになる。

図表 6　受身文の構文的特徴

先行動詞	自動詞	他動詞
名詞句の数	〈該当なし〉	2 → 1, 2 → 2
格標示	〈該当なし〉	N1 ka N2 lul V →N2 ka N1 ey uyhay V + cita →N2 ka ∅　　　　　　V + cita
動作主名詞句	〈該当なし〉	共起可能

4.3　非意図文の構文的特徴

　次に、非意図文の構文的特徴について見てみたい。非意図文では自動詞を先行用言とする場合には、自動詞文と比較して構文上の変化は見られない。その一方、他動詞を先行用言とする場合は、他動詞文と比較して格標示が変化し、名詞句の数が減少する場合がある。

　（28a）は自動詞文、（28b）はそれに対応する cita の非意図文である。自動詞に cita が付く場合、名詞句は増減しない。格標示の点においても、（28a）自動詞文の主語の「발 pal（足）」は、（28b）の非意図文でも主格標示されていて、cita の付加による変化は起きていない。

(28) a.　나도 몰래 그녀의 집 앞으로 발이 가더라.

　　　　na-to　　mollay　　kunye-uy　　cip　aph-ulo　pal-i

　　　　私 - も　知らずに　彼女 -GEN　家　前 - に　足 -NOM

　　　　ka-tela

　　　　行く -RT.MOD

　　　　自分も知らずに彼女の家の前に足が向かった。

　　b.　나도 몰래 그녀의 집 앞으로 발이 가지더라.　（鄭 1999: 194）

　　　　na-to　　mollay　　kunye-uy　　cip　aph-ulo　pal-i

　　　　私 - も　知らずに　彼女 -GEN　家　前 - に　足 -NOM

　　　　ka-ci-tela

　　　　行く -cita-RT.MOD

　　　　自分も知らずに彼女の家の前に足が行ってしまった。

　一方、他動詞に cita が付く場合を見てみたい。（29a）の他動詞文と（29b）の対応する非意図文では、名詞句は増減していない。しかし、格標示・主題表示に関しては変化が見られる。他動詞文で主格標示されている「허걸 hekel（ホゴル：男性名）」は非意図文において主題として標示される。また、他動詞文で対格標示されている「안에 들어가기 an-ey tulekaki（中に入ること）」は、非意図文において主格標示されている。

(29) a.　허걸이 안에 들어가기를 망설였다.

　　　　hekel-i　　　　　an-ey　　tuleka-ki-lul

　　　　ホゴル -NOM　中 - に　入る - こと -ACC

110　　I　韓国語助動詞 cita の多義性

mangselye-ss-ta

ためらう -PAST-DECL

ホゴル が 中に入るの を ためらった。

b. 허걸은 안에 들어가기가 망설여졌다. （K123–75）

hekel-un　　　an-ey　tuleka-ki-ka

ホゴル -TOP　中 - に　入る - こと -NOM

mangselye-cye-ss-ta

ためらう -cita-PAST-DECL

ホゴル は 中に入るの が ためらわれた。

　このように、〈他動詞＋ cita〉の非意図文では格標示・主題標示の変化が起こる。非意図文では他動詞の動作の対象が主格標示され、昇格している。一方、動作主は主題として標示されるようになる。（29）の例では他動詞文の主語（つまり動作主）が非意図文でも主題として現れているが、実際の用例を観察すると、非意図文では動作主名詞句が現れない場合が多い。KAIST コーパスで見ると、（29）のように動作主に相当する名詞句が明示されるのは、50 ある非意図用法の用例のうち、わずか 4 例（8 ％）にすぎない。（30）はそのような動作主名詞句が明示されない例である。

（30）가끔 우리 부부의 대화가 텔레비전 단막극 속의 대사 같이 느껴질 때가 있다. （어48）

kakkum　wuli　　pwupwu-uy　tayhwa-ka　theylleypicen

ときどき　私たち　夫婦 -GEN　　対話 -NOM　テレビ

tanmak-kuk　sok-uy　taysa　kath-i　　nukkye-ci-l

単発 - 劇　　　中 -GEN　せりふ　同じ -ADV　感じる -cita-PRS

ttay-ka　　　iss-ta

時 -NOM　　ある -DECL

ときどき私たち夫婦の会話がテレビの単発ドラマのせりふのように感じられる時がある。

　ただし、（30）のような動作主相当の名詞句（この場合は感覚主体を表す名詞句）が明示されない文であっても、次の（31）に示すように、共起させることは可能である。

（31）가끔 우리 부부의 대화가 (내게는) 텔레비전 단막극 속의 대사 같

이 느껴질 때가 있다.

kakkum wuli pwupwu-uy tayhwa-ka （naykey-nun）

ときどき 私たち 夫婦 -GEN 対話 -NOM （私に -TOP）

theylleypicen tanmak-kuk sok-uy taysa kath-i

テレビ 単発 - 劇 中 -GEN せりふ 同じ -ADV

nukkye-ci-l ttay-ka iss-ta

感じる -cita-PRS 時 -NOM ある -DECL

　ときどき私たち夫婦の会話が（私には）テレビの単発ドラマのせりふのように感じられる時がある。

　このように、〈他動詞 + cita〉の非意図文では、動作主名詞句が明示されない場合であっても、主題の形であれば共起させることが可能である。このことから、非意図文においては、動作主名詞句は明示されなくても動作主の存在は含意されているものと考えることができる。

　以上の非意図文の構文的特徴に関する議論を図表 7 にまとめる。

図表 7　非意図文の構文的特徴

先行動詞	自動詞	他動詞
名詞句の数	1 → 1	2 → 1，2 → 2
格標示	N1 ka V →N1 ka V + cita	N1 ka N2 lul V →N1 nun N2 ka V + cita → $\emptyset$ 　　　N2 ka V + cita
動作主名詞句	〈該当なし〉	共起可能

4.4　可能文の構文的特徴

　cita の可能文では、自動詞を先行用言とする場合、自動詞文と比較して構文上の変化は起きないが、他動詞を先行用言とする場合には、他動詞文と比較して名詞句の数が減少することがあり、格標示にも変化が見られる。

　（32a）の自動詞文と（32b）の対応する可能文では、名詞句の増減は見られない。格標示に関しても、自動詞文で主格標示されている「사람들 salamtul（人たち）」は、可能文でも主格標示されていて、両者の間に違いはない。

112　　I　韓国語助動詞 cita の多義性

(32) a.　그 많은 사람들이 그 방에서 잤다.

　　　ku　　manh-un　salam-tul-i　　ku　　pang-eyse

　　　その　多い-RL　人-PL-NOM　その　部屋-LOC

　　　ca-ss-ta

　　　寝る-PAST-DECL

　　　そんなに多くの人たちがその部屋で寝た。

　　b.　그 많은 사람들이 그 방에서 자졌다.　　　　（Lee1993: 114）

　　　ku　　manh-un　salam-tul-i　　ku　　pang-eyse

　　　その　多い-RL　人-PL-NOM　その　部屋-LOC

　　　ca-cye-ss-ta

　　　寝る-cita-PAST-DECL

　　　そんなに多くの人たちがその部屋で寝られた。

　つまり、〈自動詞＋cita〉の可能文は、自動詞文と比較して構文的特徴に変化はないと言える。

　一方、（33a）の他動詞文と（33b）の対応する可能文では、名詞句は増減していないが、格標示・主題標示に違いが見られる。他動詞文で主格標示されている動作主「우리 wuli（私たち）」が、可能文では主題として標示され、他動詞文で対格標示されている動作の対象「결과 kyelkwa（結果）」が、可能文において主格で標示される。

(33) a.　우리가 여기서 어떤 결과를 얻느냐에 달렸지.

　　　wuli-ka　　　yeki-se　　ette-n　　　kyelkwa-lul

　　　私たち-NOM　ここ-LOC　どうだ-RL　結果-ACC

　　　et-nunya-ey　　tallye-ss-ci

　　　得る-のか-に　　かかる-PAST-MOD

　　　私たちがここでどんな結果を得るかにかかっていたんだ。

　　b.　우리는 여기서 어떤 결과가 얻어지느냐에 달렸지.

　　　　　　　　　　　　　　　　　　　　　　　　（K122–70*）

　　　wuli-nun　　　yeki-se　　ette-n　　　kyelkwa-ka

　　　私たち-NOM　ここ-LOC　どうだ-RL　結果-NOM

　　　ete-ci-nunya-ey　　tallye-ss-ci

得る -cita- のか - に　かかる -PAST-MOD

私たちは ここでどんな結果が 得られるかにかかってい
たんだ。

　つまり〈他動詞 + cita〉の可能文では、他動詞の動作の対象が昇
格して主語になる。一方、他動詞の動作主は主題として現れる。

　KAIST コーパスでは cita の可能文の例はわずか 6 例しかなかっ
たが、動作主名詞句が明示されているものは（33）の 1 例のみだ
った。cita の受身文、非意図文でも動作主名詞句が明示される割合
は低かったが、可能文についても同じことが言えると考えられる。
（34a）は動作主名詞句が明示されない可能文の例である。

　ただし、この場合であっても、（34b）のように、主題の形であ
れば動作主名詞句を共起させることができる。

（34）a.　연필이 좋으니까 글씨가 잘 써진다.　　　　　　（白峰子 1999）

　　　　　yenphil-i　　coh-unikka　kulssi-ka　　cal

　　　　　鉛筆 -NOM　　よい - ので　　字 -NOM　　よく

　　　　　sse-ci-n-ta

　　　　　書く -cita-PRES-DECL

　　　　　鉛筆がいいので字がうまく書ける。

　　　b.　연필이 좋으니까 (나는) 글씨가 잘 써진다.

　　　　　yenphil-i　　coh-unikka　 (na-nun)　 kulssi-ka　　cal

　　　　　鉛筆 -NOM　　よい - ので　　(私 -TOP)　字 -NOM　　よく

　　　　　sse-ci-n-ta

　　　　　書く -cita-PRES-DECL

　　　　　鉛筆がいいので（私は）字がうまく書ける。

　このことから、可能文では動作主名詞句が明示されない場合であ
っても、動作主の存在は含意されていると考えることができる。こ
れは受身文や非意図文と共通する特徴である。

　ここまでの可能文の構文的特徴に関する議論をまとめると、図表
8 のようになる。

図表 8　可能文の構文的特徴

先行動詞	自動詞	他動詞
名詞句の数	1 → 1	2 → 1，2 → 2
格標示	N1 ka V →N1 ka V + cita	N1 ka N2 lul　V →N1 nun N2 ka V + cita → ∅　　　N2 ka V + cita
動作主名詞句	〈該当なし〉	共起可能

4.5　事態実現文の構文的特徴

　事態実現用法は本書が独自に設定した用法であるが、構文的特徴の点から見ると、他の用法とは異なる特徴が見られる。

　まずは〈自動詞 + cita〉の例について観察すると、自動詞文とそれに対応する事態実現用法の文の間では、名詞句の増減や格標示の変化はない。つまり、先行用言が自動詞の場合には cita の付加による構文的特徴の変化は起こらない。

　（35a）の自動詞文と（35b）の対応する事態実現用法の文を比較すると、名詞句の数は増減していない。また、自動詞文で主格標示されている「기둥 kitwung（柱）」は、（35b）の cita 文でも主格標示されており、格標示の違いも見られない。

（35）a.　거의 모든 기둥이 흰개미 피해를 입어 기울었다.

　　　keuy　motun　　kitwung-i　huynkaymi　phihay-lul

　　　ほぼ　すべての　柱 -NOM　シロアリ　　被害 -ACC

　　　ip-e　　　　　kiwule-ss-ta

　　　受ける - して　傾く -PAST-DECL

　　　ほぼすべての柱がシロアリの被害を受けて傾いた。

　　b.　거의 모든 기둥이 흰개미 피해를 입어 기울어졌다.

　　　keuy　motun　　kitwung-i　huynkaymi　phihay-lul

　　　ほぼ　すべての　柱 -NOM　シロアリ　　被害 -ACC

　　　ip-e　　　　　kiwule-cye-ss-ta

　　　受ける - して　傾く -cita-PAST-DECL

　　　ほぼすべての柱がシロアリの被害を受けて傾いた。

　一方、他動詞を先行用言とする事態実現用法の文では、他動詞文と比較して構文が大きく変化する。（36a）は他動詞文、（36b）は

それに対応する事態実現用法の文である。

(36) a. 어머니<u>가</u> 콩즙을 마포에 넣어 두부<u>를</u> 만든다.

emeni-ka　khongcup-ul　mapho-ey　neh-e

母 -NOM　豆乳 -ACC　　麻布 - に　　入れる - して

twupwu-lul　mantu-n-ta

豆腐 -ACC　　作る -PRES-DECL

母<u>が</u>豆乳を麻布に入れて豆腐<u>を</u>作る。

　　b. 콩즙을 마포에 넣으면 두부<u>가</u> 만들어진다.　　(K127–288*)

khongcup-ul　mapho-ey　neh-umyen　　twupwu-ka

豆乳 -ACC　　麻布 - に　　入れる - すれば　豆腐 -NOM

mantule-ci-n-ta

作る -cita-PRES-DECL

豆乳を麻布に入れれば豆腐<u>が</u>できる。

　他動詞文の主語「어머니 emeni（母）」は事態実現用法の文には現れない。このため、名詞句の数は減少する。また、格標示に関しては、他動詞文で対格標示されている動作の対象「두부 twupwu（豆腐）」が、事態実現用法の文では主格で標示されている。つまり、動作の対象を表す名詞句が事態実現用法の文では主格に昇格している。

　動作主の「어머니（母）」を事態実現用法の文に共起させようとすると、(37) のようになる。事態実現用法の文では、動作主名詞句を受身用法のように - 에 의해 ey uyhay で標示しても（(37a)）、非意図用法や可能用法のように主題として標示しても（(37b)）、いずれの場合も共起できない。

(37) a. 콩즙을 마포에 넣으면 두부가 (*어머니에 의해) <u>만들어진다</u>.

khongcup-ul　mapho-ey　neh-umyen　　twupwu-ka

豆乳 -ACC　　麻布 - に　　入れる - すれば　豆腐 -NOM

(*emeni-ey.uyhay)　mantule-ci-n-ta

(* 母 - によって)　　作る -cita-PRES-DECL

豆乳を麻布に入れれば豆腐が（* 母によって）<u>できる</u>。

　　b. (* 어머니는) 콩즙을 마포에 넣으면 두부가 <u>만들어진다</u>.

(*emeni-nun)　khongcup-ul　mapho-ey　　neh-umyen

（＊母 -TOP）　　豆乳 -ACC　　麻布 - に　　入れる - すれば

twupwu-ka　　mantule-ci-n-ta

豆腐 -NOM　　作る -cita-PRES-DECL

（＊母は）豆乳を麻布に入れれば<u>豆腐ができる</u>。

　第2章6.3節においても述べたが、〈他動詞＋cita〉の事態実現用法の文では、動作主名詞句を共起させることができない。受身用法・非意図用法・可能用法では、動作主名詞句が明示されていない場合でも、共起テストをおこなうと動作主名詞句を挿入することができることから、動作主の存在は含意されていると考えた。しかし、事態実現用法は格標示を変えてみても動作主名詞句を共起させることができない。ということは、事態実現用法においては動作主の存在自体が含意されていない。すなわち、動作主が概念化の枠組みからはずされていると考えられる。これが事態実現用法と他の用法の明らかな相違点である。

　事態実現用法では動作主名詞句が共起できないだけでなく、(38) に示すような具体的な動作主を想定しにくいものも多くある。

(38)a.　호랑이 배에는 흰색 바탕에 5개의 검은 줄무늬가 <u>그어져 있다</u>.　　　　　　　　　　　　　　　　　　　(K127–42*)

holangi　pay-ey-nun　huyn-sayk　pathang-ey　5kay-uy

虎　　　腹 - に -TOP　白い - 色　　地 - に　　　5個 -GEN

kem-un　　cwulmwunuy-ka　　kue-cye.iss-ta

黒い -RL　縞模様 -NOM　　　引く -cita- ている -DECL

虎の腹には白地に5本の黒い縞模様が<u>引かれている</u>（出ている）。

b.　하늘에는 별빛 하나 없이 구름이 낮게 <u>드리워져 있었다</u>.　　　　　　　　　　　　　　　　　　　　(K124–94)

hanul-ey-nun　peylpich　hana　eps-i　　kwulum-i

空 - に -TOP　　星の光　　ひとつ　ない -ADV　雲 -NOM

nac-key　　tuliwe-cye.isse-ss-ta

低い -ADV　垂らす -cita いる -PAST-DECL

空には星影ひとつなく雲が低く<u>垂れ込めていた</u>。

　これらの例は、自然現象を述べているものであることから、

（38a）の動詞「긋다 kusta（引く）」や、（38b）の動詞「드리우다 tuliwuta（垂らす）」の動作主は想定しにくい。このような用例の存在は、事態実現用法においては動作主が概念化の枠組みからはずれているという考えを支持するものであると考える。

ここまでの事態実現用法の構文的特徴に関する分析をまとめると、図表9のようになる。

図表9　事態実現用法の構文的特徴

先行動詞	自動詞	他動詞
名詞句の数	1 → 1	2 → 1
格標示	N1 ka V →N1 ka V + cita	N1 ka N2 lul V → ∅　　 N2 ka V + cita
動作主名詞句	〈該当なし〉	共起不可能

4.6　cita の用法と構文的特徴

4.1節から4.5節で論じた用法ごとの構文的特徴を図表10に整理する。

この表から、構文的特徴を通して用法間の共通点と相違点が見えてくる。まず、自動詞や形容詞といった項が1つの先行用言の場合は、名詞句の増減がなく、格標示もそのまま引き継がれている。そのため、状態変化・事態実現・非意図・可能の項数1の場合の格標示は「N1가ka 用言 + cita」で共通している。

一方、他動詞や感情感覚形容詞といった項が2つある先行用言の場合は、用法間の違いが明確になる。名詞句の数で見ると、状態変化用法ではまったく増減しないのに対し、受身・非意図・可能では動作主名詞句が明示されずに名詞句の数が減る場合がある。また、事態実現用法では名詞句の数が必ず減る。

格標示に関しては、状態変化用法がcitaなし文の格標示を引き継ぐのに対し、それ以外の用法では格標示が変化する。受身・非意図・可能・事態実現に共通するのは「N2가ka V + cita」という、他動詞文の目的語（動作の対象）が主格標示されて主語になり、他動詞文の主語（意味役割では動作主）が明示されないパターンである。

図表 10　cita の用法と構文的特徴

	先行用言の項数	状態変化	受身	非意図	可能	事態実現
名詞句の増減	1	1→1	〈該当なし〉	1→1	1→1	1→1
	2	2→2	2→1, 2→2	2→1, 2→2	2→1, 2→2	2→1
格標示	1	N1 ka V	〈該当なし〉	N1 ka V	N1 ka V	N1 ka V
	2	N1 nun N2 ka V		N1 nun N2 ka V	N1 nun N2 ka V	
			N2 ka V	N2 ka V	N2 ka V	N2 ka V
			N2 ka N1 ey uyhay V			
動作主名詞句		〈該当なし〉	共起可能	共起可能	共起可能	共起不可能

　動作主名詞句の共起可能性については、受身・非意図・可能用法では文中に明示されていない場合であっても、-ey uyhay や主題標示によって付加的に共起させることができるのに対し、事態実現用法では共起不可能であるという、明らかな違いが見られる。

5.　名詞句属性

　次に構文レベルの文法的特徴として、cita 文に現れる主要な名詞句について、どのような属性を持つものなのかを検討したい。名詞句の属性とは、有生名詞か無生名詞か、人称代名詞かそれ以外の名詞かといった名詞の性質を指す。

　名詞句の分類は、人称代名詞であれば 1・2 人称（Speech Act Participant）か 3 人称かに下位分類できる。また、有生名詞であれば人間や身体部位、動物に細分化でき、無生名詞であれば自然の力や地名、抽象名詞などと細かく論じることができる。しかし、本書では、名詞句の属性を人称代名詞・有生名詞・無生名詞という比較的大きな枠組みに限定することによって、議論をある程度簡略化することにしたい*12。

　ここではまず、cita 文の主語について検討する。cita 文の主語は

先行用言が何かによって分けて考える必要がある。先行用言が形容詞の場合は、対応する形容詞文の主語がcita文においても主語となる。同じく、先行用言が自動詞の場合も対応する自動詞文の主語がcita文の主語になる。これに対して、先行用言が他動詞の場合は、対応する他動詞文の目的語がcita文では主語として現れる。そのため、非意図・可能・事態実現用法では、先行用言が自動詞の場合と他動詞の場合を分けて考える。また、必要に応じて〈他動詞＋cita〉文の動作主名詞句についても言及する。

5.1 状態変化文の名詞句

まず最初に、状態変化用法においては、人称代名詞・有生名詞・無生名詞のいずれもが主語の位置に立つことができる。

（39a, b）は「조용해지다 coyonghay-cita（静かになる）」を述語とする状態変化を表す文だが、（39a）では人称代名詞「그들 ku-tul（彼ら）」と有生名詞「학생들 haksayng-tul（学生たち）」、（39b）では無生名詞「바다 pata（海）」のいずれもが主語として容認される。

（39）a.　오후에 들어 졸렸는지 {그들은 / 학생들은} 조용해졌다.

　　　　ohwu-ey　tul-e　　　collye-ss-nunci　　{ku-tul-un/

　　　　午後 - に　　入る - して　眠たい -PAST- のか　{彼 -PL-TOP/

　　　　haksayng-tul-un}　coyonghay-cye-ss-ta

　　　　学生 -PL-TOP}　　静かだ -cita-PAST-DECL

　　　　午後に入って眠たかったのか {彼らは / 学生たちは} 静かになった。

　　　b.　오후에 들어 바람이 멎어서 바다는 조용해졌다.

　　　　ohwu-ey　tul-e　　　palam-i　mece-se　　pata-nun

　　　　午後 - に　　入る - して　風 -NOM　止む - して　海 -TOP

　　　　coyonghay-cye-ss-ta

　　　　静か -cita-PAST-DECL

　　　　午後に入って風がやんで海は静かになった。

このように、状態変化用法の主語は、人称代名詞・有生名詞・無生名詞のいずれであっても問題はない。つまり、状態変化用法の文においては名詞句属性に関する制限は見られない。

5.2　受身文の名詞句

5.2.1　受身文の主語の名詞句属性

cita の受身文で主語になるのは、他動詞文の目的語、つまり動作の対象を表す名詞句である。次に示すように、受身文では 3 つの名詞句属性カテゴリーのいずれもが主語として容認される。

（40a, b）は同じ「남겨지다 namkye-cita（残される）」を述語とする受身文である。（40a）では人称代名詞「나 na（私）」と有生名詞「혼자 honca（ひとり）」、（40b）では無生名詞「열쇠 yelsoy（鍵）」というように、主語が 3 つの属性カテゴリーのいずれであっても問題ない。

(40)a.　다른 사람들은 다 나갔는데 {나만 / 혼자만} 면접실에 <u>남겨졌</u>
　　　　<u>다</u>.

　　　　talu-n　　　salam-tul-un　ta　　　naka-ss-nuntey
　　　　違う -RL　　人 -PL-TOP　みんな　出ていく -PAST- だが

　　　　{na-man/　　honca-man}　　myencepsil-ey
　　　　{私 - だけ /　ひとり - だけ}　面接室 - に

　　　　namkye-cye-ss-ta
　　　　残す -cita-PAST-DECL

　　　　他の人たちはみんな出て行ったが {私だけ / ひとりだけ} 面接室に<u>残された</u>。

　　b.　짐은 다 가져갔는데 열쇠만 이 방에 <u>남겨졌다</u>.

　　　　cim-un　　　ta　　kacyeka-ss-nuntey　　　yelsoy-man
　　　　荷物 -TOP　みんな　持っていく -PAST- だが　鍵 - だけ

　　　　i　　　pang-ey　　namkye-cye-ss-ta
　　　　この　部屋 - に　残す -cita-PAST-DECL

　　　　荷物はみんな持っていったが鍵だけがこの部屋に<u>残された</u>。

このように、受身文の主語には名詞句の属性に関する制限はないと考えられる。

5.2.2　受身文の動作主の名詞句属性

次に、cita の受身文の動作主名詞句を見てみると、こちらでは名

詞句属性に関する制限が見られる。(41) の「만들어지다 mantule-cita（作られる）」を述語とする受身文では、有生名詞「연구팀 yenkwu-thim（研究チーム）」、無生名詞「자연교배 cayen-kyobay（自然交配）」が動作主名詞句として問題なく受け入れられる。これに対して、人称代名詞「그들 ku-tul（彼ら）」を動作主名詞句にできるかどうかに関しては、母語話者の判断が分かれる。

(41) 새로운 쌀 품종이 {?그들에 의해 / 연구팀에 의해 / 자연교배에 의해} 만들어졌다.

saylowu-n   ssal   phwumcong-i   {?ku-tul-ey.uyhay/

新しい -RL   米   品種 -NOM   {? 彼 -PL- によって /

yenkwu-thim-ey.uyhay/   cayen-kyobay-ey.uyhay}

研究 - チーム - によって /   自然 - 交配 - によって}

mantule-cye-ss-ta

作る -cita-PAST-DECL

新しい米の品種が {彼らによって / 研究チームによって / 自然交配によって} 作られた。

　人称代名詞が受身文の動作主名詞句として受容されにくい傾向は、1 人称になるとより一層強くなる。

(42) ??새로운 쌀 품종이 우리들에 의해 만들어졌다.

??saylowu-n   ssal   phwumcong-i   wuli-tul-ey.uyhay

??新しい -RL   米   品種 -NOM   我々 -PL- によって

mantule-cye-ss-ta

作る -cita-PAST-DECL

新しい米の品種が我々によって作られた。

　(42) の文が表す内容は受身文よりもむしろ、(43) のように他動詞文として表すのがふさわしいようである。

(43) 우리가 새로운 쌀 품종을 만들었다.

wuli-ka   saylowu-n   ssal   phwumcong-ul   mantule-ss-ta

我々 -NOM   新しい -RL   米   品種 -ACC   作る -PAST-DECL

我々が新しい米の品種を作った。

　以上のように、受身文においては主語の名詞句属性に関する制限見られないが、動作主名詞句では人称代名詞（特に 1・2 人称）が

容認されにくいという傾向が見られる。これはKuno and Kaburaki（1977）の共感度階層（Empathy Hierarchy）によって説明することができる。「Speech Act Participant（1・2人称）＞3人称＞人間＞有生物＞自然の力＞無生物」という階層の中で、動作主の階層が高く、被動者の階層が低ければ、能動態で表現するのが自然であるためである。DeLancey（1981）はさらに、共感度階層が高いものほど、視点を置きやすく、注意の流れの開始点としやすいことが、態の選択に関係していると指摘している。1・2人称が動作主である場合は受身文ではなく能動文で表す方が自然であるというのは、citaの受身用法の場合についても言えることである。

5.3　可能文の名詞句
5.3.1　可能文の主語の名詞句属性

citaの可能用法では、先行用言が自動詞か他動詞かで場合分けして考える必要がある。〈自動詞 + cita〉の場合、自動詞の文の主語が可能文でも主語となるが、〈他動詞 + cita〉の場合には、他動詞文の目的語が可能文の主語となる。

まず、〈自動詞 + cita〉の可能文の主語について見てみたい。（44a, b）は「들어가다 tulekata（入る）」を先行用言とする可能文である。（44a）では人称代名詞の「저 ce（私）」と有生名詞の「제친구 cey chinkwu（私の友達）」がどちらも主語の位置に立つことができる。また、（44b）では無生名詞の「트럭thulek（トラック）」が主語となっている。

(44)a.　설정 언어를 영어로 바꾸고 다시 들어가보세요. {저는 / 제 친구는} 어제 그렇게 해서 메신저에 들어가졌어요.

selceng　ene-lul　　　yenge-lo　pakkwu-ko　　tasi

設定　　言語-ACC　英語-に　変える-して　再び

tuleka-po-se-yo.　　　　　　　{ce-nun/　cey　　chinkwu-nun}

入る-見る-尊敬-POL.IMP　{私-TOP/　私の　友達-TOP}

ecey　kuleh-key　　hay-se　　meysince-ey

昨日　そうだ-ADV　する-して　メッセンジャー-に

tuleka-cye-sse-yo

入る -cita-PAST-POL.DECL

設定言語を英語に変えてもう一度入ってみてください。
｛私は／私の友達は｝昨日そうやってメッセンジャーに
入れました。

b. 큰 트럭이지만 일반 주차장에 <u>들어가졌어요</u>.

khu-n   thulek-i-ciman   ilpan   cwuchacang-ey

大きい -RL　トラック -COP- だが　一般　駐車場 - に

tuleka-cye-sse-yo.

入る -cita-PAST-POL.DECL

大きいトラックだけど一般駐車場に<u>入れました</u>。

　このように、〈自動詞 + cita〉の可能文の主語には、名詞句属性
に関する制限は見られない。

　〈他動詞 + cita〉の可能文の主語についても、3 つの属性カテゴ
リーのいずれも主語として容認される。(45) は「잊혀지지 않다
ichye-ci-ci anhta（忘れられない）」を述語とする可能文だが、人称
代名詞の「그 ku（彼）」、有生名詞の「그 사람 ku salam（その人）」、
無生名詞の「그 이야기 ku iyaki（その話）」のそれぞれが、主語と
して問題なく容認されている。

(45)나는 아직도 ｛그가／그 사람이／그 이야기가｝ <u>잊혀지지 않는다</u>.

na-nun   acik-to   {ku-ka/   ku   salam-i/   ku   iyaki-ka}

私 -TOP　まだ - も　｛彼 -NOM／　その　人 -NOM／　その　話 -NOM｝

ic-hye-ci-ci.anh-nun-ta

忘れる -i-cita-NEG-PRES-DECL

私はいまだに ｛彼が／その人が／その話が｝ <u>忘れられない</u>。

　以上のように、cita の可能文では〈自動詞 + cita〉の場合、〈他
動詞 + cita〉の場合ともに、主語の名詞句属性に関する制限はない。

5.3.2　可能文の動作主の名詞句属性

　可能用法では主語だけでなく、動作主名詞句に関しても名詞句属
性に関する制限が見られない。(46a) は「써지다 sse-cita（書け
る）」を述語とする可能文だが、人称代名詞の「나 na（私）」、有生
名詞の「그 학생 ku haksayng（その学生）」が、動作主名詞句とし

124　Ⅰ　韓国語助動詞 cita の多義性

て容認される。もう一つの（46b）は「찍혀지다 ccik-hye-cita（印字できる）」を述語とする可能文である。こちらでは無生名詞の「복사기 poksaki（コピー機）」が動作主名詞句として容認される。

（46）a.　연필이 좋으니까 {나는 / 그 학생은} 글씨가 잘 써진다.

yenphil-i　　coh-unikka　{na-nun/　ku　haksayng-un}

鉛筆 -NOM　良い - ので　{私 -TOP/　その　学生 -TOP}

kulssi-ka　　cal　　sse-ci-n-ta

字 -NOM　　うまく　書く -cita-PRES-DECL

鉛筆がいいから {私は / その学生は} 字がうまく<u>書ける</u>。

　　　b.　이 복사기는 컬러 원고도 잘 찍혀진다.

i　　poksaki-nun　　khelle　wenko-to　cal

この　コピー機 -TOP　カラー　原稿 - も　よく

ccik-hye-ci-n-ta

印字する -i-cita-PRES-DECL

このコピー機はカラー原稿もきれいに<u>印字できる</u>。

　以上のように、可能用法では〈自動詞 + cita〉の主語、〈他動詞 + cita〉の主語および動作主名詞句のいずれにおいても名詞句属性に関する制限は見られない。

5.4　非意図文の名詞句

5.4.1　非意図文の主語の名詞句属性

　非意図文においても、先行用言が自動詞の場合と他動詞の場合を分けて考える必要がある。先行用言が自動詞の場合、対応する自動詞文の主語が非意図文においても主語として現れる。一方、先行用言が他動詞の場合、対応する他動詞文の目的語、つまり動作の対象を表す名詞句が非意図文の主語となる。

　まず、〈自動詞 + cita〉について見ると、人称代名詞や有生名詞は主語として問題なく受け入れられるが、無生名詞は受容可能性が低い。（47a）は自動詞「일어나다 ilenata（起きる）」が先行用言の非意図文だが、人称代名詞の「나 na（私）」や有生名詞の「철수 chelswu（チョルス）」は問題なく主語になることができる。これ

第 3 章　cita の文法的特徴　　**125**

に対して、同じ動詞を用いた（47b）の文では、無生名詞の「사건 saken（事件）」が主語になると非意図文として解釈できないばかりか、文法的に容認されなくなってしまう。

(47) a. 오늘 아침에 {나는 / 철수는} 일찍 일어나졌다.

onul achim-ey {na-nun/ chelswu-nun} ilccik

今日 朝-に {私-TOP/ チョルス-TOP} 早く

ilena-cye-ss-ta

起きる-cita-PAST-DECL

今朝、{私は / チョルスは} 早くに起きてしまった。

b. *3월에 들어 잔인한 사건이 연달아 일어나졌다.

*samwel-ey tul-e caninha-n saken-i yentala

*3月-に 入る-して 残忍だ-RL 事件-NOM 相次いで

ilena-cye-ss-ta

起きる-cita-PAST-DECL

3月に入って残忍な事件が相次いで起きてしまった。

なぜ、〈自動詞＋cita〉の非意図文の主語が人称代名詞と人間名詞に限定されているかを考えると、非意図用法は「動作主の意志によらずに事態がもたらされる」と定義されている。つまり、非意図はその名の表すとおり動作主の意志性と直結したカテゴリーである。そのため、話し手は動作主の意志を把握することが可能でなければならない。そこから、動作主は基本的には1人称（つまり話し手自身）であることが求められる。そこから拡張する形で、小説などで作者が登場人物の意志や心情を把握できるという設定の場合には、3人称や人間名詞が非意図文の動作主の位置に立つことができる。このような理由で、〈自動詞＋cita〉の非意図文では主語が人称代名詞あるいは人間名詞に制限されていると考えることができる。

一方、〈他動詞＋cita〉の主語、つまり動作の対象を表す名詞句においては、人称代名詞・有生名詞・無生名詞のいずれの場合も問題なく容認されている。（48）の「여겨지다 yekye-cita（思われる）」を述語とする非意図文では、人称代名詞の「그 ku（彼）」、有生名詞の「그 사람 ku salam（その人）」、無生名詞の「그 정보 ku cengpo（その情報）」のそれぞれが主語の位置に立つことができる。

(48) 내게는 {그가 / 그 사람이 / 그 정보가} 잘못된 것으로 여겨졌다.

nay-key-nun {ku-ka/ ku salam-i/ ku cengpo-ka}

私 - に -TOP {彼 -NOM/ その人 -NOM/ その 情報 -NOM}

calmos-toy-n kes-ulo yekye-cye-ss-ta

間違い - なる -RL もの - に 思う -cita-PAST-DECL

私には {彼が / その人が / その情報が} 間違っていると思わ
れた。

したがって、〈他動詞 + cita〉の非意図文では、主語の名詞句属
性に関する制限はない。

5.4.2 非意図文の動作主の名詞句属性

　一方、非意図文における動作主名詞句に関しては、名詞句属性の
制限が見られる。

　(49) の他動詞「느끼다 nukkita（感じる）」を先行用言とする非
意図文では、人称代名詞「나 na（私）」は動作主名詞句 *13 として
問題なく受け入れられる。しかし、人間名詞「민감한 사람
minkamhan salam（敏感な人）」が動作主名詞句となると、非意図
文というよりもむしろ「感じることができた」という可能文として
の解釈が生まれる。そして、有生名詞であっても「동물 tongmwul
（動物）」のような人間以外の名詞や、無生名詞「지진계 cicinkyey
（地震計）」が動作主名詞句の位置に立つことはほとんど容認されな
い *14。

(49) 작은 지진이었지만 {내게는 /? 민감한 사람에게는 /?? 동물에게
는 /?? 지진계에는} 진동이 느껴졌다.

cak-un cicin-ie-ss-ciman {nay-key-nun/ ?minkamha-n

小さい -RL 地震 -COP-PAST- だが {私 - に -TOP/ ?敏感だ -RL

salam-eykey-nun/ ??tongmwul-eykey-nun/ ??cicinkyey-ey-nun}

人 - に -TOP/ ?? 動物 - に -TOP/ ?? 地震計 - に -TOP}

cintong-i nukkye-cye-ss-ta.

振動 -NOM 感じる -cita-PAST-DECL

小さい地震だったが {私には / 敏感な人には / 動物には / 地
震計には} 振動が感じられた。

このように、非意図文の動作主名詞句には、名詞句の属性に関する制限があり、人称代名詞以外は容認可能性が低い。特に、人間以外の有生名詞や無生名詞は動作主名詞句として受け入れられない場合が多い。これも〈自動詞 + cita〉の非意図文の主語と同じく、話者が動作主の意志を把握できることが、非意図文の条件となっているためと考えられる。

以上のように非意図用法では、〈自動詞 + cita〉の主語と〈他動詞 + cita〉の動作主名詞句は、人称代名詞を中心とした人間名詞に限られ、無生名詞が制限されている。一方、〈他動詞 + cita〉の主語の名詞句属性に関しては、制限が見られない。

5.5　事態実現文の名詞句

事態実現用法の文においても、先行用言が自動詞の場合と他動詞の場合を区別する必要がある。〈自動詞 + cita〉の場合、対応する自動詞文の主語が事態実現用法の文でも主語になる。一方、〈他動詞 + cita〉の場合、対応する他動詞文の目的語、つまり動作の対象を表す名詞句が cita 文の主語になる。なお、4.5 節でも述べたように、〈他動詞 + cita〉の事態実現用法の文では、動作主名詞句は共起できない。

事態実現用法の主語を検討すると、〈自動詞 + cita〉の場合と〈他動詞 + cita〉の場合ともに、名詞句の属性に関する制限が見られる。

まず、〈自動詞 + cita〉の場合を考えると、無生名詞を主語とすることに問題はないのだが、有生名詞・人称代名詞には制限が見られる。(50a, b) の自動詞「모이다 moita（集まる）」を先行用言とする事態実現用法の文を見てみたい。人称代名詞の「우리 wuli（私たち）」は主語として容認されないが*15、有生名詞の「전부대 cenpwutay（全部隊）」や無生名詞の「성금 sengkum（寄付金）」は問題なく容認される。

(50) a.　총대장의 명령을 듣고 {*우리가 / 전부대가} 한 지역에 모여졌다.

chongtaycang-uy   myenglyeng-ul   tut-ko

総大将 -GEN   命令 -ACC   聞く - して

{*wuli-ka/   cenpwutay-ka}   han   ciyek-ey

{* 私たち -NOM/   全部隊 -NOM}   ある   地域 - に

moye-cye-ss-ta

集まる -cita-PAST-DECL

総大将の命令を聞いて ｛私たちが / 全部隊が｝ ある地域
に集まった。

b.　불우이웃을 돕기 위한 성금이 <u>모여졌다</u>.

pwulwu-iwus-ul   top-ki.wiha-n   sengkum-i

不遇 - 隣人 -ACC   助ける - ため -RL   寄付金 -NOM

moye-cye-ss-ta

集まる -cita-PAST-DECL

恵まれない隣人を助けるための寄付金が<u>集まった</u>。

　一方、〈他動詞 + cita〉の事態実現用法の文においても、人称代
名詞や有生名詞を主語として取りにくいという特徴がある。(51)
は他動詞「구기다 kwukita（もみくちゃ・しわくちゃにする）」を
述語とする事態実現用法の文である。人称代名詞の「그 ku（彼）」
や有生名詞の「승객 sungkayk（乗客）」は主語として容認されない
が、無生名詞「옷 os（服）」であれば主語として問題がない*16。

（51）붐비는 버스 안에서 {*그가 /*승객이 / 옷이} <u>구겨졌다</u>.

pwumpi-nun   pesu   an-eyse   {*ku-ka/   *sungkayk-i/

混みあう -RL   バス   中 -LOC   {* 彼 -NOM/   * 乗客 -NOM/

os-i}   kwukye-cye-ss-ta

服 -NOM}   もみくちゃにする -cita-PAST-DECL

混みあうバスの中で ｛彼が / 乗客が / 服が｝ <u>もみくちゃ（し
わくちゃ）になった</u>。

　このように、事態実現用法には人称代名詞を主語とすることがで
きないという制限がある。有生名詞に関しても、〈自動詞 + cita〉
の文では主語として容認されるが、〈他動詞 + cita〉の文では容認
されない。事態実現用法の主語として中心的なのは、(50b) の
「성금（寄付金）」や (51) の「옷（服）」のような無生名詞である。

無生名詞が主語になる場合が多いことは、この用法の意味的特徴と関係づけることができる。事態実現用法の定義を振り返ると「動作主を概念化の枠組みからはずし、動作や変化の対象を主要な参与者としながら、事態の終結局面を重点的に表す」ものである。動作・変化の対象を中心に述べる文であることから、この用法では事態に意志的に関与する人間よりも、外部から力を受けて変化する無生物の方が主語としてよりふさわしく、用例においてもより多く現れやすいと考える。

5.6　cita の用法と名詞句属性

　5.1 節から 5.5 節までの名詞句属性に関する議論を整理すると、図表 11 のようになる。

図表 11　cita の用法と名詞句の属性

先行用言	名詞句の種類		状態変化	受身	可能	非意図	事態実現
形容詞 自動詞	主語	人称代名詞	○	〈該当なし〉	○	○	×
		有生名詞	○	〈該当なし〉	○	○	○
		無生名詞	○	〈該当なし〉	○	×	○
他動詞	主語	人称代名詞	〈該当なし〉	○	○	○	×
		有生名詞	〈該当なし〉	○	○	○	×
		無生名詞	〈該当なし〉	○	○	○	○
	動作主 名詞句	人称代名詞	〈該当なし〉	×	○	○	〈該当なし〉
		有生名詞	〈該当なし〉	○	○	△	〈該当なし〉
		無生名詞	〈該当なし〉	○	○	×	〈該当なし〉

　この表から分かるように、状態変化文と可能文においては名詞句属性に関する制限が見られない。受身文では、動作主名詞句が有生名詞と無生名詞に制限され、人称代名詞は動作主名詞句の位置に立ちにくい。一方、非意図文においては、〈自動詞 + cita〉の主語と〈他動詞 + cita〉の動作主名詞句が、どちらも人称代名詞・有生名詞に限られ、無生名詞は容認されない。また、事態実現用法の文では、〈自動詞 + cita〉の文では人称代名詞、〈他動詞 + cita〉の文では人称代名詞・有生名詞が主語になりにくいという特徴が見られる。

このように、名詞句属性に関しては用法ごとの違いが明確に表れている。

6. 話者の予想

ここで述べる話者の予想とは、事態に対して話者が想定する「普通なら／順当にいけばこうなる」という事前の評価である。ここでは、話者の事前の評価と実際の結果との一致／不一致がcitaの用法とどのように関係するかに注目する。話者の予想には、出来事の背景的な状況や話者の経験などの言語外の知識が関与している。つまり、話者の予想がどのように関与するかというのは、語用論的な側面からcita文を分析するものである。

ここでは、「やはり、予想通り」「意外にも、思いがけず」といった副詞句の共起テストや、話者の予想を表す条件節を用いて、citaの意味に変化が起こるかどうか検討する。

6.1 状態変化用法と話者の予想

状態変化用法では、話者の予想が関与することでcitaの意味が変化することはない。(52a) は「바빠지다 pappa-cita (忙しくなる)」を述語とする状態変化を表す文であり、(52b) は同じ文に話者の予想に関する副詞句を共起させたものである。

(52)a.　　5월이　　되자마자　　여행사 일이　바빠졌다.

owel-i　　　　toy-camaca　　　yehayngsa　il-i

5月 -NOM　　なる - やいなや　旅行社　　　　仕事 -NOM

pappa-cye-ss-ta

忙しい -cita-PAST-DECL

5月になるやいなや旅行社の仕事が忙しくなった。

　　b.　　{예상대로 / 뜻밖에도} 5월이 되자마자 여행사 일이 바빠졌다.

{yeysang-taylo/　ttuspakk-ey-to}　owel-i　　　　toy-camaca

{予想 - どおり /　意外 - に - も}　　5月 -NOM　　なる - やいなや

yehayngsa　il-i　　　　pappa-cye-ss-ta

旅行社　　　仕事 -NOM　忙しい -cita-PAST-DECL

{予想どおり / 意外にも} 5 月になるやいなや旅行社の
仕事が忙しくなった。

（52a, b）のどちらにおいても「바빠지다 pappa-cita」は「忙しく
なる」という状態変化を表し、副詞句の追加によって意味は変化し
ない。したがって、話者の予想の関与は状態変化文の解釈に影響を
及ぼさない。

6.2　受身用法と話者の予想

受身用法においても、話者の予想が関与することで cita の意味が
変化することはない。（53a）は「받아들여지다 patatulye-cita（受
け入れられる）」を述語とする受身文であり、（53b）は同じ文に話
者の予想に関する副詞句を共起させたものである。

（53）a.　이번 협상에서는 미국 쪽의 요구가 대부분 받아들여졌다.

ipen hyepsang-eyse-nun　mikwuk　ccok-uy　yokwu-ka

今回 交渉 -LOC-TOP　　　アメリカ　側 -GEN　要求 -NOM

taypwupwun　patatul-ye-cye-ss-ta

大部分　　　受け入れる -i-cita-PAST-DECL

今回の交渉ではアメリカ側の要求が大部分受け入れら
れた。

　　　b.　이번 협상에서는 미국 쪽의 요구가 {예상대로 / 뜻밖에도} 대
부분 받아들여졌다.

ipen hyepsang-eyse-nun　mikwuk　ccok-uy　yokwu-ka

今回 交渉 -LOC-TOP　　　アメリカ　側 -GEN　要求 -NOM

{yeysang-taylo/　ttuspakk-ey-to}　taypwupwun

{予想 - どおり /　意外 - に - も}　　大部分

patatul-ye-cye-ss-ta

受け入れる -i-cita-PAST-DECL

今回の交渉ではアメリカ側の要求が {予想どおり / 意外
にも} 大部分受け入れられた。

（53a, b）のどちらにおいても「받아들여지다 patatulye-cita」は
「受け入れられる」という受身の意味を表し、副詞句の追加によっ

て意味の変化は起こらない。したがって、受身用法においても、話者の予想が関与することは受身文の解釈に影響を及ぼさない。

6.3 事態実現用法と話者の予想

一方、事態実現用法においては、話者の予想に関わる副詞句を共起させると、意味合いが変化する場合がある。(54a) は「구워지다 kwuwe-cita（焼ける）」を述語とする事態実現用法の文であり、(54b) は同じ文に話者の予想に関する副詞句を共起させたものである。

(54)a.　오븐으로 구웠더니 생선이 맛있게 <u>구워졌다</u>.

　　　　opun-ulo　　　kwuwe-ss-teni　　　sayngsen-i　masiss-key

　　　　オーブン -で　焼く -PAST-したら　魚 -NOM　　おいしい -ADV

　　　　kwuwe-cye-ss-ta

　　　　焼く -cita-PAST-DECL

　　　　オーブンで焼いたら魚がおいしく焼けた。

　　b.　오븐으로 구웠더니 {예상대로 / 뜻밖에도} 생선이 맛있게 <u>구워</u>
<u>졌다</u>.

　　　　opun-ulo　　　kwuwe-ss-teni　　　{yeysang-taylo/

　　　　オーブン -で　焼く -PAST-したら　{予想 -どおり /

　　　　ttuspakk-ey-to}　sayngsen-i　masiss-key

　　　　意外 -に - も}　　魚 -NOM　　おいしい -ADV

　　　　kwuwe-cye-ss-ta

　　　　焼く -cita-PAST-DECL

　　　　オーブンで焼いたら {予想どおり / 意外にも} 魚がおい
しく<u>焼けた</u>（<u>焼くことができた</u>）。

(54b) のように話者の予想に関わる副詞句が共起すると、「焼くことができた」という可能文としての解釈が生まれる。この変化は「魚がおいしく焼ける」のように事態の実現が話者にとって望ましいことである場合に起きる傾向がある*17。このように事態実現用法では、話者の予想が関与すると可能文としての解釈が加わる場合がある。

第 3 章　cita の文法的特徴　**133**

6.4　非意図用法と話者の予想

　非意図用法においても、話者の予想に関する副詞句を共起させると意味合いが変化する場合が見られる。(55a) は「느껴지다 nukkye-cita（感じられる）」を述語とする非意図文であり、(55b) は同じ文に話者の予想に関連する文脈を付け加えたものである。「10月になり秋の風が感じられる」というのは話者の予想どおりの状況であり、「まだ8月なのに秋の風が感じられる」というのは予想外の状況である。

(55) a.　밖에서는 시원한 가을 바람이 <u>느껴집니다</u>.

　　　　pakk-eyse-nun　siwenha-n　kaul　palam-i

　　　　外 -LOC-TOP　涼しい -RL　秋　風 -NOM

　　　　nukkye-ci-pni-ta

　　　　感じる -cita-POL-DECL

　　　　外では涼しい秋の風が<u>感じ</u>られます。

　　b.　{10월이 되어 / 아직 8월인데도} 밖에서는 시원한 가을 바람이 <u>느껴집니다</u>.

　　　　{siwel-i　　　　toye/　acik phalwel-inteyto}　pakk-eyse-nun

　　　　{10月 -NOM　なる /　まだ 8月 - なのに}　　　外 -LOC-TOP

　　　　siwenha-n　kaul　palam-i　　nukkye-ci-pni-ta

　　　　涼しい -RL　秋　風 -NOM　感じる -cita-POL-DECL

　　　　{10月になり / まだ 8月なのに} 外では涼しい秋の風が<u>感じ</u>られます（感じることができます）。

　(55b) のように話者の予想を表す文脈が加わると「感じることができる」という可能文としての解釈が生まれる。可能文としての解釈は、前節で見た事態実現用法の場合と同様に、事態の実現が一般的に望ましいものである場合に起きやすい*18。このように非意図用法では、話者の予想が関与すると可能文としての解釈が加わる場合がある。

6.5　可能用法と話者の予想

　6.3節の事態実現用法と6.4節の非意図用法では、話者の予想が関与すると可能の解釈が生まれる場合があることを指摘した。そこ

から予想されるように、可能用法と話者の予想との間には強い関連
性が見られる。次の（56a）は「가지다 ka-cita（行ける）」を述語
とする可能文であり、（56b）は同じ文に話者の予想に関する副詞
句を共起させたものである。

（56）a.　여기서 시내까지 한 시간만에 <u>가지더라구요</u>.

yeki-se　　　sinay-kkaci　han　sikan-maney

ここ - から　　市内 - まで　　1　　　時間 - で

ka-ci-telakwu-yo

行く -cita-RT.MOD-POL.DECL

ここから市内まで1時間で<u>行けた</u>んですよ。

　　b.　여기서 시내까지 {생각한대로 / 의외로 / 예상외로} 한 시간만
에 <u>가지더라구요</u>.

yeki-se　　　sinay-kkaci　{sayngkakha-n-taylo/　uyoy-lo/

ここ - から　　市内 - まで　　{思う -RT- とおり /　　意外 - に /

yeysangoy-lo}　han　sikan-maney　ka-ci-telakwu-yo

予想外 - に}　　1　　　時間 - で　　　行く-cita-RT.MOD-POL.DECL

ここから市内まで {思ったとおり / 意外にも / 予想外な
ことに} 1時間で<u>行けた</u>んですよ。

（56a, b）ともに「行けた」ということを表す可能文であることに
変わりはないが、（56b）の副詞句は、他の用法ではなくまさに可
能であるという解釈を後押しし、可能文の解釈をより確実なものに
していると感じられる。

　このような可能文の性質は、他動詞文と対比することでより一層、
明確に表れる。

（57）a.　{? 뜻밖에도 / ? 의외로} 이삿짐을 차에 다 <u>실었어요</u>.

{?ttuspakk-ey-to/　　?uyoy-lo}　　isas-cim-ul

{? 思いのほか - に - も / ? 意外 - に}　引越 - 荷物 -ACC

cha-ey　ta　　sile-sse-yo

車 - に　全部　載せる -PAST-POL.DECL

{思いがけず / 意外にも} 引っ越し荷物を車に全部<u>載せ</u>
<u>ました</u>。

　　b.　{뜻밖에도 / 의외로} 이삿짐이 차에 다 <u>실어졌어요</u>.

第 3 章　cita の文法的特徴　135

{ttuspakk-ey-to/ uyoy-lo} isas-cim-i cha-ey

{思いのほか - に - も / 意外に} 引越 - 荷物 -NOM 車 - に

ta sile-cye-sse-yo

全部 載せる -cita-PAST-POL.DECL

{思いがけず / 意外にも} 引っ越し荷物が車に全部<u>載せられました</u>。

（57a）は「싣다 sitta（載せる）」を述語とする他動詞文だが、この文では話者の予想との不一致を表す副詞「뜻밖에도 ttuspakk-eyto（思いがけず）」「의외로 uyoy-lo（意外にも）」は共起しにくい。これに対して、cita の可能文である（57b）では、2つの副詞が問題なく共起できる。

このように、可能用法では話者の予想という語用論的な要因が大きく関与しており、話者の予想は可能文の解釈と意味的に強い関連性がある。

6.6 cita の用法と話者の予想

6.1 節から 6.5 節までで論じた、話者の予想との一致／不一致に関する cita の用法の分析を整理すると、図表 12 のようになる。

図表 12 cita の用法と話者の予想

用法	状態変化	受身	事態実現	非意図	可能
話者の予想	関与しない	関与しない	可能の解釈が加わる場合がある	可能の解釈が加わる場合がある	可能の解釈と関連性がある

話者の予想という観点から cita の各用法を見ると、可能用法では話者の予想が可能の解釈と強く関係している。つまり、可能用法には話者の予想という言語外の情報を含む語用論的な条件が関与している。また、事態実現用法と非意図用法では、話者の予想に関わる副詞が共起すると可能の解釈が加わる場合があることを指摘した。状態変化用法と受身用法では話者の予想が文の解釈に影響を与えることはなかった。

別の観点から述べると、cita の可能用法は話者の予想という語用

論的な特徴が密接に関係しているために、他の用法に比べて、文脈依存度が高いという特徴が見られる。そのため、可能文の容認可能性の判断には、状況を想起できるようなより具体的な文脈が必要になる。母語話者への調査において、例えば、状態変化用法では「얼굴이 빨개졌다.（顔が赤くなった）」のような簡単な文でも容認可能性を判断できる。これに対して、可能用法では「우리는 그 차에 타졌다.（私たちはその車に乗れた）」のようなシンプルな文では、容認可能性の判断が困難だという意見を多く耳にする。そのため、可能文のテストでは「경차 같은 작은 차였지만 우리는 전부 다 타지더라구요.（軽自動車のような小さい車だったけど私たち全員が乗れたんですよ）」のような状況を想起しやすい文脈を用いる必要がある。このように、可能用法には話者の予想に関わる文脈や発話時の状況など語用論的な条件が大きく関与していると考えられる。

7. 第3章のまとめ　cita の用法と文法的特徴

　2節から6節までで論じてきた各用法の文法的特徴を総括すると、図表13のように整理できる。

　ゴシック体で表記したのは、その用法内で共通する特徴であり、かつ、バリエーションの制限がある項目である。さらに言うと、その用法を他の用法と弁別する上で必要な文法的特徴であり、それぞれの用法にとって不可欠な文法的特徴であると考えられる。

　用法ごとの不可欠な文法的特徴を抜き出して整理すると、図表14のようになる。

　このようにして見ると、cita は用法によって語彙レベルの条件が関与するもの、構文レベルの条件が関与するもの、語用論レベルの条件が関与するもの、とさまざまである。つまり、cita の各用法は文法的レベルの異なる特徴を、それぞれに不可欠な文法的特徴としているのである。

　1.1 節で指摘したように、先行研究においては「先行用言の品詞によって cita の用法が決定する」という説明が主流となっている。しかし、本章の考察を通じて明らかになったように、先行用言の品

第3章　cita の文法的特徴　137

図表13　各用法の文法的特徴

項目		状態変化	受身
先行用言の品詞		形容詞 存在詞 自動詞 他動詞	— — — **他動詞**
先行用言の語彙アスペクト		**状態** — — 	— 活動 到達 達成
名詞句の数		1 → 1 2 → 2	〈該当なし〉 2 → 1, 2 → 2
動作主名詞句		〈該当なし〉	共起可能
格標示	1項	N1 ka V	〈該当なし〉
	2項	N1nun N2 ka V	N2 ka V N2 ka N1 ey uyhay V
名詞句属性	自　主語	制限なし	〈該当なし〉
	他　主語	〈該当なし〉	制限なし
	他　動作主	〈該当なし〉	**有生名詞と 無生名詞**
話者の予想		関与しない	関与しない

図表14　各用法の不可欠な文法的特徴

用法	不可欠な文法的特徴		文法的レベル
状態変化	先行用言の語彙アスペクト	状態	語彙レベル
受身	先行用言の品詞	他動詞	語彙・構文レベル
	動作主名詞句の属性	有生名詞か無生名詞	構文レベル
非意図	主語の名詞句属性	〈自 + cita〉人称代名詞か有生名詞	構文レベル
	動作主名詞句の属性	人称代名詞か有生名詞	構文レベル
可能	話者の予想	関与する	語用論レベル
事態実現	動作主名詞句	共起できない	構文レベル
	主語の名詞句属性	〈自 + cita〉有生名詞か無生名詞 〈他 + cita〉無生名詞	構文レベル

非意図	可能	事態実現
—	—	—
—	—	—
自動詞	自動詞	自動詞
他動詞	他動詞	他動詞
—	—	—
活動	活動	活動
到達	到達	到達
—	達成	達成
1 → 1	1 → 1	1 → 1
2 → 1, 2 → 2	2 → 1, 2 → 2	2 → 1
共起可能	共起可能	**共起不可能**
N1 ka V	N1 ka V	N1 ka V
N2 ka V N1nun N2ka V	N2 ka V N1nun N2ka V	N2 ka V
人称代名詞と 有生名詞	制限なし	**有生名詞と 無生名詞**
制限なし	制限なし	**無生名詞**
人称代名詞と 有生名詞	制限なし	〈該当なし〉
可能の解釈が加わる場合がある	**可能の解釈と関連性がある**	可能の解釈が加わる場合がある

詞という単一の文法的特徴では cita の用法を説明することはできない。実際は語彙レベル・構文レベル・語用論レベルの複数の文法的特徴が cita の用法と関係しているのである。

　本章の議論からもう 1 つ指摘できるのは、事態実現用法が独自の文法的特徴を持つという事実である。事態実現用法は本書が独自に設定した用法カテゴリーであるが、文法的特徴から見ると、他の用法とは異なる性質を持っていることがわかる。〈他動詞＋ cita〉の文であっても動作主名詞句がまったく共起できず、主語の多くが無生名詞であり、人称代名詞が主語の位置に現れない。これらの特徴は他の用法には見られない特徴である。このような独自の文法的特徴を持つことは、事態実現用法というカテゴリーを設定する妥当性を十分に支持するものであると考える。

＊1　本書の準備段階では、上に挙げた5つの項目の他に、肯定／否定、時制、アスペクト形式の共起などについても調査をおこなった。しかし、用法との有意な関係が見られたのは上述の5つの項目のみだった。

＊2　なお、例文の引用元の우인혜（1997）では、この例を「他動詞の起動化」を表すものとしており、可能表現とはしていない。

＊3　調査では、「닮다 talmta（似る）」の他に〈他動詞＋ cita〉で状態変化を表す例は見られなかった。なお、自他同形の動詞では、「바래다 palayta（色あせる、さらす）」「휘다 hwita（曲げる、曲がる）」が状態変化用法の先行用言となるが、〈他動詞＋ cita〉の状態変化用法は、数としては非常に限定されている。

　また、存在詞の中では「있다 issta（ある）」が先行用言となる次のような例が見られるが、「계시다 kyeysita（いらっしゃる）」が先行用言となる例は見られなかった。

プラスチックが두꺼워지면 핸드폰이 전체적으로 0.5cm 이상 커져 부피감이 있어집니다.

phullasuthik-i　　　twukkewe-ci-myen　hayntuphon-i
プラスチック -NOM　厚い -cita- れば　　携帯電話 -NOM
cencheycek-ulo　0.5cm　isang　khe-cye　　pwuphikam-i
全体的 - に　　　　0.5cm　以上　大きい -cita　厚み -NOM
isse-ci-pni-ta
ある -cita-POL-DECL
プラスチックが厚くなると携帯電話が全体的に 0.5cm 以上大きくなり、厚みが増すようになります。

＊4　ここでいう完了は telic に対する訳語である。「完了的動詞」とは、動作が終了する点が必ず存在する動詞であり、「未完了的動詞」とは、動作が何らかの要因に妨げられない限り、その動作が継続しうる動詞である。

＊5　韓国語の語彙アスペクトについては、浜之上（1991）がアスペクトを表す形式 - 고 있다 ko issta と - 어 있다 e issta の共起関係によって動詞を5つのカテゴリーに分類している。

	- 고 있다 ko issta	- 어 있다 e issta	アスペクト形式の共起	例
状態動詞	×	○	-ko issta は共起しない	닮다 talmta 「似る」
状態性動作動詞	○	○	-ko issta, -e issta は言い換え可能	알다 alta 「知る」
主体非変化動詞	○	×	-ko issta しか使えない場合が多い	먹다 mekta 「食べる」
生起変化動詞	○	○	-ko issta は主体が変化しつつある局面を表す -e issta は主体が変化した後の局面を表す	늘어나다 nulenata 「増える」

140　　I　韓国語助動詞 cita の多義性

終了変化 動詞	○	○	-ko issta は複数主体の動作もしく は単一主体の多回動作	앉다 ancta 「座る」

これを参考にしながら、本書ではより簡略化した形で語彙アスペクトの分類を
提示している。

*6 この表の -ko issta については、共起して動作の継続・進行を表す場合を
○、共起不可能な場合を×、共起しても動作の継続・進行を表さない場合を #
で表示した。

*7 達成動詞では単純に期間を表す「1 時間」などの時間副詞とは共起でき
るが、その場合、事態の実現の局面に向かって動作が展開する段階を表し、事
態が実現する終了局面は含まれない。

*8 上記のように、達成動詞を先行用言とする非意図用法は見られなかった
が、次の例のように、副詞句によって行為の終了点が示されれば、文単位で達
成アスペクトを表す例が見られる。

    나도 몰래 그녀의 집 앞으로 발이 가지더라.   （鄭 1999：194）

    na-to   mollay   kunye-uy   cip   aph-ulo   pal-i

    私 - も   知らずに   彼女 -GEN   家   前 - に   足 -NOM

    ka-ci-dela

    行く -cita-PAST.MOD

    自分も知らずに彼女の家の前に足が行ってしまった。

*9 なお、他動詞を先行用言とする状態変化用法では、格標示に変化が起き
る。下の (i) の他動詞文で対格標示される名詞句「서로 selo（お互い）」は、
(ii) の状態変化文でも共起できるのだが、対格「를 lul」で標示することはで
きない。以下で述べるように、cita 文では対格標示が許されないため、状態変
化文についてもこの制約に従っていると考えられる。しかし、他動詞を先行用
言とする状態変化用法はこの「닮다 talmta（似る）」以外は見られなかった。

  (i) 부부는 얼굴이나 행동이 서로를 닮아간다고 한다.

      pwupwu-nun   elkwul-ina   hayngtong-i   selo-lul

      夫婦 -TOP   顔 - や   行動 -NOM   お互い -ACC

      talma-ka-nta-ko   ha-n-ta

      似る - ていく -PRES- と   いう -PRES-DECL

      夫婦は顔や行動がお互いに似ていくという。

  (ii) 부부는 얼굴이나 행동이 {서로/*서로를} 닮아져간다고 한다.

      pwupwu-nun   elkwul-ina   hayngtong-i   {selo/*selo-lul}

      夫婦 -TOP   顔 - や   行動 -NOM   {お互い / お互い -ACC}

      talma-cye-ka-nta-ko   ha-n-ta

      似る -cita- ていく -PRES- と   いう -PRES-DECL

      夫婦は顔や行動が {お互い / お互いに} 似（るようになっ）ていくと
      いう。

*10 数としては少ないが、cita の受身文で動作主名詞句が「한테 hanthey」
という与格で標示されている例がある。

    그는 사람들한테 걸레처럼 깔리고 짓뭉개지고 있었다.   （K125–144*）

    ku-nun   salamtul-hanthey   kelley-chelem   kkal-li-ko

第 3 章　cita の文法的特徴　　**141**

彼 -TOP　人々 - に　　　　雑巾 - のように　敷く -i- して
cismwungkay-ci-ko.isse-ss-ta
踏みつぶす -cita- ている -PAST-DECL
彼は人々に雑巾のように組み敷かれ、踏みつぶされていた。

　ただし、これは「짓뭉개지다 cismwungkay-cita（踏みつぶされる）」の前の
動詞「깔리다 kkallita（敷かれる）」が接辞 -i- の形であるために、この動詞に
かかる形で한테 hanthey 格が許されていると考えられる。接辞 -i- による受身
文では、動作主を에게 eykey 格や한테 hanthey 格で標示することができる。

＊11　許（2004）は日本語と比較して韓国語では動作主が明示される率が低
いことを指摘している（話し言葉では日本語 23.7 ％、韓国語 14 ％。書き言葉
では日本語 16 ％、韓国語 11.2 ％）。

＊12　名詞句の属性に関するこの他の分類方法としては、定／不定、特定／総
称という区別も考えられる。しかし、cita の分析では、定／不定、特定／総称
という対立に関しては、明確な有意差は見られなかった。

＊13　先行用言が感覚動詞の場合、動作主ではなく感覚主体とすべきだが、用
語の混乱を避けるために、ここでは「動作主」という用語を用いる。

＊14　（49）の例において、「동물 tongmwul（動物）」や「지진계 cicinkyey
（地震計）」を動作主とした場合、母語話者によっては、可能文としてなら容認
可能であると判断する場合もある。

＊15　人称代名詞の「우리 wuli（私たち）」が主語になる場合は、「모여지다
moye-cita」という cita 形ではなく、「모으다 mouta（集まる）」という自動詞
を用いるのが自然である。

＊16　（50）では他動詞「구기다 kwukita（しわくちゃにする）」自体が人称代
名詞や有生名詞を目的語として取ることができない。そのため、cita がついた
「구겨지다 kwukye-cita（しわくちゃになる）」を述語とする文でも人称代名詞
や有生名詞は主語として容認されない。事態実現用法の先行用言となる他動詞
は、「벗다 pesta（脱ぐ）、찢다 ccicta（裂く）、열다 yelta（開ける）、털다 thelta
（はたく）」など、ほぼすべてが無生名詞を目的語とするものである。それが、
事態実現用法の主語の制限につながっている。

＊17　事態の実現が話者にとって望ましくないものの場合、話者の予想に関す
る副詞を共起させても可能の解釈は生まれない。
　　매일 신어서 예상대로 구두바닥이 다 닳아졌어요.
　　mayil　sine-se　　yeysang-taylo　kwutwu-patak-i　ta
　　毎日　履く - して　予想 - どおり　靴 - 底 -NOM　　すっかり
　　talha-cye-sse-yo.
　　すり減る -cita-PAST-POL.DECL
　　毎日はいて予想どおり靴底がすっかりすり減った。
上の例の「靴底がすり減る」ことは一般的に望ましい状況とは言えない。この
場合、「すり減ることができた」という可能の解釈はできない。

＊18　非意図用法においても事態の実現が話者にとって望ましくない場合、話
者の予想に関する副詞句を共起させても可能文としては解釈できない。
　　예상대로 무거운 분위기에 안에 들어가기가 망설여졌다.
　　yeysang-taylo　mwukewu-n　pwunwiki-ey　an-ey

予想 - どおり　　重い -RL　　雰囲気 - に　　　　中 - に
tuleka-ki-ka　　　　　mangselye-cye-ss-ta.
入る - こと -NOM　　ためらう -cita-PAST-DECL
予想どおり重い雰囲気に中にはいることがためらわれた。

上の例の「中に入ることをためらう」ことは一般的に望ましい状況とは言えない。この場合、「ためらうことができた」という可能の解釈はできない。

第4章

cita の意味拡張

1. はじめに

　ここまで、第2章では助動詞 cita に受身・自発・可能・状態変化・事態実現の5つの用法を設定することを述べ、それぞれの用法を定義した。続く第3章では、各用法の文法的特徴を分析し、用法ごとに異なる項目が不可欠な文法的特徴となっていることを指摘した。

　これらの議論を踏まえた上で、第4章では、本書冒頭で提示した問題提起③「cita はどのような意味拡張の経路を経て多義語になったのか？」について考察したい。cita の多義語への発展経路には、本動詞から助動詞への通時的な文法化と、共時的に見た意味拡張という2つの側面がある。ここではまず、先行研究を概観しながら cita の通時的変化について整理する。次に cita のスキーマ的意味を仮定し、共時的なデータを中心に cita がどのような経路で意味拡張したのかを考察する。本動詞を出発点として現在のような多義的な助動詞へと至る経路として、どのようなプロセスを想定すれば合理的な説明が成り立つのか、本書の考えを提示する。そして、意味拡張の経路から問題提起の④「cita の用法間の相互関係はどのように位置づけられるのか？」について論じることにしたい。

1.1　本章の構成

　本章では、助動詞の cita だけではなく、本動詞と〈動詞 + cita〉型の複合動詞も考察の対象とする。まず、1.2節では本動詞 cita、1.3節では〈動詞 + cita〉型の複合動詞について概観する。それを受けて、1.4節では cita の意味拡張に関する先行研究をレビューする。続く2節では、cita の通時的変化に関する先行研究の記述をま

とめ、15世紀の段階においてcitaがどのような意味を表していたかを整理する。3節では共時的な観点から、本動詞と複合動詞、助動詞の意味拡張のプロセスについて考察する。4節では意味拡張の経路を図によって示し、15世紀の段階でのcitaが表す意味と対比する。さらに、意味拡張の経路と第2章で提示したcitaの用法別の数量的分布との相関性について論じる。5節では意味拡張の経路から得られる意味地図に基づいて用法間の相互関係を考察する。そして、6節において議論を総括してまとめる。

1.2　本動詞 cita

citaの意味拡張を考えるにあたって、まずは本動詞citaの意味について概観したい。

本動詞のcitaはそれ自体が多義語である。辞書や先行研究においてcitaの代表的な意味として挙げられているのは、（1）に示す「落ちる」という、下方向への空間移動である。

（1）a.　꽃이 지다　　　　　b.　해가 지다

　　　kkoch-i　　cita　　　　　hay-ka　　　　cita

　　　花 -NOM　cita　　　　　太陽 -NOM　　cita

　　　花が散る　　　　　　　日が沈む

（1a）の本動詞citaは日本語では「散る」と表現されるが、主語の「꽃 kkoch（花）」が枝や茎などから離れ、下方向に移動するものである。もう一方の（1b）のcitaについても、太陽が高い位置から西側の低い位置に移動することを表している。つまり、これらは上から下への空間移動を表している。ここでは、これらの下方向への空間移動を表すものを「本動詞Ⅰ」と呼ぶことにする。

次に本動詞citaの意味として挙げられるのは、（2）に示すような「（ある状態が）生じる」「（ある状態に）なる」というものである。

（2）a.　그늘이 지다　　b.　얼룩이 지다　　　c.　모가 지다

　　　kunul-i　　cita　　　ellwuk-i　　cita　　　mo-ka　　　cita

　　　陰 -NOM　cita　　　しみ -NOM　cita　　　角 -NOM　　cita

　　　陰ができる　　　　しみが付く　　　　　角が立つ

（2a）「그늘이 지다 kunul-i cita（陰ができる）」は、日本語にも「陰を落とす」という表現があるように、光が上から下に移動する結果生じるものであることから、陰が落ちた結果として生じる日光の当たらない状態を表すものとも解釈できる。しかし、（2b）「얼룩이 지다 ellwuk-i cita（しみが付く）」と（2c）「모가 지다 mo-ka cita（角が立つ）」では、下方向への空間移動の意味は読み取れない。（2）の3つの例に共通するのは「主語が表すものの属性を帯びる、その状態が生じる」という意味である。ここでは、これらの状態変化を表すものを「本動詞Ⅱ」と呼ぶことにする＊1。

1.3 〈動詞 + cita〉型複合動詞

cita には本動詞と助動詞の他に、動詞の連用形に cita が付き、その形が語彙化した〈動詞 + cita〉型の複合動詞がある＊2。

〈動詞 + cita〉型複合動詞には、「上→下」という空間移動の意味を持つものと、空間移動ではなく時間の経過に伴う状態・属性の変化を表すものが見られる。

（3）a.　떨어지다　　　b.　넘어지다　　　　c.　쏟아지다

　　　　ttele-cita　　　　　　neme-cita　　　　　　ssota-cita

　　　　落ちる　　　　　　　倒れる　　　　　　　　こぼれ落ちる

（3a）は「떨다 ttelta（払う、はたく）」、（3b）は「넘다 nemta（越える）」、（3c）は「쏟다 ssotta（注ぐ、こぼす）」という動詞の連用形に cita が付いた複合動詞であり、それぞれ自動詞として辞書の見出し語となっている。これらの複合動詞はいずれも下方向への空間移動を表している。これらの空間移動を表すものを以下では「複合動詞Ⅰ」と呼ぶことにする。

一方、（4）も動詞の連用形に cita が付いた複合動詞であるが、空間移動よりもむしろ動作や状態の変化を表している。

（4）a.　늘어지다　　　b.　깨지다　　　　c.　뚫어지다

　　　　nule-cita　　　　　　kkay-cita　　　　　　ttwulhe-cita

　　　　伸びる　　　　　　　壊れる　　　　　　　　穴があく

（4a）は「늘다 nulta（伸びる）」、（4b）は「깨다 kkayta（壊す）」、（4c）は「뚫다 ttwulhta（穴をあける）」という動詞の連用形に cita

が付いた複合動詞であり、（3）の場合と同様に自動詞として辞書の見出し語となっている。このような状態変化を表すものを以下では「複合動詞Ⅱ」と呼ぶことにする。

このように、〈動詞＋cita〉型複合動詞は、空間移動を表すものと、空間移動以外の意味を表すものに大別できる。これらは基本的に一語として認識されており、〈用言＋助動詞cita〉よりも結合の度合いが強い、語彙化の進んだ形である*3。

1.4　意味拡張に関する先行研究の見解

韓国の国語学では、本動詞citaのどの意味から助動詞citaが派生したのかという議論がおこなわれている。

まず、裵禧任（1988: 112–113）では、citaは「上→下」という方向移動による状態変化を表すものであるとされ、この意味が極度に抽象化することで、「ある状態下に置く」「ある状態に入る」という意味を表すようになったと論じられている。

Lee（1993: 110）は、Force Dynamicsの枠組みでcitaを捉え、2つの拮抗する力のうち、どちらかが弱まることによって「落ちる」という動作が起こるとする。ここからのメタファー的拡張によって、「2つの拮抗する力のうち、どちらかが弱まることによって起こる状態変化」を表すのにcitaが用いられるようになったとしている。

우인혜（1997: 179–185）は、citaの本来の意味は「落ちる」であるとし、そこから「生じる」という意味が派生したとする。さらに、「生じる」という意味が、우인혜（1997）が主張する助動詞citaの基本的意味、「起動」の土台になったと述べている。

一方、任洪彬（1978/1998: 358–359）は、「落ちる」を表すcitaと「生じる」という意味を表すcitaは同音異義語であるとしている。そして、これまで助動詞として扱われてきたcitaはすべて「生じる」を表す一般動詞として扱うべきだという、独自の見解を述べている。

これらの議論は話者の直感に基づく部分が大きく、次に挙げる事項が説明されていないという点で、意味拡張の説明としては不十分なものである。

・本動詞からどのような段階を経て助動詞になったのか

・助動詞化したのはどのタイミングなのか

・〈用言の連用形＋ cita〉という形はどのようにして獲得されたのか

・助動詞の意味はどのようにして現在のような多義になったのか

　これらは cita の意味拡張を論じる上では不可欠な論点であるが、先行研究では十分な説明がなされていない。したがって、cita の意味拡張に関しても、詳細な分析に基づいた段階的な説明が必要である。

2.　cita の通時的変化

　韓国語は 15 世紀半ばにハングルが制定され、音韻表記されるようになったが、それ以前は漢字表記が主であり、音形などを詳しく知ることができない。よって、ここでは 15 世紀半ば以降の文献に見られる cita（古形は디다 tita＊4）について、先行研究の記述を参照しながら整理することにしたい。

2.1　通時的変化に関する先行研究

　まず、裵禧任（1988）は 15 世紀の cita（tita）の用例について、先行用言として形容詞を取る例が見られないことを指摘している。比較的後代になってから、形容詞「우글다 wukulta（へこんでいる）」に cita が付いた「우그러지다 wukule-cita（ちぢれる、へこむ）」のような例が現れるとする。また、15 世紀の段階では現代語と比較して cita（tita）が用いられる頻度が低いとしている。

　さらに、裵禧任（1988）は、時代が下るにつれ cita が多用されるようになった背景には、接辞 -i- の語彙的な制約があると述べている。15 世紀では接辞 -i- を用いて表していた多くの例が現代語に至る過程で用いられなくなり、接辞 -i- から cita に置き換わったため、相対的に cita の機能負担が増大したと主張する。これに該当する動詞には次のようなものがある。

（5）a.　　보내이다 ponay-i-ta　　→　　보내어지다 ponaye-cita

「送られる」

b.　마초이다 macho-i-ta　→　맞추어지다 macchwue-cita

「合わさる」

c.　그리이다 kuli-i-ta　→　그려지다 kulye-cita

「描かれる」

우인혜（1997）は、本動詞 cita に関して 15 世紀の段階ですでに「落ちる」と「生じる」両方の意味が見られることを述べている。そして、通時的資料に見られる cita の意味は「成立」「開始」「出現、可能、習慣」など多様な意味を表すとしている。

尹鎬淑（1994, 1996, 1998）は受身文の通時的な分析において、17 世紀の段階では cita が受身表現として用いられる例は数量的に限られており、受身文 97 例のうち 1 例しかないことを指摘している＊5。19 世紀末から 1940 年代までの新聞記事に関する調査においても、受身文における cita の使用頻度は 1〜3 ％で推移し、頻度に大きな変化が見られない。しかし、現代語（1990 年代）の新聞記事に対する調査では、cita が受身文全体の 17 ％を占めるに至っている。このことから、現代語において cita の使用頻度が急増したことを指摘している。

2.2　15 世紀の cita（tita）

上記の先行研究の記述はいずれも cita の一側面を捉えたものであり、これだけでは cita の通時的変化の全体像をつかむことはできない。そこで本書では、『李朝語辞典』（劉昌惇 1964）を用いて、簡略化した形ではあるが調査をおこなった＊6。これによって、先行研究の記述を補完し、15 世紀の段階で cita（tita）がどのような意味を表していたのかを把握することにしたい。

まず、本動詞に関しては 15 世紀の段階で本動詞 I「落ちる」の用例が見られる。

(6)　a.　南녁 벼리 故園으로 <u>뎌</u> 가놋다（南星落故園）　　（杜初 21: 23）

namnyek pyeli kwowen-ulwo tye kanwosta＊7

南側の星が故園に<u>落ちて</u>行くんだなあ

b.　여슷 놀이 <u>디며</u> 다숫 가마괴 <u>디고</u>　　　　　　　（龍歌 9: 37B）

150　I　韓国語助動詞 cita の多義性

yesus nwol-i ti-mye tasos kamakoi ti-kwo

（太祖の矢に）6頭のノロジカが<u>落ち</u>、5羽のカラスが
<u>落ちて</u>

　（6a，b）の例ではcitaの古形titaで現れており、いずれの例に
おいても下方向への移動を表している。

　本動詞Ⅱの「生じる」も15世紀の段階で用例も存在する。

（7）　ᄀᆞᄂᆞᆯ지니 이 수프리오（陰者是林）　　　　　　（楞厳2：48）

　　　konol-ci-ni i swuphu-liwo

　　　陰に<u>なった</u>のが林であり

　（7）は「陰になる」という意味を表し、「（ある状態が）生じる」
という意味で用いられている例である。しかし、これはcitaの古形
のtitaではなく、"cita"という形の別の語彙である。韓国語では
17世紀から18世紀の間に「/ti/ → /ci/」という口蓋音化が起きたと
されている（李基文1972：65）。この音韻変化によって本動詞Ⅰが
「tita → cita」と変化したことで、本動詞Ⅱと形が合流することに
なった。したがって、通時的には本動詞Ⅰと本動詞Ⅱは全くの別物
として考える必要がある。

　次に〈動詞＋cita〉型の複合動詞は15世紀の段階で多数見られ
る。

（8）　a.　ᄠᅥ러뎌 草木 서리예 브텻노라（零落依草木）　　（杜初8：65）

　　　　　ptele-tye chwomwok seli-yey puthesnwola

　　　　　<u>落ちて</u>（没落して）草木の中に付いているのである

　　　b.　옷과 치마왜 ᄣᅡ디거든　　　　　　　　　　　（内1：50）

　　　　　wos-kwa chima-way stati-ketun

　　　　　服とチマが<u>破れたら</u>

　（8a）は他動詞「ᄠᅥᆯ다ptelta（払う）」、（8b）は他動詞「ᄡᅡ다stota
（破く）」にcita（tita）が付いた形である。（8a）の「ᄠᅥ러디다
ptele-tita（落ちる）」は下方向への空間移動を表す複合動詞Ⅰ、
（8b）の「ᄣᅡ디다sta-tita（破ける）」は主語に起きる「変化」を表
す複合動詞Ⅱに該当する。

　また、助動詞であると考えられるcita（tita）も15世紀の段階で
すでに見られる。

(9) a. 다 서거디디 아니 ᄒᆞ야도 　　　　　　　（牧 18）

ta seketiti ani hoyatwo

すっかり朽ちていなくても

b. 뫼히여 돌히여 다 노가디여　　　　　　　（月釈 1: 48）

moyhiye twolhiye ta nwoka-tiye

山も岩もみんなとけて

　（9a）は自動詞「석다 sekta（腐る）」*8、（9b）は同じく自動詞の「녹다 nwokta（溶ける）」に cita（tita）が付いた例である。これらの例は、複合動詞なのか〈動詞＋助動詞〉の構造なのかの判断が難しいものだが、どちらの例においても、先行用言は自動詞であり、「다 ta（すっかり、みんな）」という副詞が共起していることから、cita（tita）によって事態の実現や完了が示されている。つまり、（9a, b）の cita（tita）は、本書の分類では事態実現用法に該当すると考えられる。

　しかし、助動詞のその他の用法に関しては、『李朝語辞典』に掲載されている 15 世紀の用例の中には見られなかった。

　この調査はあくまで辞書の記述に基づいた簡略的なものであるため、これだけでは 15 世紀の cite（tita）の使用状況を把握したとは言えない。しかし、先行研究の記述と考え合わせると、15 世紀の段階では、少なくとも本動詞 I「落ちる」と〈動詞＋cita/tita〉型複合動詞 I・II、助動詞の事態実現用法が存在していたと考えられる。

　すると、助動詞のその他の用法、状態変化・受身・非意図・可能は、16 世紀以降、現代語に至る過程において、文法化が進む中で派生したものだという推測が成り立つ。

3. 意味拡張の分析

　通時的な分析については、より詳細な調査が必要な段階にあり、これだけで cita の文法化の経路を明らかにすることはできない。そこで、上で述べた通時的な状況を参考にしつつ、本書では共時的な意味の分析を通じて、cita の意味拡張について考察したい。

citaの意味拡張を考えるに当たっては、本動詞と助動詞のみならず、複合動詞も考察の対象に取り込むことで、本動詞のcitaから助動詞の5つの用法へと至るプロセスを考えることにする。

3.1 citaのスキーマ的意味

citaの意味拡張を考察するのに先立ち、まずは、本動詞・複合動詞・助動詞全体に共通するcitaの意味は何かを考えてみたい。ここで言うスキーマ的意味とは、ある語の様々な意味に共通する抽象度の高い意味である。本書では、citaのスキーマ的意味は次のようなものであると仮定する。

(10) [人・モノが　背景的な力によって　変化して　到達点に至る]
　　　①　　　　②　　　　　　　　　③　　　　④

このスキーマは下に番号を示したとおり、4つの要素から構成されている。

まず、①の「人・モノ」とは、名詞で表されるような、人物や具象物・抽象物のみならず、動詞句や節で表されるような「出来事」までを含むものである*9。これがまずcitaを含む文の主要な参与者となる。構文レベルではこの「人・モノ」が主格標示され、文の主語となる。

citaのスキーマで特徴的なのは、主要な参与者である「人・モノ」は事態に対する「責任」を持たないことである。つまり、動作や状況をコントロールする力を持たない。この特徴は次に述べる「背景的な力」とも密接に関わっている。

②の「背景的な力」は、動作や変化を引き起こす力の発生源となるものであるが、必ずしも明確なものではなく、重力であったり、時間の推移であったり、風や気温といった自然の力であったりする。これらの「力」は、例えば「重力でものが下に落ちる」ことや「時間はとどまることなく過ぎていく」ことなど、現実世界を支える一般的な原理であり、人間の行動や知覚などの基盤となるものである。また、「背景的な力」は人為的にはコントロールできないものであり、重力や時間などは一定の方向にのみ動き（一方向的）、ふつう後戻りさせることができない（不可逆的）。

第4章　citaの意味拡張　**153**

「背景的な力」は存在が認識されない場合もあると考えられる。特に、重力というのは自然科学的な知識に基づく捉え方であり、言語のバックグラウンドとなる日常的な意識の中で、具体的に実体のあるものとして捉えられることは極めて少ない。そのため、動作や変化の発生源となる力であっても、事態の参与者として捉えられることは少ない。むしろ、主要な参与者の動作や変化を条件付け、制限する「状況設定」や「主要な参与者をとりまく環境」として捉えられるものである。

　上でも述べたように、「背景的な力」は人為的にコントロールできるものではなく、一方向的・不可逆的である。そのため、主要な参与者は「背景的な力」という状況設定に従うほかなく、意志や事態に対するコントロールを持つことができないのである。主要な参与者は常に「背景的な力」の影響下にある。これは上述の主要な参与者が事態に対する「責任」を持たないということと表裏一体となっている。

　③の「変化」と④の「到達点」は事態の流れの中の異なる部分を表している。事態を図表１のように図示すると、Aの開始局面を含むBの展開部分に該当するのが③の「変化」である。一方、④の「到達点」は、Cの終結局面と、場合によってはそれに続く結果状態（D）の部分に該当する。

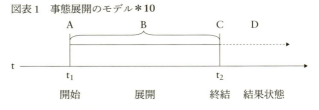

図表１　事態展開のモデル＊10

　③の「変化」はその内容が状況に応じて異なる。空間的な移動による位置の変化である場合もあれば、時間の推移による状態の変化や、事態の展開である場合もある。

　④の「到達点」もその内容は状況に応じて異なる。空間的な移動であれば初期状態とは異なる場所に位置することがこれに該当する。状態の変化であれば新しい状態が出現すること、事態の展開であれ

ば、それまで展開してきた事態が終結局面に至り、実現することが
これに該当する。

　時間軸では③が先立ち④が後に続くことから、ここではスキーマ
的意味の「変化する」と「到達点に至る」をそれぞれ「局面1」
「局面2」と表すことにしたい。

　cita のスキーマ的意味の4つの要素を、本書では次のような枠組
みに整理する。

（11）主要な参与者：人・モノ

　　　力の発生源　　：背景的な力

　　　局面1　　　　：変化する

　　　局面2　　　　：到達点に至る

　以下では、cita のスキーマ的意味を構成しているこれら4つの要
素に注目しながら、本動詞・複合動詞・助動詞の cita が表す意味に
ついて詳しく検討していくことにしたい。

3.2　本動詞 cita

3.2.1　本動詞Ⅰ「落ちる」

　本動詞Ⅰ「落ちる」は、下方向への空間移動を表している。「落
ちる」は物理的条件に基づいた具体的で目に見える動作・変化であ
り、cita のもっとも基本的な意味である「プロトタイプ的な意味」
であると考えられる。本動詞から複合動詞・助動詞に至る cita 全体
の意味は、いずれも本動詞Ⅰの意味の属性の一部を共有した形で、
意味の連鎖が起きており、全体が家族的類似性を共有していると考
えられる。

　まず、次の2つの例を考えてみたい。

（12）a.　꽃이 지다　　　　　b.　해가 지다

　　　　kkoch-i　　cita　　　　　hay-ka　　　　cita

　　　　花-NOM　cita　　　　　太陽-NOM　　cita

　　　　花が散る　　　　　　　　日が沈む

　これを分析的に述べると（12a）は「花が重力や風などの自然の
力によって、下方向に空間移動して、初期段階とは異なる場所に位
置するようになる」と捉えることができる。（12b）は「太陽が自

然の力や時間の経過によって、下方向に移動して、見えなくなるまで位置が変化する」と解釈できる。

　このように本動詞Ⅰは空間移動を表しているのだが、より詳しくは「モノが、重力などの自然の力によって、下方向に空間移動し、初期段階とは異なる場所に位置するようになる」と抽象化することができる。

　本動詞Ⅰについて、(11) に示した意味の枠組みに整理すると、(13) のようになる。

(13) 主要な参与者：モノ

　　　力の発生源　：重力・自然の力

　　　局面1　　　：空間移動する

　　　局面2　　　：初期段階とは異なる場所に位置する

3.2.2　本動詞Ⅱ「生じる」

　本動詞Ⅱは2.2節で述べたように、15世紀では本動詞Ⅰ「落ちる」とは語形の異なる別語彙である。そのため、通時的観点から見ると、ここで本動詞Ⅰと同列に扱うべきではないのかもしれない。しかし、共時的には本動詞Ⅰと語形が同じであり、複合動詞や助動詞とも意味的な類縁性がある。1.4節で紹介した先行研究の任洪彬 (1978/1998) や우인혜 (1997) は本動詞Ⅱから助動詞 cita が派生したとしている。その論理的な妥当性はさておき、母語話者の感覚としても、共時的に見て本動詞Ⅱと助動詞 cita は意味のネットワークを形成していると捉えることができる。よって、ここでは共時態における意味拡張・意味ネットワークを把握するため、本動詞Ⅱも分析対象に含めることにしたい。

　本動詞Ⅱは「(ある状態が) 生じる」「(ある状態に) なる」という意味を表すが、その「状態」とは何かというと、主語の名詞句の性質や様相である。つまり、主語の名詞句の表す性質を帯びる、その性質を帯びた状態が生じるという意味を表す。まずは次の例を見てみたい。

(14) 그늘이 지다

　　　kunul-i　　cita

陰 -NOM　cita

陰ができる

　これは「'陰'という名詞が表す光が当たらない状態が、太陽の
方向や時間の経過などによって移動し、地面などに光が当たらない
所が生じる」と分析的に捉えることができる。ただし、「陰」の場
合、光が（特に太陽の場合）上→下という移動をする場合が多いた
めに、下方向への空間移動の意味も読み取れる。そのため、（14）
の例では本動詞Ⅰ「落ちる」との関連性がある程度見られる。

（15）얼룩이 지다

ellwuk-i　　　cita

しみ -NOM　cita

しみが付く

　一方、（15）の例では「しみ・汚れが（ここでは明らかでない）
不特定の力によって移動し、結果として布などに付着し、'汚れた'
新たな状態が生じる」と分析的に捉えることができる。

　この例では「上→下」という方向性は見られないが、「汚れの移
動」として解釈することもできる。しかし、より一般的には「汚れ
の移動」という捉え方よりも「汚れた状態に変化した」と生じた結
果を中心に事態を捉えている。

（16）모가 지다

mo-ka　　　cita

角 -NOM　cita

角ができる

　（16）では主語の「角」が移動するという意味は読み取れない。
空間的な移動ではなく、むしろ時間の推移によって状態が変化し、
主語「角」の「表面の凹凸の差が大きい」という性質を帯びること
を表している。つまり、cita は「変化がある到達点まで至り、新た
な状態が生じる」という事態を表していると考えられる。

　（16）で cita が「時間の推移による変化」を表していることは、
類似した意味を表す「모가 나다 mo-ka nata（角ばる）」と対比する
とより明確になる。

（17）a.　모가 난 도장

第 4 章　cita の意味拡張　157

```
        mo-ka      na-n       tocang
        角 -NOM     出る -RT     印鑑
        角ばった印鑑
  b.    모가 진 도장
        mo-ka      ci-n       tocang
        角 -NOM     cita-RT     印鑑
        角ができた印鑑
```

　（17a）の「모가 나다 mo-ka nata」を用いた例は「角のある形の印鑑」という意味で「角印」を指す。一方、（17b）の「모가 지다 mo-ka cita」を用いた例は、もとは丸い形だったのが欠けたり削れたりして、「角ができた」ことを表す。つまり、「모가 나다 mo-ka nata」の方は単に現在の状態を描写するものであるのに対して、「모가 지다 mo-ka cita」は変化の過程とその変化の結果という事態の展開を含意しているのである。

　以上の分析から、本動詞Ⅱの意味は、（11）に示した意味の枠組みに当てはめて、次のように整理することができる。

（18）主要な参与者：モノ

　　　力の発生源　　：時間の経過・不特定の力

　　　局面1　　　　：ある状態へと変化する

　　　局面2　　　　：新たな状態が出現する

3.2.3　本動詞から助動詞への派生

　1.4節で述べたように、先行研究では本動詞から助動詞 cita が派生したと考え、その意味変化を様々な形で説明しようとしている。しかし、本動詞が単独で用いられるのに対し、助動詞は〈用言の連用形＋cita〉という形で用いられている。もし、先行研究が主張するように、本動詞から助動詞 cita が派生したとするならば、この構文的な違いはどのように説明されるのだろうか。管見では、どのようにして〈用言の連用形＋cita〉という形なったのかについて記述している先行研究はない。このような構文的な違いに目を向けず、本動詞から助動詞へと一足飛びに文法化・意味拡張したとする主張は、形態的な変化を説明する重要な過程が欠落しており、論理的に

飛躍しているのではないかと考えられる。よって、助動詞 cita へと意味拡張する過程で、〈用言の連用形 + cita〉という形がどのように獲得されたのかを説明する必要がある。

そこで本書は、〈動詞 + cita〉型の複合動詞が本動詞と助動詞の橋渡しをするという意味拡張のルートを提案し、この妥当性を主張したい。〈動詞 + cita〉型複合動詞が介在すると考えることで、本動詞から助動詞までの連続性を示すことができるだけでなく、構文的な問題も説明することができる。

3.3　〈動詞 + cita〉型複合動詞

1.3 節で概略を述べたとおり、〈動詞 + cita〉型の複合動詞には、「떨어지다 ttele-cita（落ちる）」などの空間移動を表すタイプのものと、「늘어지다 nule-cita（伸びる）」などの状態変化を表すタイプのものがある。このうち、空間移動を表すものを複合動詞Ⅰとする。一方、時間の推移に伴う変化を表すものは、どの局面を重点的に表しているのかに応じて、複合動詞Ⅱと複合動詞Ⅲに分けて考察する。

3.3.1　複合動詞Ⅰ

1.3 節でも述べたが、〈動詞 + cita〉型の複合動詞は、動詞の連用形に cita が付いた形が語彙化したものである。一般に、動詞の連用形には、次に続く動詞の表す行為がどのような特徴を持って行われるかという「様態」を表す機能がある。例えば「걸어가다 kele-kata（歩いていく）」や「달려가다 tallye-kata（走っていく）」という複合動詞について考えてみたい。この 2 つの複合動詞では、前項動詞の「걸어 kele（歩いて）」や「달려 tallye（走って）」が、後項動詞「가다 kata（行く）」の空間を移動する行為について、どのような動作を通じて、どのような形で行われるかを描写している。

〈動詞 + cita〉型の複合動詞でも、前項動詞は cita の「落ちる」動作の様態を表していると考えることができる。つまり、複合動詞Ⅰは「様態 + 移動」を表すものと考えられる。

(19) 비가　쏟아진다.

　　　pi-ka　　　ssota-ci-n-ta

雨 -NOM　こぼす -cita-PRES-DECL

雨が降り注ぐ。

citaに前接している「쏟아 ssota」は他動詞「쏟다 ssotta（こぼす、注ぐ）」の連用形で、これにより「落ちる」という空間移動が「水を注ぐように勢いよく」起きることを表している。(19)の文を分析的に述べると「雨が重力や自然の力によって、注ぐように勢いよく下方向に空間移動して、初期状態とは異なる場所に位置する（地面をぬらす）」というものである。

次の複合動詞も「様態＋移動」を表すものとして考えられる。

(20)나뭇잎이 떨어진다.

namwusiph-i　　ttele-ci-n-ta

木の葉 -NOM　　離脱 -cita-PRES-DECL

木の葉が落ちる。

(20)においてcitaに前接する「떨어 ttele」は、他動詞「떨다 ttelta（ふるい落とす、払う）」の連用形である。이기종（2001）は「떨어지다 ttele-cita」を分析し、「떨다 ttelta」は「離脱」の意味を表すとしている。「離脱」という意味が抽象的であるためか、前項動詞そのものが表す意味は意識されず、「떨어지다 ttele-cita」はcitaの本動詞Ⅰ「落ちる」と同義語として扱われることも多い。なお、(20)の例は「葉が重力や自然の力によって、木から離れて下方向に空間移動し、初期状態とは異なる場所に位置するようになる」というように分析的に捉えることができる。

(19)(20)の例から考えると、空間移動を表す複合動詞Ⅰは「動詞（様態）＋ cita（移動）」というように、前項動詞がcitaの「落ちる」という移動の様態を表していると考えることができる。

複合動詞Ⅰは (11) に示した意味の枠組みで整理すると、次のようになる。

(21)主要な参与者：モノ

　　　力の発生源　　：重力・自然の力

　　　局面1　　　　：ある様態で空間移動する

　　　局面2　　　　：初期段階とは異なる場所に位置する

なお、「쏟아지다 ssota-cita（こぼれ落ちる）」「떨어지다 ttele-cita

「落ちる）」の他に、複合動詞Ⅰに該当するのは次のようなものである*11。

（22）넘어지다 neme-cita（倒れる）、엎어지다 ephe-cita（ひっくり
返る）

3.3.2　複合動詞Ⅱ

複合動詞Ⅱは時間の推移に伴う変化を表すものである。まず、
（23）の例は「늘어지다 nule-cita（垂れ下がる）」を述語としている
が、空間移動と状態の変化という2つの意味が読み取れる。

（23）버들가지가 늘어진다.

petul-kaci-ka　　nule-ci-n-ta

柳 - 枝 -NOM　　伸びる -cita-PRES-DECL

柳の枝が垂れ下がる。

（23）でcitaに前接する「늘어 nule」は自動詞「늘다 nulta（増え
る、伸びる）」の連用形である。（23）では「柳の枝が垂れ下がる」
という、下向きの方向性が維持されている。これは時間的経過にし
たがって枝が伸びていき、枝の先端部分が、以前の状態よりも地面
に近づいている、つまり、下がっていると理解できる。また、話者
の視点が枝の付け根から枝の先へと下方向へ移動していく線的走査
としても捉えることができる。いずれにせよ、物理的・知覚的な
「空間的移動」としての解釈が可能である。しかし、それと同時に
「柳の枝が伸びる」という、時間の推移に伴う状態変化を表す文と
しても理解できる。

前者の「柳の枝が垂れ下がる」という意味で解釈するとき、前項
動詞は様態を表し、citaは移動を表すという「様態＋移動」の複合
動詞として理解できる。一方、「柳の枝が伸びる」という後者の意
味で解釈するとき、この複合動詞では前項動詞が「様態」を表し、
citaが「変化」を表している。このような「様態＋変化」タイプの
複合動詞を本書では「複合動詞Ⅱ」と呼ぶことにしたい。

（23）の「늘어지다 nule-cita」は、「様態＋移動」を表す複合動詞
Ⅰと「様態＋変化」を表す複合動詞Ⅱの両方の解釈が可能な例であ
る。同じ、「늘어지다 nule-cita」であっても、（24）では複合動詞Ⅱ

第4章　citaの意味拡張　161

の「様態＋変化」の側面が前面に出ている。

(24) 고무줄이 늘어진다.

komwu-cwul-i　　nule-ci-n-ta

ゴム - ひも -NOM　伸びる -cita-PRES-DECL

ゴムひもが伸びる。

(24) の「ゴムひもが伸びる」では、下向きの方向性や空間移動の意味を失い、cita は時間の経過に伴う変化や、何らかの動作を受けての状態の変化を表している。「늘다 nulta（増える、伸びる）」はその変化の様態を表していると考えられる。分析的に述べると、「ゴムひもが時間の経過や不特定の外部の力によって、形状の長さを増しながら変化してゆき、長くゆるくなった新しい状態が出現する」というものである。

複合動詞 II に見られる意味を（11）に示した意味の枠組みによって整理すると、次のようになる。

(25) 主要な参与者：モノ

　　　力の発生源　：時間の経過・不特定の力

　　　局面 1　　　：特定の様態で変化する

　　　局面 2　　　：新しい状態が出現する

なお、（23）（24）の「늘어지다 nule-cita」の他に、複合動詞 II に該当するものを次に挙げる。

(26) 벌어지다 pele-cita（広がる）、비틀어지다 pithule-cita（ねじれる）、줄어지다 cwule-cita（減る）、퍼지다 phe-cita（広がる）、펴지다 phye-cita（開く）、풀어지다 phwule-cita（ほどける）、흩어지다 huthe-cita（散らばる）

複合動詞 I では〈動詞＋ cita〉で「様態＋移動」を表していたが、複合動詞 II では「様態＋変化」を表すようになる。これは具象物の空間移動を表す動詞が、より抽象的な「変化」を表すようになるというメタファー的写像が起きている。詳しくは次章 2.2 節で述べるが、空間概念から時間概念へと文法化する中で物理的移動の意味を失い、抽象的な位置関係や動きに関する概念だけが残されて、時間の概念を表すようになるというものである。したがって、〈動詞＋ cita〉型の複合動詞は、（19）（20）のような複合動詞 I の「様態＋

移動」から、（23）（24）のような複合動詞Ⅱの「様態＋変化」へと意味拡張していると考えることができる。

3.3.3　複合動詞Ⅲ

前述の複合動詞Ⅱの例、（24）「고무줄이 늘어지다（ゴムひもが伸びる）」は「ゴムひもが伸びて変化する」ことを表すと述べた。この文は、実はさらに別の解釈が可能である。それは、「ゴムひもが伸びるという事態が実現する」というものである。これは、複合動詞Ⅱの「ゴムひもが伸びて変化する」という事態のうち、「ゴムひもが伸びた状態になった」という事態の結果部分に注目するものである。つまり、「늘다 nulta」を単に変化の様態ではなく、これを「伸びる」という事態として捉え直し、この事態が実現することを cita で表すとする再分析（reanalysis）が起きている。すると、「事態がある到達点に至り、新たな状態が出現する」という解釈が生まれる。これにより、「ゴムひもが伸びて変化する」から「ゴムひもが伸びる事態が実現する」へと、読み替えが起きるのである。

言い換えると、「늘어지다 nule-cita」は「ゴムひもが伸びて変化する」という「動詞（様態）＋ cita（変化）」から「늘다 nulta（伸びる）」という事態が開始・進行し、実現に至る「動詞（事態）＋ cita（実現）」に再分析される。これは、局面1（事態の展開局面）の「変化」ではなく、局面2（事態の終結局面）とその結果状態に注目した複合動詞であると考えることができる。このような「事態＋実現」を表す複合動詞をここでは「複合動詞Ⅲ」と呼ぶことにしたい。

この複合動詞Ⅲに該当するのが、次の例である。

（27）유리가 깨진다.

> yuli-ka　　　　kkay-ci-n-ta
>
> ガラス -NOM　割る -cita-PRES-DECL
>
> ガラスが割れる。

（27）は他動詞「깨다 kkayta（割る）」の連用形に cita が付いた複合動詞である。これは「ガラスが割れながら変化する」と解釈するよりも「ガラスが割れる事態が実現する」と解釈するのがより妥

当であると思われる。それは次のアスペクト形式の共起テストに表れている。

(28)「ガラスが割れている。」

 a. #유리가 깨지고 있다.

  yuli-ka   kkay-ci-ko.iss-ta

  ガラス -NOM 割る -cita- ている -DECL

 b. 유리가 깨져 있다.

  yuli-ka   kkay-cye.iss-ta

  ガラス -NOM 割れる - ている -DECL

「깨지다 kkay-cita（割れる）」の場合は、（28a）のように、動作の継続・進行を表す -ko issta を共起させると、スローモーションの画像を見る場合や、複数のガラスが次々と割れる多回性を表す場合などに使用が制限される。一方、（28b）のように結果状態を表す -e issta は問題なく共起できる。

　ここから分かるのは、「깨지다 kkay-cita（割れる）」が局面 1 の変化の過程や事態の展開よりも、局面 2 の事態が実現する終結局面を重点的に表しているということである。

　同じ共起テストを（24）の「늘어지다 nule-cita」に適用すると、違いがより明確になる。

(29)　「ゴムひもが伸びている。」

 a.　고무줄이 늘어지고 있다.

  komwucwul-i nule-ci-ko.iss-ta

  ゴムひも -NOM 伸びる -cita- ている -DECL

 b.　고무줄이 늘어져 있다.

  komwucwul-i nule-cye.iss-ta

  ゴムひも -NOM 伸びる -cita- ている -DECL

「늘어지다 nule-cita」は複合動詞 II・III の両方で解釈できるものである。こちらでは、動作の継続・進行を表す -ko issta と、結果状態を表す -e issta の両方が問題なく共起できる。つまり、局面 1 の変化の過程や事態の展開と、局面 2 の事態の実現、いずれにも重点を置くことができる複合動詞である。

　（29）の共起テストとの対比からも、（27）の「깨지다 kkay-cita

（割れる）」のような複合動詞Ⅲは、複合動詞Ⅱとは異なり、変化が
実現する事態の終結局面を重点的に表していると言える。つまり、
複合動詞Ⅲは「事態＋実現」を表しているのである。

　複合動詞Ⅲは、（11）に示した意味の枠組みに当てはめると次の
ようになる。

（30）主要な参与者：モノ

　　　力の発生源　　：不特定の力

　　　局面1　　　　：事態が展開する

　　　局面2　　　　：事態が実現する

なお、複合動詞Ⅲに該当するものとしては、「깨지다 kkay-cita
（割れる）」の他に、次のようなものがある。

（31）갈라지다 kalla-cita（分かれる）、꺼지다 kke-cita（消える）、
　　　꺾어지다 kkekke-cita（折れる）、뚫어지다 ttwulhe-cita（穴
　　　が開く）、맞추어지다 macchwue-cita（合わさる）、이루어지
　　　다 ilwue-cita（かなう）、쪼개지다 ccokay-cita（割れる）、찢
　　　어지다 ccice-cita（裂ける）、터지다 the-cita（破れる）、허물
　　　어지다 hemwule-cita（崩れる）

なお、（31）の複合動詞はすべて自動詞として辞書の見出し語と
なっているものだが、先行研究において助動詞の例として扱われて
いるもの含まれる。つまり、複合動詞Ⅲと〈動詞＋助動詞 cita〉の
構造との境界は明確なものではないと考えられる。

　ここまでの議論をまとめると、〈動詞＋cita〉型の複合動詞は
「複合動詞Ⅰ（様態＋移動）→複合動詞Ⅱ（様態＋変化）→複合動
詞Ⅲ（事態＋実現）」という順序で意味拡張したと考えられる。

　ただ、これらのカテゴリーは明確に分かれているのではなく、連
続的なものである。「늘어지다 nule-cita（垂れ下がる、伸びる）」が
文脈によって、空間移動を表す複合動詞Ⅰ（（23））、「様態＋変化」
を表す複合動詞Ⅱ（（24））の両方で解釈でき、さらに、（24）の例
は「事態＋実現」を表す複合動詞Ⅲとしても解釈できることを述べ
た。このような3つのカテゴリーにまたがる複合動詞が存在するこ
とは、複合動詞Ⅰ・Ⅱ・Ⅲが意味的に連続していることを物語って

第4章　cita の意味拡張　　165

いる。

3.4　助動詞 cita

　先行研究では本動詞から助動詞 cita が派生したと論じられてきた。しかし、それでは〈用言の連用形＋cita〉という構文がどのように獲得されたのかが説明されておらず、助動詞に至るまでのプロセスも明確ではない。これに関して本書では、本動詞から助動詞への意味拡張においては、間に複合動詞が介在していると考える。

　ここでは「事態＋実現」を表す複合動詞Ⅲから助動詞の事態実現用法へと意味拡張し、さらに受身・自発・可能用法へと多義化していったという経路を提案し、その妥当性を検討していきたい。

　まず最初に、複合動詞Ⅲから事態実現用法への意味拡張について考察し、続いて、受身用法・自発用法・可能用法への意味拡張を論じる。そして、最後に状態変化用法への意味拡張について考えることにしたい。

3.4.1　事態実現用法

　ここで、事態実現用法についてもう一度説明することにしたい。事態実現用法は本書が提案する新たな用法カテゴリーである。第2章ではこの用法を「動作主を概念化の枠組みから外し、動作や変化の対象を主要な参与者として、事態の終結局面を重点的に表す用法」として定義した。つまり、事態実現用法は、「動作主を概念化の枠組みから外す」「動作や変化の対象を主要な参与者とする」というヴォイス的な特徴と、「事態の終結局面を重点的に表す」というアスペクト的な特徴の両方を併せ持つ用法である。

　一方、複合動詞Ⅲについては、前項動詞の表す事態が実現することを表すものであると論じた。本書では、複合動詞Ⅲの後項動詞である cita が、事態の実現を表す形式として認識されるようになることで、自立性を高め、語彙的に限定された動詞だけでなく、より広い動詞に付加されるようになり、複合動詞から助動詞 cita が派生したと考える。そこでまず最初に派生したのが事態実現用法である。

　第3章3.3節で述べたように複合動詞Ⅲは、〈動詞＋cita〉の結

合が強く、一語として認識されている。その一方で、(31)に列挙したような多くの複合動詞Ⅲが存在することから、構文的な再分析が起きたと考える。つまり、citaの直前までの句を事態の内容を表すものとして、ひとまとまりとして捉え、その外側にcitaが付き、事態の実現を表すという捉え方の変化である。

(32a)の例は、(32b)に示すように、citaの直前までの「열매가 영글다（果実が実る）」という句全体にcitaが付いて、その句で表される事態の実現をcitaが表すと分析されるようになる。

(32) a.　열매가 영글어진다.

　　　　yelmay-ka　　yengkule-ci-n-ta

　　　　果実 -NOM　　実る -cita-PRES-DECL

　　　　果実が実る。

　　b.　［열매가 영글다］＋지다

　　　　［yelmay-ka　　yengkulta］　＋ cita

　　　　［果実 -NOM　　実る］　　　　＋ cita

このような再分析によって、citaは「事態の実現」を表す形式として認識されるようになる。さらに、それによって自立性を高め、複合動詞の構成要素としては許されなかった多様な用言を先行用言として取ることができるようになった。こうして、助動詞のcitaが派生したと考えられる。

再び（32a）に戻ると、これは「"果実が実る"という事態が、時間の推移などによって、展開し（果実が大きくなり）、実現する（熟して実る）」というように分析的に捉えることができる。

（32a）の文は先行用言が自動詞の例だが、先行用言が他動詞の（33a）は、さらに複雑な様相を見せる。

(33) a.　생선이 구워졌다.

　　　　sayngsen-i　　kwuwe-cye-ss-ta

　　　　魚 -NOM　　焼く -cita-PAST-DECL

　　　　魚が焼けた。

　　b.　［생선을 굽다］＋지다

　　　　［sayngsen-ul　kwupta］　＋ cita

　　　　［魚 -ACC　　焼く］　　　＋ cita

第 4 章　cita の意味拡張　167

（33a）の先行用言「굽다kwupta（焼く）」は他動詞である。他動詞文では動作の対象「생선 sayngsen（魚）」は対格「을 ul（を）」で標示される。しかし、cita文では、動作の対象が主格「이 i（が）」で標示され、格変化が起きている。また、第2章、第3章で述べたように、この用法では他動詞の動作主名詞句が共起できない。これはどのように説明されるのだろうか。

ここで再び注目したいのが、citaのスキーマ的意味である。citaのスキーマ的意味では、必ずしも明確なものではない「背景的な力」が、動作や変化を引き起こす力の発生源となっている。「생선이 구워졌다（魚が焼けた）」の場合も、このスキーマ的意味に従い、「魚を焼く」行為の動作主やその要因は明示されない。（33a）の文においては、魚を焼く動作主が存在していても、それを不特定の力として捉え、概念化しない。本来、主格で標示される動作主が不在のため、動作の対象が主格標示される。そのため、（33a）の場合も動作の対象である「생선（魚）」が主要な参与者となり、主格標示されている。

（33a）の文は分析的に述べると「不特定の力によって魚が焼けるという事態が展開し、その事態が実現する」となる。

事態実現用法を（11）で示した意味の枠組みで整理すると、次のようになる。

（34）主要な参与者：モノ

力の発生源　：不特定の力

局面1　　　：事態が展開する

局面2　　　：事態が実現する

3.4.2　受身用法

3.4.2.1　動作主非明示型の受身

前節で述べたように、〈他動詞＋cita〉の事態実現用法の文では、動作主や力の発生源が何かは背景化されて不特定のものとして扱われ、明示されない。このような事態実現用法の表す状況において、参与者に対する解釈が加わることで、受身用法への意味拡張が起こると考えられる。

168　　Ⅰ　韓国語助動詞citaの多義性

事態実現用法の「先行用言が他動詞であるにもかかわらず、動作主が明示されない」という特徴は、受身文に見られる「動作主の降格」と見た目上、類似している。事態実現用法の文に対して「隠れた動作主」が存在すると考え、主要な参与者が「被動者」であると捉えることで、受身文としての解釈が生まれると本書では考える。具体的には次の例を見てみたい。

（35）a.　콩즙을 마포에 넣으면 두부가 만들어진다.　　　（K127–288*）

　　　　khongcup-ul　mapho-ey　neh-umyen　　twupwu-ka

　　　　豆乳 -ACC　　麻袋 - に　　入れる - すれば　豆腐 -NOM

　　　　mantule-ci-n-ta

　　　　作る -cita-PRES-DECL

　　　　豆乳を麻布に入れれば豆腐が<u>できる</u>。

　　b.　이 공장에서는 하루에 두부가 1 톤 만들어진다.

　　　　i　　　kongcang-eyse-nun　halwu-ey　twupwu-ka　　1-thon

　　　　この　工場 -LOC-TOP　　　1 日 - に　　豆腐 -NOM　　1- トン

　　　　mantule-ci-n-ta

　　　　作る -cita-PRES-DECL

　　　　この工場では 1 日に豆腐が 1 トン<u>作られる</u>。

　（35a, b）はともに他動詞「만들다 mantulta（作る）」に cita が付いた形が述部となっているのだが、（35a）は事態実現を表す文、（35b）は受身文として解釈される。この違いはどのようにして生まれるのだろうか。

　（35a）では時間の経過とともに自然発生的に豆腐が固まり、豆腐ができていくことを表し、「豆腐ができる」過程に隠れた動作主が存在するとは考えらない。そのため「豆腐ができる」という事態が実現することを表す事態実現用法の文として解釈される。

　これに対して（35b）では、「豆腐を作る」動作をおこなう動作主の存在が含意されていると考えることができる。動作主は場所格で標示されている「공장 kongcang（工場）」であるとも理解できるし、例えば、文中には明示されていない工場の作業員などであるかもしれない。豆腐を作る動作主は存在すると考えられるのだが、この文ではそれが誰か明らかにされていない。ここから、この文には

第 4 章　cita の意味拡張　　**169**

隠れた動作主が関与していると解釈される。さらに、主語「두부
twupwu（豆腐）」が動作によって何らかの影響を受ける「被動者」
として解釈されることで、この文は受身文であるという解釈が生ま
れる＊12。

　このように、事態実現用法と受身用法は、力の発生源と主要な参
与者に対する解釈に基づいて区別される。つまり、事態の実現を因
果関係の枠組みによって捉えなおし、隠れた動作主が存在すると想
定することで、受身の解釈が生まれるのである。この解釈は聞き手
や読み手の判断によるものであるために、どちらの用法に属するの
かがあいまいな例が非常に多い。第2章7節でも述べたが、事態実
現と受身のどちらでも解釈できる例は、調査した KAIST コーパス
の 1276 例中、約 1 割を占める 125 例も見られた。（36）もそのよ
うな受身用法と事態実現用法のどちらにも解釈できる例である。

(36) 삼국시대 후기부터 통일신라시대에 이르는 동안 우리 술은 종류도
　　 다양해졌고 그 명성이 중국에까지 전해졌다.　　　　　　(K127-6)

samkwuk-sitay　hwuki-pwuthe　thongil-sinla-sitay-ey　ilu-nun
三国 - 時代　　　後期 - から　　統一 - 新羅 - 時代 - に　　至る -RL

tongan　wuli　　swul-un　conglyu-to　tayanghay-cye-ss-ko
間　　　われらの　酒 -TOP　種類 - も　　多様だ -cita-PAST- して

ku　myengseng-i　cwungkwuk-ey-kkaci　cenhay-cye-ss-ta
その　名声 -NOM　　中国 - に - まで　　　伝える -cita-PAST-DECL

三国時代後期から統一新羅時代までの間、わが国の酒は種
類も多様になり、その名声が中国にまで｛伝わった / 伝えら
れた｝。

　この例では、他動詞「전하다 cenhata（伝える）」に cita が付いて
おり、動作主は文中に現れない。これを事態が自然発生的に起きた
と捉え、隠れた動作主を特に想定しなければ、「名声が中国にまで
伝わった」という意味の事態実現用法として解釈される。一方、文
中には明示されていないが、名声を伝える隠れた動作主が存在する
と解釈するならば、「名声が中国にまで伝えられた」という受身文
として理解することができる。

　動作主非明示型の受身文について、（11）に示した意味の枠組み

によって整理すると、次のようになる。

（37）主要な参与者：モノ→被動者

　　　力の発生源　　：不特定の力→隠れた動作主

　　　局面1　　　　：事態が展開する

　　　局面2　　　　：事態が実現する

3.4.2.2　動作主明示型の受身

cita には動作主が明示されないタイプの受身文だけでなく、動作主が明示されるタイプの受身文も存在する。

（38）범인의 인상착의는 황미숙양에 의해 대강 밝혀졌습니다.

（K123–129）

pemin-uy　　insang-chakuy-nun　　hwangmiswuk-yang-ey.uyhay

犯人 -GEN　　人相 - 着衣 -TOP　　　黄美淑 - 孃 - によって

taykang　　palk-hye-cye-ss-supni-ta

だいたい　　明らかだ -i-cita-PAST-POL-DECL

犯人の人相と着衣は黄美淑さんによってほぼ<u>明らかにされ</u>
<u>ました</u>。

（38）のような cita の動作主明示型の受身文（Agentive passive）は、動作主非明示型の受身文から派生したものと考えられる。なお、尹鎬淑（1998）は、韓国語受身文の通時的分析を通じて、cita の動作主明示型受身文は翻訳文の影響によって現代語において急増した表現であると指摘している。

　動作主明示型ではあっても、動作主名詞句の格標示には制限がある。第3章4.2節で述べたように、cita の受身文では、接辞 -i- による受身文のように動作主を eykey 格（日本語のニ格に相当）で標示することはできない。cita の受身文で動作主名詞句を表す場合には、-ey uyhay（によって）という標示を用いることになる。

　この格標示に関する制限についても、cita のスキーマ的な意味が関与していると考えることができる。cita のスキーマ的意味において、動作や変化の原因となる力、つまり、力の発生源は、背景的なものとして扱われる。このスキーマ的意味の特徴により、動作主を文中に明示させる場合であっても、背景化の制限が強く働く。その

第4章　cita の意味拡張　　171

ため、cita の受身文での動作主名詞句は、eykey 格ではなく -ey uyhay（によって）という標示に制限されていると考えられる＊13。

　動作主明示型の受身を（11）に示した意味の枠組みに当てはめると、次のようになる。

（39）主要な参与者：モノ→被動者

　　　力の発生源　　：モノ→動作主

　　　局面１　　　　：事態が展開する

　　　局面２　　　　：事態が実現する

　ここまでの受身用法に関する議論をまとめると、まず、事態実現用法の文は「あるモノに関して、不特定の力によって事態が展開し、実現する」という捉え方をしている。これに対して、事態を因果関係の枠組みで捉えなおす解釈が加わる。それによって、隠れた動作主が想定され、主要な参与者は被動者として解釈される。ここから、動作主非明示型の受身が派生した。さらに、西洋語などからの翻訳文で動作主を明示する必要性が生じたことで、動作主非明示型の受身から動作主明示型の受身が派生したという経路を想定することができる。

3.4.3　非意図用法

　動作主の意志によらずに事態が実現することを表す非意図用法は、受身用法とは別の経路で事態実現用法から意味拡張したと考える。第３章でも指摘したように、cita の非意図用法では動作主が１人称を中心とした人間名詞に限られている。事態実現用法は主要な参与者に「責任」がないまま、背景化された不特定の力によって事態が展開し実現するというものだったが、それと同じ意味的なロジックが１人称を中心とする動作主の行為について適用される。すると、動作主は行為をおこなうが、それに対して「責任」を持たないという状況を表すことができる。それによって「本来、意志的におこなわれるはずの行為が、自分の意志ではなく、不特定の外部の力によって実現する」という解釈がなされるようになる。こうして、「動作主の意志に基づかない形で事態が実現する」という非意図文の解

172　　Ⅰ　韓国語助動詞 cita の多義性

釈が生まれる。次に具体例を見てみたい。

(40)이 운동화를 신으면 빨리 달려진다.

　　　i　　　wuntonghwa-lul　sin-umyen　　　ppalli

　　　この　運動靴 -ACC　　　はく - すれば　速く

　　　tallye-ci-n-ta

　　　走る -cita-PRES-DECL

　　この運動靴をはくと速く走れてしまう。

　この例の場合、早く走るという動作が、動作主の意志ではない外部の力（ここでは「この運動靴をはくと」という条件節で表されている）によって実現している。cita のスキーマ的な意味は、背景化された不特定の力によって変化が起きたり、事態が実現するというものである。これが 1 人称を中心とした人間が動作主になる事態に対して用いられることで、「本来的には意志に基づいておこなわれる動作が、不特定の力や外部の力で実現した」という理解がなされる。さらにここから、「動作主の意志にかかわらず事態が実現した」→「非意志的な動作である」というように意味が拡張していくのである。

　結果として cita は「本来、意志的におこなわれるはずの動作が非意志的におこなわれる」という有標の状況を表す非意図のマーカーとして用いられるようになった。

　cita の非意図用法を（11）に示した意味の枠組みで表すと次のようになる。

(41) 主要な参与者　：人→［ － 意志］の解釈

　　　力の発生源　　：不特定の力

　　　局面 1　　　　：事態が展開する

　　　局面 2　　　　：事態が実現する

　受身用法と非意図用法はそれぞれ方向性は異なるが、主要な参与者や背景的な力に対して解釈が加わり、そこから新しい意味が派生している。しかし、どちらにおいても、「主要な参与者が背景的な力によって変化し、到達点に至る」という cita のスキーマ的意味は保持されている。

第 4 章　cita の意味拡張　　173

3.4.4　可能用法

　ここまで論じた受身用法と非意図用法は、参与者に対する解釈を通じた意味拡張であったが、可能用法は参与者ではなく、事態そのものに対する解釈が関与する。それは、第3章で論じてきた「話者の予想」と一致するかどうかという、事態への評価である。事態実現用法と同じ意味構造を持つ文であっても、話者の予想が関与すると可能文として解釈される。次の例を見てみよう。

(42) 집에서 시내까지 택시로 10분만에 가진다.

cip-eyse　sinay-kkaci　thayksi-lo　　10pwun-maney

家 - から　市内 - まで　タクシー - で　10分 - で

ka-ci-n-ta

行く -cita-PRES-DECL

家から市内までタクシーで10分で行ける。

　(42) の文は「家から市内までタクシーで10分で行く」という事態が実現することを表しているが、それだけではなく、この事態が「思いもよらず」実現するという「予想外」の解釈が関与している。cita の可能文がこのような「予想外」を表すものであることは、Lee（1993: 114–115）、손세모돌（1996: 263–265）でも指摘されている。

　ここで、なぜ「予想外」という事態への評価が、可能文としての解釈と結びついているのか考えてみたい。まず、本書では可能を「事態の実現に対する見込みの有無や、見込みどおりに実現できたかどうかを述べる」ものであると定義した。つまり、可能には事態に対する話者の見込みや予想が関わっている。言い換えると、事態と話者の見込みとの一致／不一致を表すのが可能文であると考える。よって、cita の場合は「予想外」という事態への評価が加わることによって、可能文としての解釈が生まれるのである。

　すると、次の疑問が浮かび上がってくる。可能には話者の見込み・予想と事態が一致する場合と、一致しない場合、2つのパターンが考えられるが、なぜ cita には見込み・予想と事態が一致しない場合、つまり「予想外」の場合が圧倒的に多いのだろうか。

　ここにもやはり、cita のスキーマ的意味が関与している。スキー

マ的意味において、主要な参与者は事態に対する「責任」を持たない。これが、可能用法でも維持されている。第2章5.3節では cita の可能用法のうち人間の行為の恒常的可能では、偶発的・成り行き的な状況では用いられるが、事態の生起の蓋然性が高い場合には用いられないことを指摘した。cita が表すのは、主要な参与者が「責任」を持たない事態であるために、その展開や結果も意志どおりには操作できない。すると、事態の成り行きに対する見通しが立ちにくく、結果として、事態の展開は話者の見込みとは異なる場合が多くなる。このようにして、cita の可能文では話者の見込みとは異なる「予想外」の評価が主に関与するようになる。

cita の可能用法は、（11）に示した意味の枠組みでは次のように整理できる。

（43）主要な参与者：人・モノ

　　　力の発生源　　：不特定の力

　　　局面1　　　　：事態が展開する

　　　局面2　　　　：事態が実現する

　　　　　　　　　　（＋事態に対する評価）

ところで、cita の非意図文の中には、可能文としても解釈できる例が見られる。そのような例は否定文に多い。

（44）방안은 캄캄했다. 사람이 있는 것 같은 기적은 전혀 <u>느껴지지 않았</u>

<u>다</u>.　　　　　　　　　　　　　　　　　　　　　　　　（K124–64）

pang-an-un　　khamkhamhay-ss-ta.　　salam-i　　iss-nun

部屋 - 中 -TOP　真っ暗だ -PAST-DECL　　人 -NOM　いる -RL

kes　　kathu-n　　kichek-un　　cenhye

こと　同じ -RL　気配 -TOP　まったく

nukkye-ci-ci.anha-ss-ta.

感じる -cita-NEG-PAST-DECL

部屋の中は真っ暗だった。人がいるような気配はまったく

<u>感じられなかった</u>。

（44）は「気配が感じられる」という非意図表現の否定文であり、動作主の知覚に関する事態が実現しないという意味を表す。その一方で、「気配を探ろうとしても、気配が感じられなかった」という

可能文としても解釈できる。

これは動作主の意志に基づかない行為であることと、事態の生起が偶発的・成り行き的であることが隣接した関係にあるためと考えられる。動作主の意志に基づかずに事態が実現するということは、動作主のコントロールは及ばない。すると当然、結果も予期しないものになりがちである。このように非意図と可能の意味的特徴が近接していることから、(40)のような非意図と可能、2つの用法で解釈できる文が生まれると考えられる。このように非意図用法と可能用法は意味的な類縁性が強い。

まとめると、可能用法は事態実現用法、非意図用法の双方に話者の見込みとの一致／不一致という事態への評価が加わることで派生したと考えられる。事態実現から派生した可能は非情物を中心とした事態に関するもの、非意図から派生した可能は人間の行為に関するものという違いはあるが、いずれも話者の事態に対する評価が加わるという点が、他の用法と可能用法を区別する大きな要因となっている *14。

3.4.5 状態変化用法

ここまでは、複合動詞Ⅲから事態実現用法が派生し、事態実現用法からは、受身・自発・可能の3つの用法がそれぞれ派生したことを述べた。一方、助動詞の残る1つの用法である状態変化は、他の用法とは異なる経路を経て派生したと考えられる。

第3章で述べたように、状態変化用法の不可欠な文法的特徴は、先行用言の語彙アスペクトが「状態」であることであった。つまり、先行用言は事態を表すものではなく、時間的な変化を含意しない性質や様相を表すものである。ということは、先行用言が出来事を表し、その事態に関する諸相を表す他のcitaの用法と、状態変化用法は基本的な特徴が異なるということになる。

citaの状態変化用法は「様態＋変化」を表す複合動詞Ⅱに近いと思われる。もう一度、複合動詞Ⅱについて振り返ると、citaに前接する動詞が様態を表し、citaは時間の推移に伴う変化を表すというものであった。

176　Ⅰ　韓国語助動詞cita の多義性

（45）〔＝（24）〕

　　　고무줄이 늘어진다.

　　　komwu-cwul-i　　　nule-ci-n-ta

　　　ゴム - ひも -NOM　伸びる -cita-PRES-DECL

　　　ゴムが伸びる。

　この例では cita に前接する動詞の連用形「늘어 nule（伸びて）」
が、どのように変化していくかという様態を表していると論じた。
このような複合動詞Ⅱの「様態＋変化」という組み合わせは、状態
変化用法と非常に類似している。次の例を見てみよう。

（46）a.　날이 어두워진다.

　　　　　nal-i　　　　etwuwe-ci-n-ta

　　　　　日 -NOM　暗い -cita-PRES-DECL

　　　　　空が暗くなる（日が暮れる）。

　　　b.　햇볕에 타서 얼굴이 빨개진다.

　　　　　hayspyeth-ey　tha-se　　　elkwul-i　　ppalkay-ci-n-ta

　　　　　日差し - に　　焼ける - して　顔 -NOM　赤い -cita-PRES-DECL

　　　　　日に焼けて顔が赤くなる。

　（46a）は分析的には「空が時間の経過によって、暗い状態に向
かって変化し、日が暮れた新しい状況が出現する」と捉えることが
できる。つまり、cita の先行用言の形容詞「어둡다 etwupta（暗
い）」は、どのように変化していくのかという変化の様態や方向性
を表していると考えることができる。

　（46b）の例は「顔の皮膚の色が日光や体の反応によって、赤い
状態に向かって変化し、日焼けした新たな状況が出現する」と捉え
ることができる。ここでも先行用言の形容詞「빨갛다 ppalkahta
（赤い）」は、どのように変化していくのかを表している。つまり、
先行用言がどのような状態へと向かっているのかという変化の方向
性・様態を表し、cita が時間の推移に伴う変化を表すことで、動詞
句全体が状態変化の意味を表しているのである。

　状態変化用法を（11）に示した意味の枠組みに当てはめると次
のようになる。

第 4 章　cita の意味拡張　177

(47)主要な参与者：モノ

　　　力の発生源　：時間の経過・不特定の力
　　　局面1　　　：ある状態へと変化する
　　　局面2　　　：新しい状態が出現する

4. 意味拡張の経路

　3節では、本動詞からスタートして、複合動詞を経て、助動詞の各用法へと進んでいく意味拡張について論じてきた。それぞれの箇所において、(11)の意味の枠組みに整理したものをまとめると、図表2のようになる。

　図表2に示すように、cita の意味拡張の段階は大きく3つに分けることができる。まず、3段に分けているうちの上段、本動詞Ⅰ・複合動詞Ⅰでは、cita は下方向への空間移動を表している。その次の中段には、本動詞Ⅱ・複合動詞Ⅱ・状態変化用法が位置づけられ、cita は時間の推移に伴う変化を表す。そして、下段の複合動詞Ⅲにおいて cita は事態の実現を表し、そこから派生した事態実現・受身・非意図・可能といった助動詞の用法にも共通した意味的特徴が見られる。

　ここまでの考察をもとに、意味拡張の経路を図に表すと図表3のようになる。

　このように整理すると、「空間移動（本動詞Ⅰ・複合動詞Ⅰ）→時間の推移に伴う変化（本動詞Ⅱ・複合動詞Ⅱ・状態変化）→事態の実現（複合動詞Ⅲ・事態実現）→参与者に対する解釈（受身・自発）→事態に対する評価（可能）」という順に意味拡張の経路を捉えることができる*15。

　2.2節と3.2.2節で述べたように、本動詞Ⅱ「生じる」は他の本動詞・助動詞とは語源が異なるが、共時的には語形が同じで意味的な類縁性・共通性が見られるため、母語話者は2つを関連づけて把握している。そのことから、意味ネットワークに組み込むことは共時的には問題ないと考えられる。

　この意味拡張においては、ある形式が多義性を増大させるという

178　　Ⅰ　韓国語助動詞 cita の多義性

意味の一般化（generalization）が起きている。また、「動詞→助動詞」という品詞の脱範疇化（decategorization）も見られ、文法化の一方向性仮説に合致する＊16。

　さらに、「落ちる」という命題的内容から発展して、最終的に「事態に対する評価」という話者の態度を表出する内容を表すようになるのは、Traugott（1989）の述べる主観化（subjectification）と一部共通する傾向が見られる。cita の意味拡張と文法化に関する理論との整合性については、後に第5章で詳しく論じる。

4.1　通時的分析との整合性

　次に、上に提示した cita の意味拡張の経路について、通時的資料に見られる cita の分析と照合してみたい。2節でも述べたとおり、cita の通時的な変化に関しては、まだ全体像が明らかにされておらず、断片的な把握に留まっているため、現段階では断定的なことを述べることができない。ただ、2.2節では先行研究の記述と本書の調査から、15世紀の段階では、本動詞Iと複合動詞、そして事態実現用法と見られる例が存在することを述べた。

　このような15世紀の文献に現れる cita（tita）の意味・用法を図表3の意味拡張の経路と重ねて示すと、図表4のようになる。

　この図では15世紀において確認できるものを太枠で囲んだ。図表4を見ると、15世紀の段階で存在していた複合動詞I・II・IIIと助動詞の事態実現用法は、意味拡張の経路においてプロトタイプ的な意味の cita（つまり本動詞I）に近いものである。15世紀の段階では見られない受身・非意図・可能・状態変化の用法は、意味拡張の経路の末端にあり、本動詞Iからいくつもの意味的派生の段階を経たものである。

　こうして見ると、本書の意味拡張に対する分析は、通時的な資料の示す内容とも矛盾しない。したがって、通時的な側面からも意味拡張の分析の妥当性に対してある程度裏付けを得ることができる。

　ただ、16世紀から現代に至るまでの cita の意味の通時的変化については、今後の調査が必要な状況にあり、意味拡張と通時的変化の整合性をより綿密に検討することは、課題として残されている。

図表 2　意味の枠組みから見た cita

	スキーマ	本動詞 I	複合動詞 I
主要な参与者	人・モノ	モノ	モノ
力の発生源	背景的な力	重力・自然の力	重力・自然の力
局面 1	変化する	空間移動する	ある様態で空間移動する
局面 2	到達点に至る	初期段階とは異なる場所に位置する	初期段階とは異なる場所に位置する
	スキーマ	本動詞 II	複合動詞 II
主要な参与者	人・モノ	モノ	モノ
力の発生源	背景的な力	時間の経過・不特定の力	時間の経過・不特定の力
局面 1	変化する	ある状態へと変化する	ある様態で変化する
局面 2	到達点に至る	新たな状態が出現する	新しい状態が出現する
	スキーマ		複合動詞 III
主要な参与者	人・モノ		モノ
力の発生源	背景的な力		不特定の力
局面 1	変化する		事態が展開する
局面 2	到達点に至る		事態が実現する
解釈			

助動詞				
状態変化				
モノ				
時間の経過・不特定の力				
ある状態へと変化する				
新しい状態が出現する				
事態実現	受身 動作主非明示型	受身 動作主明示型	非意図	可能
モノ	モノ（被動者）	モノ（被動者）	人	人・モノ
不特定の力	不特定の力（隠れた動作主）	モノ（動作主）	不特定の力	不特定の力
事態が展開する	事態が展開する	事態が展開する	事態が展開する	事態が展開する
事態が実現する	事態が実現する	事態が実現する	事態が実現する	事態が実現する
	主要な参与者→被動者 力の発生源→動作主	主要な参与者→被動者 力の発生源→動作主	主要な参与者→［－意志］の解釈	事態に対する「予想外」という解釈

図表3 cita の意味拡張の経路

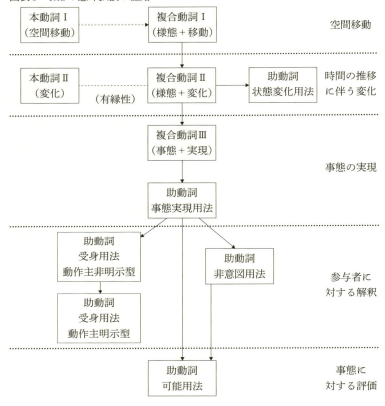

4.2 文法的特徴との相関性

次に cita の意味拡張と助動詞の各用法が示す文法的特徴との間に、どのような関連性があるのか考えてみたい。まず、図表3に示した意味拡張の経路のうち、助動詞に関する部分を抜き出すと図表5になる。

この図と第3章で提示した各用法の不可欠な文法的特徴（図表6）を対比してみたい。

2つの図表を対比すると、まず、図表5において上部に位置する状態変化用法は、先行用言の語彙アスペクトという語彙レベルの文法的特徴が関与している。図表5では中間に位置する事態実現・受身・非意図用法では、名詞句の共起制限や名詞句属性など主に構文

図表4　15世紀の用法と意味拡張の経路

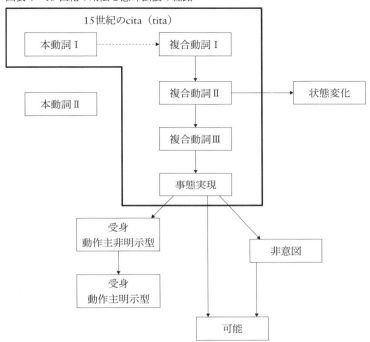

レベルの文法的特徴が不可欠なものになっている。そして、図表5で最も下に位置する可能用法では、語用論レベルの特徴が関与している。つまり、図表5の上から下に向かって「語彙レベル→構文レベル→語用論レベル」というように関与する文法的特徴の文法的レベルが大きいものになっていくという傾向が見られる。

　このことは、文法的特徴と意味拡張の間には相関性があることを示唆していると考えられる。言うならば、語彙レベルの文法的特徴が不可欠な要素として関与する用法ほど、意味拡張においても「落ちる」というプロトタイプ的意味の側に近く、意味拡張のプロセスをあまり経ていない。一方、語用論レベルの特徴が関与する用法は、意味拡張においてプロトタイプ的意味からの距離が離れ、いくつもの段階を踏んで派生しているということである。2つの図表は、意味拡張と文法的特徴の間にこのような相関性がある可能性を示唆している。

図表5 助動詞citaの意味拡張

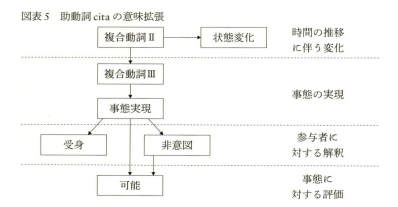

図表6 各用法の不可欠な文法的特徴

用法	不可欠な文法的特徴		文法的レベル
状態変化	先行用言の語彙アスペクト	状態	語彙レベル
事態実現	動作主名詞句	共起できない	構文レベル
	主語の名詞句属性	〈自 + cita〉有生名詞か無生名詞　〈他 + cita〉無生名詞	構文レベル
受身	先行用言の品詞	他動詞	語彙・構文レベル
	動作主名詞句の属性	有生名詞か無生名詞	構文レベル
非意図	主語の名詞句属性	〈自 + cita〉人称代名詞か有生名詞	構文レベル
	動作主名詞句の属性	人称代名詞か有生名詞	構文レベル
可能	話者の予想	関与する	語用論レベル

4.3 数量的分布との相関性

　次にcitaの意味拡張と各用法の数量的分布の関連性について考えてみたい。図表3で提示した助動詞の意味拡張の図に、第2章7節で示したKAISTコーパス1267例中の各用法の数を重ねて示すと次のようになる。

図表7　意味拡張と数量的分布

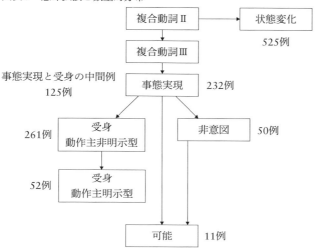

　このようにしてみると、受身用法の用例数が比較的多いことを除けば、「落ちる」というプロトタイプ的意味から距離が近い用法ほど用例数が多く、プロトタイプ的意味から離れるほどに用例数が少なくなるという大まかな傾向が見られる*17。つまり、数量的分布から見て周辺的な用法は意味拡張においても末端にあるという傾向がある。このように、意味拡張の経路と数量的分布との間にも相関性が見られる。

5．用法間の相互関係

　図表3に提示した意味拡張の経路は意味分析に基づいて得られたものだが、上述のように通時的な分析と矛盾せず、文法的特徴とも関連性が見られ、さらに数量的分布との間にも相関性が確認できた。複数の観点からの分析がほぼ一致するということから、この図はcitaの用法間の相互関係を表すものであると捉えることができる。
　本書の冒頭の問題提起④「citaの用法間の相互関係」では、用法間の親疎関係がどのようになっているのかという問いを立てた。親疎関係という観点から図表3をもう一度見ると、状態変化用法は他

の用法と共有する特徴が少なく、意味拡張の経路から見ても距離がある。これに対し、事態実現・受身・非意図・可能の4用法はそれぞれに何らかの特徴を共有しており、意味拡張の経路から見ても近い距離関係にある。そして、受身・非意図・可能の3用法は事態実現用法からそれぞれ意味拡張しており、事態実現用法はcitaの用法の基軸として位置づけることができる。用法間の相互関係については、第2部の日韓対照研究においても再び詳しく論じることにしたい。

6. 第4章のまとめ　スキーマ的意味と意味拡張の経路

　ここまで、citaの意味拡張について論じ、本動詞の「落ちる」というプロトタイプ的意味から出発して、助動詞の多様な意味にたどりつくまでの経路を示した。citaのすべての意味・用法は、「落ちる」というプロトタイプ的な意味の属性の一部を共有している。それが、「人・モノが背景的な力によって変化して、到達点に至る」というスキーマ的な意味である。citaでは、このスキーマ的意味に基づいた形で意味の連鎖が起きている。

　意味拡張を論じる上での本書の特色は、本動詞から直接、助動詞が派生したと考えるのではなく、本動詞と助動詞の間に複合動詞が介在すると考える点である。これによって、これまでcitaの意味拡張で特に言及されることのなかった複合動詞を、一貫した説明に取り込むことができる。助動詞が〈動詞の連用形＋cita〉という形をどのように獲得したのかが明らかになり、助動詞の他の用法とは異なる特徴を持つ状態変化用法も、複合動詞を介在させることで、意味拡張の説明の中に組み込むことができる。さらに、事態実現用法と複合動詞の間の曖昧性も、意味拡張の順序が隣接しているということで説明がつく。

　先行研究において本動詞から助動詞への意味拡張は、明確な説明もないまま漠然と捉えられているが、複合動詞を介在させることによって、段階を踏んで派生していく具体的な経路として描くことができるのである。

通時的な変化に関しては、さらに調査が必要な状況にあるが、本書の主張する意味拡張の経路は通時的な資料の示す内容とも矛盾しない。また、意味拡張の経路は、各用法の不可欠な文法的特徴との間にも関連性が見られた。それのみならず、用例の数量的分布との間にも相関性が見られる。これらのことは、本書の分析の妥当性を支持するものである。それぞれ異なる切り口から cita の特徴を捉えた分析であるにもかかわらず、相関関係が見えるという点が非常に興味深い。

　さらに、用法間の相互関係については、状態変化用法のみが他の用法と違いが大きく、その他の事態実現・受身・非意図・可能の 4 用法は意味的にも文法的にも隣接しあっていることを述べた。中でも事態実現用法は受身・非意図・可能の 3 用法と特徴を共有しており、cita の意味拡張の基軸の位置にあることを指摘した。

＊1　ここでは、本動詞 cita の意味として、代表的な「落ちる」「生じる」の 2 つを挙げたが、本動詞 cita にはこの他にも多様な意味が見られる。
　　（ⅰ）눈물지다 nwunmwul-cita 涙が流れる、젖이 지다 cec-i cita 乳が出る
　　（ⅱ）시합에 지다 sihap-ey cita 試合に負ける
　　（ⅲ）짐을 지다 cim-ul cita 荷物を背負う
　　（ⅳ）빚을 지다 pic-ul cita 借金する、책임을 지다 chaykim-ul cita 責任を負う
　　これらの意味が「落ちる」「生じる」の意味を表す cita の多義の一部なのか、あるいは同音異義語なのかは、複数の辞書の見出し語の構成等を見ても判断が分かれるようである。本書では、上記（ⅰ）～（ⅳ）の助動詞 cita とは直接的に関係する意味ではないと考え、ここでは詳しく扱わない。
＊2　cita を構成要素として含む複合語には、本章で扱う〈動詞＋cita〉型の複合動詞の他に、〈名詞＋cita〉、〈副詞＋cita〉、拘束形態素に cita が付いた〈付属形式＋cita〉がある。
　　〈名詞＋cita〉　　값지다 kaps-cita（高価だ）, 기름지다 kilum-cita（油っこい）, 뒤지다 twi-cita（立ちおくれる）, 숨지다 swum-cita（亡くなる）
　　〈副詞＋cita〉　　둥글지다 twunkul-cita（丸くなる）, 거꾸러지다 kekkwule-cita（ひっくり返る）
　　〈付属形式＋cita〉　빠지다 ppa-cita（はまる）, 쓰러지다 ssule-cita（倒れる）
＊3　これらの〈動詞＋cita〉の複合語は、cita を ttulita と入れ替えて、自他交替を表すことができるものが多い。この場合、cita 形が自動詞、ttulita 形が他動詞になる。

(3')	떨어뜨리다	넘어뜨리다
	ttele-ttulita	neme-ttulita
	落とす	倒す
(4')	늘어뜨리다	깨뜨리다
	nule-ttulita	kkay-ttulita
	伸ばす	壊す

＊4　李基文（1972: 65）によると、韓国語では17世紀から18世紀の間に /ti/→/ci/ という口蓋音化が起きたとされている。『李朝語辞典』（劉昌惇1964）に掲載されている用例を見ると、디다 tita から지다 cita への変化もちょうどこの時期に起きている。

＊5　17世紀にみられた cita の受身文とは、次のような文である。

너희 형이 가도아져서　　　　　　　　　　　　　　　　　　　（癸丑 : 118）
nehi hyeng-i katoa-cye-se
お前のお兄さんが<u>監禁されて</u>

＊6　『李朝語辞典』には cita/tita を含む見出し語が213語ある。これらの中で提示されている例文は合計444例である。このうち15世紀の用例（出典が1447年から1496年の間に刊行された文献）は200例見られた。

＊7　以下、中期朝鮮語の例については Yale 式ローマ字転写法を用いる。

＊8　「석다 sekta（腐る）」は現代語では「썩다 ssekta」という形で表されている。

＊9　本来であれば entity の訳語である「モノ」は、人・物・事象のすべてを含めることができるのだが、cita の用法の中には、非意図用法のように主要な参与者の位置に人しか立てられない場合もある。そのため、ここでは「人・モノ」とした。

＊10　このモデル図は Botne（2003）を参考に作成した。

＊11　この他に、現代語では〈動詞 + cita〉の構造として分析できないが、空間移動を表す複合動詞としては、次のようなものがある。

쓰러지다 ssule-cita（倒れる）、자빠지다 cappa-cita（転ぶ）、빠지다 ppa-cita（陥る、溺れる）

＊12　Keenan（1985）では、言語類型論の立場から受身について論じる中で、受身と同じ形式で再帰や中動が表される場合に、それらと受身を区別するのは、「動作主の存在が含意されている」という意味的な特徴であるとしている。

'The distinction between passives and middles or reflexives is made on semantic grounds: the implication of the existence of an Agent.'　　　（p. 254）

＊13　接辞 -i- による受身は、他動詞文→受動文という派生関係があると考えられ、他動詞文の動作主は eykey 格に「降格」される。これに対して cita の場合、他動詞文→事態実現文→受動文という派生関係にあると考えられるため、受身文を派生する段階で、事態実現文では概念化されなかった動作主名詞句を「追加」することになると考えられる。そのため、他動詞主語からの降格とは異なり、-ey uyhay（によって）というさらに副詞句的な扱いの標示をすると考える。

＊14　渋谷（2006）は日本語方言における可能の派生に関して、完遂を表す形式から可能形式化するパターンと、自発形式から可能形式化するパターンが

あることを指摘し、その詳細な意味変化の過程を記述している。本書のcitaの場合は1つの形式において2つのルートで可能形式化が起きていると考える。

＊15 図表3の矢印のうち、「本動詞Ⅰ→複合動詞Ⅰ」の部分の破線は、構文的な派生を表している。

＊16 文法化の一方向性仮説（unidirectionality hypothesis）については、Hopper and Traugott（2003: 100–107）を参照した。詳しくは第5章で論じる。

＊17 citaの用法ごとの用例数は文のスタイルの影響を大きく受けると考えられる。本書で調査に用いたKAISTコーパスは書き言葉を中心とするものであり、話し言葉を対象としたテキストでは異なる結果が予想される。なお、許明子（2004）では、韓国語の話し言葉において受身文の使用率が1.8％と非常に低いのに対し、書き言葉では19.2％と頻度が高くなることを指摘している（p. 184, 244）。また受身文におけるcitaの使用率についても、話し言葉で4.9％、書き言葉で7.2％と差が見られる（p. 136, 194）。したがって、citaの用法ごとの数量的分布は話し言葉中心のテキストでは、異なる結果が得られると予想される。

第 5 章
cita の言語学的位置づけ

1. はじめに

　まず、ここまでの議論を振り返ると、第 2 章では cita に対して状態変化・受身・非意図・可能・事態実現の 5 つの用法を設定し、それぞれの用法を定義した。続く第 3 章では、cita 文の文法的特徴に対する分析を通して、用法ごとに異なる特徴が見られることを指摘し、各用法には不可欠な文法的特徴があることを主張した。そして、第 4 章では cita の意味拡張を論じた。本書では「本動詞→複合動詞→助動詞」という経路で意味拡張が起きたと考えている。助動詞の状態変化用法は「様態＋変化」を表す複合動詞 II から派生し、事態実現用法は「事態＋実現」を表す複合動詞 III から派生したと論じた。そして、受身・非意図・可能の 3 用法は、事態実現用法からの意味拡張によって派生したと主張した。

　第 4 章までの議論は、cita 内部あるいは韓国語内部での整合性をめざした分析であったが、第 5 章では、cita の文法的特徴と意味的特徴が、言語学的にどのように位置づけられるのかについて検討してみたい。

　ここでは、メタファー、文法化、ヴォイスの体系という 3 つの観点から、cita を言語学的に捉えるとどのように位置づけられるのかについて考察する。

　議論においては、これまで論じられてきた言語の一般的傾向と一致するのはどのような部分か、逆に、cita ならではの特殊性はどのようなところに見出されるのかに注目したい。また、受身に関する類型論的研究で指摘されているタイプのうち、cita がどのタイプに該当するのかについても検討する。

　そして、議論を通じて、アスペクト・ヴォイス・モダリティを 1

191

つの形式で表している点に、cita の独自性があることを指摘する。

1.1　本章の構成

　まず2節では、メタファーについて論じる。方向に関するメタファーと空間概念から時間概念へのメタファー、広義のメトニミーの関わりという3つの観点から、既存の分析と対比することで、それらと cita の共通点・相違点を探っていく。

　3節では文法化について論じる。まず、文法化の一方向性仮説と主観化という点から、第4章で論じた cita の意味拡張について再検討する。さらに、Haspelmath（1990）の受身の文法化に関する類型論的研究に基づき cita についてさらに考察を加える。

　4節では、ヴォイスの体系をめぐる議論に基づいて、cita の特徴を捉えたい。まず、尾上（1998a, 1998b）等で論じられている「出来文」との共通性について考察し、次に鷲尾（2005）で論じられている BECOME 型／AFFECT 型という受身の類型の中でcita を位置づける。さらに、構文ネットワークの広がりから見たcita の位置づけを考える。特に、受身の基本的機能領域、機能領域の広がりという観点からcita の多義性について検討する。

　そして、5節でこの章の議論をまとめる。

2.　メタファー

　Lakoff and Johnson（1980）ではメタファーについて次のように述べている。

　　　"The essence of metaphor is understanding and experiencing
　　　one kind of thing in terms of another."　　　　　　　　　(p. 5)

　つまり、ある事柄を他の事柄を通して理解し、経験することがメタファーの本質であるとしている。cita の場合で考えると、「落ちる」という空間移動を表す動詞が時間の推移や事態の実現などを表す形式として用いられている。つまり、cita には具体的なものを通してより抽象的なものを捉えようとするメタファー的表現としての側面がある。

ここでは、メタファーと関連する研究のうち、cita と関連性があると考えられる、英語の方向に関する概念 UP / DOWN の分析（2.1 節）、動詞 go が空間的概念から時間的概念へと文法化することに対する研究（2.2 節）、広義のメトニミーと構文交替の関係に関する研究（2.3 節）を取り上げ、これらと cita の分析を対比することにする。

2.1 方向のメタファー

Lakoff and Johnson（1980）では、概念どうしが互いに関係しあって1つの全体的な概念体系を構成する例として、英語における方向概念 UP / DOWN を取り上げている。UP / DOWN は方向に関する概念を包括的に扱うものであり、動詞や形容詞、前置詞など多様な品詞カテゴリーにまたがるものである。UP には rise, top, climb など、DOWN には under, fall, decline などが含まれる。2つを対比する形で（1）のように特徴づけられている。

（1）　　UP　　　　　　　　　　　DOWN

　　a.　楽しい　　　　　　　　　　悲しい
　　　　I'm feeling *up*.　　　　　　I'm feeling *down*.

　　b.　意識　　　　　　　　　　　無意識
　　　　Get *up*.　　　　　　　　　He *fell* asleep.

　　c.　健康・生命　　　　　　　　病気・死
　　　　He's at the *peak* of health.　He *fell* ill.

　　d.　支配力や力があること　　　支配されたり服従すること
　　　　I have control *over* her.　　He is *under* my control.

　　e.　より多い　　　　　　　　　より少ない
　　　　My income *rose* last year.　His income *fell* last year.

　　f.　予期できる未来のできごと　（記述なし）
　　　　What's coming *up* this week?

　　g.　高い地位　　　　　　　　　低い地位
　　　　She'll *rise* to the top.　　　She *fell* in status.

　　h.　良い・好都合　　　　　　　悪い・不都合
　　　　Things are looking *up*.　　Things are at an all-time *low*.

i. 善・美徳 　　　　　　　　　　悪・堕落

He is *high*-minded. 　　　　He *fell* into the *abyss* of depravity.

j. 理性的 　　　　　　　　　　感情的

He couldn't *rise above* his 　The discussion *fell to the emo-*
emotions. 　　　　　　　　　*tional* level.

　方向のメタファーは、ある概念を空間的方向性を通して理解しよ
うとしているものである。Lakoff and Johnson（1980）は、空間
的方向性と概念の組み合わせは恣意的に決まっているのではなく、
肉体的経験と文化的経験に基づくものであると指摘している。例え
ば、人は悲しいときにうなだれ、元気なときはまっすぐな姿勢をと
る（(1a)）。また、人は横になって眠り、目覚めると立ち上がる
（(1b)）。このように、メタファーは経験上の基盤からは切り離し
ては理解することができず、肉体的・文化的経験に基づかないもの
は適切な表現にはなりえないと述べている。(1) の UP と DOWN
を対比してみると、概して UP は肯定的・能動的、DOWN は否定
的・受動的な意味を表している。

　言語の違いはあるが、cita も「落ちる」という下に向かう方向に
関する概念を含んでいる。cita はあくまで 1 つの動詞・助動詞であ
り、DOWN はより包括的な概念であるという違いはあるが、同じ
下方向を表すものとして cita と DOWN にはどのような共通点と相
違点があるのか考えてみたい。

　まず、本動詞 cita には「落ちる」の他に (2) に示すような「負
ける」という意味がある。これは DOWN の (1d) に示した「支配
されたり服従すること」という意味と共通している。

(2) a. 시합에 졌다. 　　　　　b. 재판에 졌다.

sihap-ey　cye-ss-ta. 　　　　　cayphan-ey　cye-ss-ta.

試合 - に　cita-PAST-DECL 　　裁判 - に　　　cita-PAST-DECL

試合に負けた。 　　　　　　　裁判に負けた。

また、cita を含む複合語や複合動詞には次のようなものがある。

(3) a. 눈물지다 nwunmwul-cita「涙を流す」

b. 쓰러지다 ssule-cita「倒れる」

c. 숨지다 swum-cita「死ぬ、息絶える」

d. 사라지다 sala-cita「消える」

e. 뒤지다 twi-cita「立ち後れる」

f. 빚지다 pic-cita「借金を負う」

g. 빠지다 ppa-cita「陥る、溺れる」

（3a）「눈물지다 nwunmwul-cita（涙を流す）」は（1a）の「悲しい」という感情に関するメタファーと共通し、（3b）「쓰러지다 ssule-cita（倒れる）」は（1b）の「無意識」と共通する。また、（3c）の「숨지다 swum-cita（死ぬ、息絶える）」は、まさに（1c）の「死」の意味に該当する。（3d）「사라지다 sala-cita（消える）」は「별이 하나 둘 사라졌다. pyel-i hana twul sala-cye-ss-ta（星がひとつふたつと消えた）」のような文で用いられ、（1e）の「より少ない」と同じような意味を表す。（3e）「뒤지다 twi-cita（立ち後れる）」は（1g）の「低い地位」と意味的に親和性が強く、（3f）「빚지다 pic-cita（借金を負う）」は（1h）の「悪い・不都合」との共通性が高い。また、（3g）「빠지다 ppa-cita（陥る、溺れる）」は、「유혹에 빠진다 yuhok-ey ppaci-n-ta（誘惑に溺れる）」という文に見られるように、（1i）の「悪・堕落」の意味に通じる。このように、cita の本動詞や複合語、複合動詞の表す意味には、DOWN との共通点が多く見られる*1。

　しかしこの一方で、cita の複合語には、（4）に示すような肯定的／否定的のどちらとも言えない語がある。

（4）a. 값지다 kaps-cita〈値段＋cita〉「高価だ、高級だ」

b. 기름지다 kilum-cita〈油＋cita〉「肥沃だ、油っこい」

c. 멋지다 mes-cita〈おしゃれ＋cita〉「すてきだ」

　また、助動詞 cita はより抽象的な意味を表すために、DOWN の表す一連の意味とは乖離していく傾向がある。例えば、状態変化用法は「時間の経過に伴う属性の変化」を表し、DOWN の分析にあるような否定的な意味は見られない。受身用法は（1d）の「支配されたり服従すること」との意味的な共通性があると考えられるが、「被動者を中心に事態を述べること」「動作主を非焦点化すること」など、より抽象的な機能を果たしており、同列には論じることができない。その一方で、cita の可能用法には「話者の予想から離れて

事態が実現する」という特徴がある。(1f) では UP に対して「予
期できる未来のできごと」としているが、それに対応する DOWN
の意味は記述されていない。しかし、それにちょうど当てはまる
「予想外のできごと」を cita の可能用法が表している点は、非常に
興味深い＊2。

　総じて、本動詞の cita や cita を含んだ複合動詞では、DOWN の
表すメタファーとの共通性が見られる。つまり、同じ肉体的・物理
的経験に基づいたメタファーは、言語や文化が異なっていても、意
味的な共通性が高いということを示している。

　しかし、助動詞においては、若干の類似点が見られるものの、意
味の抽象化が進んでおり、同列では論じにくい異質なものになって
いる。助動詞では、下方向という方向付けよりもむしろ、「落ちる」
という動作からのメタファー的拡張である「変化」や「事態の実
現」を表している。つまり、(1) の UP/DOWN で指摘されている
「状態・属性」に関する意味よりも、時間的な幅を持った「イベン
ト」としての側面が強い。それには cita が動詞起源であることが影
響しているとも考えることができる。

2.2　空間から時間への抽象化

　次に、cita のメタファー的な特徴を考える上で、空間移動から時
間概念へのメタファーに関する研究と対比してみたい。

　Sweetser（1988）は、英語の動詞 'go' が空間移動を表す形式か
ら未来を表す形式へと文法化する中で、意味のどのような側面が失
われ、どのような側面が残されるのかを論じている。空間概念から
時間概念へのメタファー的写像においては、次のようなイメージ・
スキーマの位相概念（topology）が残されるとしている。

(5)　a.　位置間の関係の線状性

　　　b.　自己（ego）の位置は線状の経路の起点にある

　　　c.　近接した起点の位置から離れた目標（goal）に移動し
　　　　　ていく

これらの位相概念を保持しながら、移動という空間概念を未来と
いう時間概念に対して写像する。そして、Sweetser（1988）は、

196　Ⅰ　韓国語助動詞 cita の多義性

この写像において'go'は物理的移動の意味を失うと述べている。つまり、空間概念を表す語彙項目が文法化するとき、(5)に述べたような抽象的な位置関係や動きに関する概念だけが残され、時間の概念を表すようになるというものである。

　citaの場合も、本動詞の意味「落ちる」は空間移動、つまり空間的な概念を表す語であり、それが時間概念を表すために用いられている。したがって、「複合動詞Ⅰ→複合動詞Ⅱ」という意味拡張の段階で、空間移動から時間の経過へという英語の動詞'go'と類似した意味変化が起きている。では、citaの抽象的な位相概念としてはどのようなものを想定できるのだろうか。

　Sweetser（1988）に準じた形で表現すると、citaの空間移動における初期位置と到達位置の位置間の関係は線状の関係にあり、移動物はその間のいずれかの位置にある。そして、移動物は初期位置から到達位置に向かって移動していく。

図表1　citaの空間概念から時間概念へのメタファー的写像

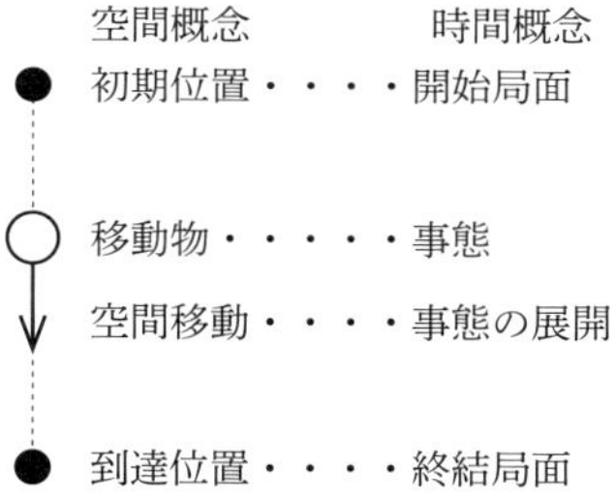

```
        空間概念        時間概念
●    初期位置・・・・開始局面


○    移動物・・・・・事態
│    空間移動・・・・事態の展開
↓

●    到達位置・・・・終結局面
```

　citaの場合、移動物を事態とし、初期位置は事態の開始局面、到達位置は事態の終結局面として捉えられていると考えることができる。そして、空間移動は事態の展開として写像される。このようにしてcitaが空間概念から時間概念へとメタファー的な写像をおこなっていると考えられる。

　しかし、citaの意味拡張の次の段階である受身・非意図・可能用法の派生を考慮に入れると、「位相概念だけが残される」というだけでは、意味拡張の説明が困難である。本書の分析では、citaはスキーマ的な意味において、「主要な参与者が事態に責任を持たず、背景的な力が状況において支配的である」という特徴を持つことを

述べた。これらの参与者の性格や背景的な力の存在は、意味拡張において引き続き保持されている。

さらに、これらの参与者等の性質が、受身・非意図・可能への意味拡張において重要な役割を果たしている。受身用法においては、主要な参与者を被動者、背景的な力を動作主として捉えなおしている。非意図用法では、参与者が事態に対する責任を持たないまま動作をおこなっており、可能用法では主要な参与者が責任を持たない事態について、話者が主に「予想外」の評価を加えることで可能の意味が生まれている。

したがって、空間的概念から時間的概念へのメタファー的写像において、位相概念のみが保持されるというSweetser（1988）の分析を、citaに適用してみると、時間的概念への抽象化は該当するのだが、時間的概念から先にさらに意味拡張していく段階では適用できない部分が生じる。citaでは位相概念に加えて、参与者等の性質が意味拡張に深く関与しているのである。

よって、位相概念のみならず参与者等の性質も抽象化の中で保持され、意味拡張の方向づけに影響を与えているのではないか、というのがcitaから得られる示唆である。

2.3 広義のメトニミー

citaの意味拡張の経路のうち、複合動詞Ⅱと複合動詞Ⅲについてもう一度振り返ってみたい。第4章3.3節において複合動詞Ⅱは、先行用言が様態を表し、citaが時間の推移に伴う変化を表すと論じた。つまり、「様態＋変化」という構造を持っている。一方、複合動詞Ⅲは先行用言が事態を表し、citaは事態の実現を表すことを述べた。つまり、「事態＋実現」という構造を持つ。

この複合動詞Ⅱと複合動詞Ⅲの間には、広義のメトニミーが関与していると考えることができる。西村（2002）は広義のメトニミーについて次のように述べている。「（広義の）換喩は、ある言語表現の複数の用法が、単一の共有フレームを喚起しつつ、そのフレーム内の互いに異なる局面ないし段階を焦点化する現象として定義することができるであろう」(p. 299)。そして、メトニミーは語彙だ

198　Ⅰ　韓国語助動詞citaの多義性

けでなく、文法の領域にも浸透しているとし、英語の与格交替や所格交替などの構文交替が換喩現象として説明できることを主張している。例えば、次の（6）の所格交替は〈XがYをZに移動させることによって、Zに状態変化をもたらす〉という共有フレームの中で、（6a）は〈移動〉の部分、（6b）は〈状態変化〉の部分をそれぞれ焦点化している。

（6）a.　They loaded hay onto the truck.　　　　（西村 2002: 303）

　　　b.　They loaded the truck with hay.　　　　　（同 : 303）

　つまり、（6a）と（6b）は同じフレーム内の異なる局面を焦点化する換喩的関係にあるというものである。

　cita に目を転じて、（7）の複合動詞Ⅱ・Ⅲ両方で解釈できる例について考えてみたい。

（7）고무줄이 늘어진다.

　　　komwu-cwul-i　　　nule-ci-n-ta

　　　ゴム - ひも -NOM　　伸びる -cita-PRES-DECL

　　　ゴムひもが伸びる。

　この文は、「ゴムひもが長く変化する」という事態の展開局面（本書でいう局面1）と「ゴムひもが伸びた状態になる」という事態の終結局面（本書でいう局面2）の両方を表すことができる。このうち、事態の展開局面を焦点化すると「様態＋変化」を表す複合動詞Ⅱとなり、事態の終結局面を焦点化すると、「事態＋実現」を表す複合動詞Ⅲとなる。つまり、同じフレーム内の異なる局面を焦点化しているのである。

　言い換えると、複合動詞Ⅱと複合動詞Ⅲは、cita の「人・モノが、背景的な力によって変化して、到達点に至る」というスキーマ的意味のうち、「変化」の部分を焦点化するか、「到達点に至る」の部分を焦点化するかという違いがあり、西村（2002）の述べる換喩的関係に該当する。すると、複合動詞Ⅱから複合動詞Ⅲへの意味拡張では、広義のメトニミーが関与していると考えることができる。

3. 文法化

本書では共時的な観点からcitaの意味拡張を論じており、通時的観点に基づいた文法化の分析は今後の課題として残っている。だが、文法化について論じられている一般的傾向や類型論的な分類と本書の分析を照らし合わせることで、本書の分析の妥当性を検証できるのではないかと考える。

以下では、一方向性仮説（3.1節）、主観化（3.2節）、受身の文法化（3.3節）という3つの観点から、第4章で論じたcitaの意味拡張を検証する。

3.1 一方向性仮説

一方向性仮説（unidirectionality hypothesis）とは、文法化には一定の順序があり、その順序に逆行することはないという仮説である。Hopper and Traugott（2003）では、一方向性仮説を支持する個別の言語現象として「一般化（generalization）」「脱範疇化（de-categorization）」の2つを提示している。ここではこの2つに加えて、意味の漂白化（bleaching）という観点からもcitaの意味拡張の過程について検討する。

3.1.1 一般化

Hopper and Traugott（2003）では「一般化」について、Kuryłowicz（1976）を引用しながら次のように論じている。

> "Generalization is a process which can be characterized, in part, as an increase in the polysemies of a form, and in part as: 'an increase of the range of a morpheme advancing from a lexical to a grammatical or from a less grammatical to a more grammatical status.' (Kuryłowicz 1976 [1965] : 69)" (p. 101)

つまり一般化とは、ある形式が多義性を増大させ、語彙的な形式からより文法的な形式へと、形式が表す範囲を増やしていくことを指している。

これは、第4章で論じたcitaの意味拡張でも観察される現象であ

200　I　韓国語助動詞citaの多義性

る。本動詞Ⅰや複合動詞Ⅰの cita は「落ちる」という下方向への空間移動を表すが、複合動詞Ⅱにおいて cita は時間の経過による変化を表すようになる。この段階で cita はより抽象的、文法的な意味を獲得している。

　そして、cita では意味拡張していくにつれ、時間の経過による変化の意味からさらに転じて、事態の実現という、よりアスペクト的な特徴が強い意味を表すようになり、そこからまたさらに受身・非意図というヴォイス的な意味に転じる。こうして、「空間移動→時間推移に伴う変化→事態の実現→ヴォイス」という意味拡張によって、cita は語彙的で具体的な意味からより抽象的な文法的機能を担うようになっていく。さらに述べると、意味拡張の起点にあるプロトタイプ的意味「落ちる」も、現在でも変わらずに用いられているため、多義性が増大している状況にある。これはまさに「一般化」の状況に該当する。

3.1.2　意味の漂白化

　意味の漂白化（bleaching）とは、上述の一般化とも関係性の強い現象である。文法化によって意味の抽象性を増していくと、それと同時に明確で具体的な意味要素が減り、語用論的明確さを失っていくという漂白化も起きる。

　cita の本動詞の意味の中には、現代語で失われてしまったものもいくつか見られる。15，16 世紀の本動詞 cita に見られる「死ぬ、倒れる」は現代語において複合動詞の意味としては残っているものの、本動詞単独では表すことができない。また、「（火を）燃やす」「鋳造する」の意味は現代語では完全に失われている（우인혜 1997: 239）。現代語の辞書に記載されている意味の中でも「눈물 지다 nwunmwul cita（涙を流す）」「젖이 지다 cec-i cita（乳がにじみ出る）」は、複数の母語話者からまったく使用しないという声が聞かれ、意味がすでに失われている可能性がある。

　このような cita の意味の喪失は、多義性の増大により形式としての機能負担量が増えてしまったことの代償である可能性がある。Haspelmath（2003: 235）は、文法素（gram）は無限に新たな機

能を獲得していくわけではなく、一方では、新たな機能が現れ、一方では古い機能が消えていくことを指摘している。cita に関しては、助動詞としての新たな意味を獲得し、多義性を増すとともに、本動詞の意味のいくつかを失いつつあると考えることができる。

3.1.3　脱範疇化

次に脱範疇化について考えてみたい。Hopper and Traugott（2003）では脱範疇化について次のように論じている。

> "When a form undergoes grammaticalization from a lexical to a grammatical form, … , it tends to lose the morphological and syntactic properties that would identify it as a full member of a major grammatical category such as noun or verb."
> (p. 107)

つまり、脱範疇化とは文法化の進行とともに、名詞や動詞といった主要な文法範疇に認められるような形態論的、統語的特性を失うことであるとしている。また、Hopper and Traugott（2003: 101）は動詞の文法化の漸次変容（cline）の過程を次のように示している。

(8)　full verb ＞ auxiliary ＞ verbal clitic ＞ verbal affix

このうち本動詞については、語彙的意味を持ち、節の中で唯一の動詞としての文法的性質を持つとし、助動詞は時制・相・法の意味的特質を持ち、独特の文法的ふるまいをするとしている。

cita の場合を考えてみると、本動詞では前接する要素の形を指定しないが、助動詞 cita では現れる形が〈用言の連用形 + cita〉に限定されている。つまり、前接する要素に制限が生じる。また、助動詞単独では現れることができない。

この他に、第 5 章でも指摘したように、助動詞、特に事態実現用法ではアスペクト形式の共起が制限されている。意味拡張の早い段階にある複合動詞 I の場合と比較すると、次のようである。

(9)　a.　　비가 억수같이 쏟아지고 있다.

　　　pi-ka　　　ekswu-kathi　　　ssota-ci-ko.iss-ta

　　　雨 -NOM　土砂降り - のように　注ぐ -cita- ている -DECL

雨が土砂降りに降りしきっている。

b.　*이 신이 닳아지고 있다.

    i　　sin-i　　　talha-ci-ko.iss-ta

    この　靴 -NOM　すり減る -cita- ている -DECL

    この靴がすり減っている。

　複合動詞 I に該当する（9a）の「쏟아지다 ssota-cita（こぼれ落ちる）」は、動作の進行・継続を表す -ko issta と共起が可能である。これに対して、事態実現用法の（9b）「닳아지다 talha-cita（すり減る）」は -ko issta を共起させることができない。

　このように意味拡張が進むことによって、それまで共起できた形式が共起できなくなってしまう。これも動詞→助動詞という範疇の変化によって、それまで動詞として持っていた統語的・形態的特徴を失う「脱範疇化」が起きているものと理解することができる。

　以上のように、一方向性仮説に関係する 3 つの現象を cita の意味拡張においても確認することができる。つまり、第 4 章で論じた cita の意味拡張の分析は、一方向性仮説とも矛盾しないと言える。共時的観点から見た意味拡張と、通時的な観点を含む文法化は、一概に同等のものとして扱うことはできない。しかし、上に示したような文法化に関する議論との整合性から、本書で示した意味拡張の経路は、文法化のプロセスとしても妥当性が高いと主張することができる。

3.2　主観化

　主観化（subjectification）とは Traugott（1982, 1989）の用語で、文法化の意味的・語用論的変化の順序を示したものである。Traugott（1989: 31）は、英語の while や法助動詞などに対する分析から、文法化による意味の変化に次のような順序が見られることを主張している。

（10）propositional ＞（（textual）＞（expressive））

　これは、ある形式が意味変化によって、客観的に捉えることができる実質的な内容を伴った命題的な意味から、文どうしの連結やテ

キスト形成に関わる意味を表すようになり、さらに命題に関する話者の主観的な信念や態度を表すようになる、ということを主張するものである *3。Traugott（1989: 34–35）では（10）の抽象化した主観化の順序は、以下の 3 つの傾向から構成されるとしている。

（11）傾向 1：外的に描写される状況に基づく意味 ＞
　　　　　　　　内的に描写される状況に基づく意味
　　　傾向 2：外的あるいは内的に描写される状況に基づく意味 ＞
　　　　　　　　テキスト的・メタ言語的な状況に基づく意味
　　　傾向 3：意味は次第に命題に対する話者の主観的な信念・態
　　　　　　　　度を表すようになる

　cita の場合を考えてみると、第 4 章で論じたように、意味拡張の順序は「空間移動→時間推移→事態の実現→参与者に対する解釈→事態に対する評価」とまとめられる。以下に第 4 章で示した図を再掲する（図表 2）。

　まず、Traugott（1989）の述べる最初の段階、「命題的内容（propositional）」は cita では空間移動の意味に該当する。しかし、2 番目にある「テキスト連結的内容（textual）」の段階は、cita には見られない。それにもかかわらず、最終的には「話者態度表出的内容（expressive）」に至ることは共通している *4。

　「テキスト連結的内容」は（11）の「傾向 2」にある「テキスト的・メタ言語的な状況に基づく意味」に該当する。Traugott（1989）では、英語の while が接続詞として用いられる場合の意味を「テキスト連結的内容」の例としている。cita の場合、Traugott（1989）の指す接続詞のような、いわゆる「テキスト的」な意味は持たない。その代わり、命題的内容から「時間の推移に伴う変化」へと意味拡張し、そこから、事態の実現というアスペクト的な内容へと発展する。さらにそこから、参与者に対する解釈が介在することで受身や非意図といったヴォイス的な意味につながっている。このように、cita の場合は Traugott の述べる「テキスト連結的内容」の代わりに、アスペクト・ヴォイスに関する多様な要素が折り込まれている。さらに、その内部は段階性を示す。ここに cita の独自性があるのではないかと考えられる。

204　　I　韓国語助動詞 cita の多義性

図表2　cita の意味拡張の経路と主観化

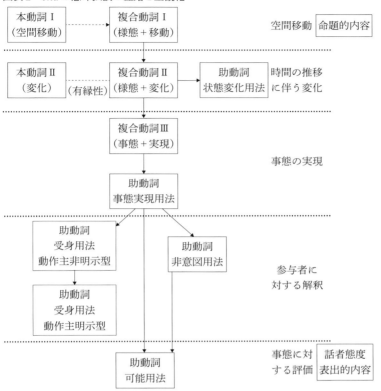

　cita の用法の中では、非意図・可能用法が「話者態度表出的内容」に該当する。非意図用法では「動作主の意志に基づかずに事態が成立する」ということを表すことで、語用論的には責任回避的な状況で用いられることがある。また、第3章・第4章で見たように、可能用法には話者の予想が関与しており、多くの場合「予想とは異なり〜した」という内容を表している。つまり、話者が事態をどのように評価しているのかを表すものである。言い換えると、非意図・可能用法は、話者の態度を表出するモダリティ的な要素が色濃く表れている。

　よって、cita は Traugott（1989）による英語の分析とは、異なる主観化の経路を示していると考えることができる。Traugott（1989）の英語の分析では、第2段階の「テキスト連結的内容」に

該当する部分に、citaでは時間的・アスペクト的・ヴォイス的内容が現れ、それがさらに主観的な「話者態度表出的内容」へと橋渡しをしていると考えることができる。

したがって、本書のcitaに対する考察を通して、Traugott (1989) が指摘するものとはタイプの異なる主観化の経路を精緻化した形で示すことができる。

3.3 受身の文法化の経路

Haspelmath (1990) は、受身を表す形態素がどのような起源をもち、どのような文法化の経路を経て出現したのか類型論的に研究し、図表3のような受身に至る4つの文法化のルートを示している。

図表3 "Sources of passive morphemes and their convergence" (Haspelmath 1990: 54)

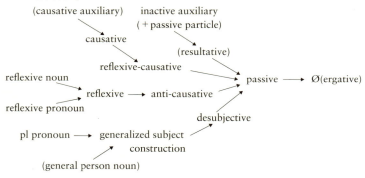

このうちcitaは「되다toyta（なる）」とともに「非能動的助動詞 (inactive auxiliary)」の一例として記述されている。つまり、citaは「非能動助動詞→（結果相）→受身」という順序で文法化したものとされている*5。Haspelmath (1990) は、なぜ結果相が受身を表すようになるのかについて、次のように述べている。

"... only the patient can be characterized by means of the result of an action, because in general only the patient is affected by an action. This explains why resultative particles show passive orientation with transitive verbs, ..." (p. 40)

つまり、一般的に動作によって影響を受けるのは被動者だけであ

るため、動作の結果によって特徴づけられるのは被動者のみである。そこから、結果相は他動詞と組み合わされたときに受動の意味へと向かっていくという説明である。

　citaの場合、結果相に相当するのは、「事態の実現」を表す事態実現用法である。これまで述べてきたように、citaの事態実現用法から受身用法に至る過程は連続的であり、両者を明確に分けることはできない。こういったcitaの状況は、受身への文法化・意味拡張の過程をより具体的に捉える手がかりを与えてくれるのではないかと考える。

　第4章では事態実現用法から受身用法への意味拡張には、参与者に対する解釈が大きく関与していることを述べた。（12a）の事態実現用法の文と（12b）の受身文との区別には、動作主が含意されるかどうかが大きく影響している。

（12）a.　콩즙을 마포에 넣으면 두부가 만들어진다.　　　（K127–288*）

　　　khongcup-ul　mapho-ey　neh-umyen　　twupwu-ka

　　　豆乳-ACC　　麻布-に　　入れる-すれば　豆腐-NOM

　　　mantule-ci-n-ta

　　　作る-cita-PRES-DECL

　　　豆乳を麻布に入れれば豆腐ができる。

　　　b.　이 공장에서는 하루에 두부가 1톤 만들어진다.

　　　i　　　kongcang-eyse-nun　halwu-ey　twupwu-ka　　1-thon

　　　この　工場-LOC-TOP　　　1日-に　　豆腐-NOM　　1-トン

　　　mantule-ci-n-ta

　　　作る-cita-PRES-DECL

　　　この工場では1日に豆腐が1トン作られる。

　（12a）は動作主不在の事態の実現を表しており、動作主は概念化されていないが、（12b）では事態を「動作主が被動者に対して行為を行い、被動者が何らかの影響を受ける」という因果関係で捉え直し、動作主が概念的に組み込まれる。つまりcitaの受身用法の場合、動作主の概念化がポイントとなる。そのため、（12a）の事態実現用法の文では共起できない動作主名詞句が、（12b）の受身文では共起できるようになる。

ここで起きているのは、Haspelmath（1990）の述べるような、単に被動者だけを特徴づけることではない。事態の実現を表していたものを因果関係の枠組みで捉え直し、「主要な参与者＝被動者」「背景的な力＝動作主」という再解釈が行われている。言い換えると、参与者に対する解釈が受身化の段階で大きな役割を果たし、動作主が概念化の枠組みに組み込まれる。よって、Haspelmath（1990）の述べる「結果相から受動が派生する」段階では、被動者を特徴づけるだけでなく、動作主の概念化も大きな要因として働いていることをcitaの分析から付け加えることができる*6。

　これとはまた別の観点から述べると、Haspelmath（1990）は受身を中心に論じており、図表3のタイトルにも見られるように、さまざまな形態の機能が受身に収斂していくという捉え方をしている。しかし、citaでは受身は多くの機能のうちの1つであり、意味拡張においても分岐の1つに過ぎない。つまり、citaの意味拡張は最終的に受身に到達しているのではない。よって、citaは脱他動化などのより広い枠組みで捉えることが必要な形式である。4節以下では、ヴォイスの体系の中でcitaをどのように位置づけるかについて論じることにしたい。

4.　ヴォイスの体系と cita

　受身（と使役）を中心とするヴォイスが、他の構文と相互に関係しあっていることはShibatani（1985）をはじめとして、多くの研究で指摘されている。特に脱他動化に関してはGivón（1990）が「どんな言語においても、ヴォイスと脱他動化の機能領域は、類縁的な統語構造によって記号化される*7」（p. 563）と述べているように、1つの形式（あるいは構文）がヴォイスと脱他動化に関する複数の機能を果たすことが指摘されている。

　citaの用法のうち、状態変化は脱他動化のカテゴリーに入りにくいが、事態実現用法は他動詞文の目的語を主語とし、動作主の共起を許さないなど、受身用法と共通するヴォイス的な側面がある。受身の他に非意図・可能も動作の対象や被動者が主語となる点で、広

義のヴォイスの現象に含めることができる。これらは意味的には、動作主を中心にイベントを描写するという他動的な捉え方ではなく、動作の対象や被動者を中心にイベントを描写する脱他動化のカテゴリーに入るものである。

　ここではまず、日本語学で論じられている「出来文」との共通性について考察し（4.1節）、次に、BECOME型／AFFECT型という受身の類型からcitaを位置づける（4.2節）。さらに、構文ネットワークの広がりの中で、受身の基本的機能領域（4.3.1節）、機能領域の広がり（4.3.2節）という観点からcitaの多義性について検討する。

4.1　「出来文」との共通性

「出来文」とは尾上（1998a, 1998b, 1999, 2003）において、日本語のラレル文および、「見える、聞こえる」「泣ける、笑える、読める」などの動詞による文を指す用語である。尾上（2003: 36）では、出来文を「事態をあえて個体の運動（動作や変化）として語らず、場における事態全体の出来、生起として語るという事態認識の仕方を表す文である。」と定義している。そして、「場における事態全体の生起」という出来スキーマを次の3つの形で用いているとする（p. 36–38）。

（ⅰ）事態の生起そのことを語る用法

　　　自発　　　　動作主が意図せず事態が生起

　　　意図成就　　動作主の期待どおり事態が実現

　　　可能　　　　「事態生起の許容性」の有無を出来スキーマで表す

（ⅱ）非動作主に視点を置くために出来文を使う用法

　　　受身　　　　｝動作主以外の項に視点を置くという目的の

　　　発生状況描写｝ために、出来文形式が用いられる

（ⅲ）動作主の動作主性を消すために出来文を使う用法

　　　尊敬　　　　意志性消去で、動作主の高貴さを維持しようとする

　　　非人称催行　公の行事の催行では、動作主そのものを不問にする

第5章　citaの言語学的位置づけ　209

そして、「事態出来の場」が出来文の主語となるとしている。

このような出来文の「場における事態全体の生起」というスキーマは、本書の cita の分析と共通する部分がある。特に、cita の意味拡張において助動詞の基軸となっている事態実現用法は「動作主を概念化の枠組みからはずし、動作や変化の対象を主要な参与者としながら、事態が終結する局面を重点的に表す」ものであるとした。このうち、cita の「動作主を概念化の枠組みからはずす」という部分は、出来文の「事態をあえて個体の運動として語らない」と表現こそ違うが、動作主を非焦点化するという点で共通している。

出来文の「事態全体の生起を語る」と cita の事態実現用法の「事態が終結する局面を重点的に表す」では、差異が見られる。しかし、事態の開始局面や事態の展開局面における動的な描写というよりも、実現した事態に対する把握であり、有界的な形で事態を捉えるという点にも共通性が見られる。

出来スキーマが、ラレル文などにみられる意味の「捉え方」を規定する抽象的な概念であるのに対し、本書の分析における事態実現は用法の1つであるという根本的な違いはあるものの、cita では事態実現からの意味拡張によって、受身・非意図（自発）・可能といったラレルとも共通する用法が派生している。したがって、一方は抽象的スキーマ、一方は用法の1つという位置づけの違いはあるが、ラレルと cita という部分的に類似した用法を持つ形式において、基本的発想に共通点が見られることは非常に興味深い。これは、日本語と韓国語の事態の捉え方の類似点を示唆するものとして考えることができるかもしれない。なお、日本語ラレルと cita の間に見られる共通点と相違点については、第2部において詳しく論じることとする。

4.2　BECOME 型受動と cita

鷲尾（2005）では、人称受動の類型として「BECOME 型」と「AFFECT 型」の2つのタイプが存在することを指摘している。

BECOME 型は出来事の発生そのものを概念化した構文であり、非対格型の助動詞や接辞が受身形式となる。BECOME を表す動詞

を受動の助動詞とするオランダ語、ドイツ語の受動文、BE を用いる英語の受動文がこれに該当する。一方、AFFECT 型は個体と出来事の関係を概念化した構文であり、他動詞型の助動詞や接辞が受身形式となる。AFFECT 型には日本語の受動文が該当するとされている。

そして、韓国語の受動形式の中では、cita と toyta が BECOME 型、接辞 -i- と、patta、tanghata が AFFECT 型であるとされている。

確かに cita は、プロトタイプ的な意味が「落ちる」という非対格的な意味を表し、本動詞自体が「(ある状態に)なる」という BECOME に該当する意味も表す。さらに、第 4 章で詳しく論じたように、助動詞化した最初の用法である事態実現用法は、「動作主を概念化の枠組みからはずし、動作や変化の対象を主要な参与者としながら、事態が終結する局面を重点的に表す」ものである。これはまさに非対格的な意味を表すものであり、BECOME 型の「出来事の発生そのものを概念化した構文」という特徴づけと共通する部分が大きい。事態実現からの意味拡張を経て発達した cita の受身用法は、当然、この類型に該当すると考えることができる。

鷲尾(2005)はまた、この受動文に関する 2 つの類型が間接受動の可否と関係することを指摘している。BECOME 型の受動構文は間接受動を許さないが、AFFECT 型の受動構文は間接受動を潜在的に許すというものである。

cita の場合を考えてみると、第 2 章 3 節の受身用法の部分で述べたように、間接受動文を作ることができない。元来、韓国語には自動詞ベースの受身文は存在しないのだが、cita には対格の共起を徹底して避ける傾向があるため、持ち主の受身も作ることができない*8。

(13) * 나는 같은 반 학생들에 의해 구두를 숨겨져 버렸다.

```
  * na-nun    kath-un    pan     haksayng-tul-ey.uyhay    kwutwu-lul
    私-TOP     同じ-RL    クラス   学生-PL-によって          靴-ACC
    swumkye-cye    pelye-ss-ta
    隠す-cita       しまう-PAST-DECL
```

私は同じクラスの生徒たちに(よって)靴を隠されてしま

った。

このように、間接受身文を許さないという点においても、cita は
BECOME 型受動に該当するという分析は妥当であると考えられる。

4.3 構文ネットワークの広がりと cita の多義性

4.3.1 受動の基本的機能領域

受身の基本となる機能領域としては、「状態化」、「動作主の非焦
点化」、「被動者の話題化」の3つがあることが多くの研究で指摘さ
れている*9。Givón（1990: 567–572）ではそれぞれを次のように
説明している。

動作主の非焦点化：受動態において、意味的に他動的なイベ
　　　　　　　　　ントの動作主は、典型的な主題の位置か
　　　　　　　　　ら格下げされる。つまり、談話の中で動
　　　　　　　　　作主の相対的な重要性が低いために、明
　　　　　　　　　示されなかったり、斜格で標示されたり
　　　　　　　　　する。

被動者の話題化：　能動文の動作主が語用論的な目的で格下
　　　　　　　　　げされたり、統語的に降格されると、そ
　　　　　　　　　の他の参与者が文の主題として解釈され、
　　　　　　　　　主語へと昇格される。

状態化：　　　　　能動態は典型的に、有界的で変化の速い
　　　　　　　　　イベントを動作主が開始するプロセスと
　　　　　　　　　して捉えられるが、受動態は結果状態と
　　　　　　　　　してイベントを捉え直す傾向がある。

さらに、Givón（1990: 600）は、受動の起源となる構文は3つ
の機能の少なくとも1つを持ち、時を経て他の機能も次第に獲得し
ていくと述べている*10。

本書では、上記の3つの機能領域は cita の受身用法のみならず、
事態実現用法・非意図用法とも関係していると考える。3つの機能
領域は受身・事態実現・非意図の3つの用法の違いを意味的に説明
する手がかりになる。

第4章で論じたように、cita の意味拡張の経路で助動詞として最

212　Ⅰ　韓国語助動詞 cita の多義性

初に現れる用法は、事態実現用法である。事態実現はすでに述べた
ように、事態の終結局面を重点的に表す用法である。そのために、
終結局面に続く結果状態までが含意されやすく、結果状態としてイ
ベントを捉えなおすという「状態化」の機能領域と重なる。この一
方で、他動詞文での動作主名詞句は共起することが許されず（動作
主の非焦点化）、被動者や動作の対象が主語として現れる（被動者
の主題化）という他の機能領域とも重なる特徴が見られる。つまり、
事態実現用法は3つの領域のすべてに該当しているのだが、中でも
卓立して強く表れているのは「状態化」の機能である。3章5.5節
で述べたように、事態実現文の主語は典型的に無生物であり、動作
主と呼ぶには不十分なものである。また、事態実現用法には〈自動
詞＋cita〉の構文もある。この場合、被動者は存在しない。そのよ
うな文においても、動作や変化の完了を表すという機能を一貫して
果たしている。言い換えれば、アスペクト的な機能が事態実現用法
の全体を貫く特徴である。したがって、事態実現用法は状態化の側
面が最も際立っていると考えることができる。

　残る「動作主の非焦点化」と「被動者の話題化」の特徴は、cita
のそれぞれ別の用法に顕著に見られる。

　まず、受身用法について検討したい。citaの受身文は能動文と対
比すると、能動文の動作主が統語的に降格されるので、動作主の非
焦点化が起きていると言えるのだが、citaの意味拡張から考えると、
異なる側面が見えてくる。第4章や本章3.3節で述べたように、事
態実現用法から受身用法への意味拡張では、イベントを因果関係の
枠組みで捉えなおしている。事態実現用法の文において主格標示さ
れている名詞句を「被動者」として位置づけ、「被動者」を中心と
して事態を述べる。さらに事態実現用法では出現しなかった動作主
が概念化され、動作主名詞句として共起できるようになる。という
ことは、citaの意味拡張という観点から見ると、動作主の非焦点化
というよりも、むしろ、動作主の概念化が起きている。したがって、
citaの受身用法では、「動作主の非焦点化」よりもむしろ、事態実
現文の主語を被動者として位置づける「被動者の話題化」の機能領
域が卓立していると言えよう。

第5章　citaの言語学的位置づけ　**213**

もう1つの機能領域「動作主の非焦点化」は、非意図用法に強く表れている。非意図は本来、意志的におこなわれるはずの行為が動作主の意志に関わらず実現することを表す用法である。つまり、非意図用法では、意味的には動作主の意志性が否定され、Shibatani（1985: 839）が述べるように、イベントを動作主と分離したものとして捉えている。また、構文的にも動作主名詞句があまり共起しなくなる。さらに、〈自動詞＋cita〉でも非意図を表せることを考えると、非意図用法では「被動者の話題化」としての側面は弱い。したがって、citaにおいて「動作主の非焦点化」は、非意図用法に特に際立っていると言うことができる。

よって、これまで受動に関するものとして指摘されてきた3つの機能領域は、citaにおいては、事態実現（状態化）・受身（被動者の主題化）・非意図（動作主の非焦点化）の各用法においてそれぞれ卓立して表れていると捉えなおすことができる。

4.3.2　機能領域の広がり

受動構文をはじめとする脱他動化の構文では、コントロールつまり「動作主が自らの意志で影響を引き起こす力」（大堀2002：173）の消失という機能領域と結びつくことが指摘されている*11。citaの意味拡張では、このコントロールの消失がさらに独自の発展をする。事態に対するコントロールの消失から機能領域が広がり、事態に対する話者の予想からの逸脱を表すようになる。

典型的な他動的状況では、動作主は事態の展開に対して見通しを持ち、意志的に行為を開始し、事態の展開や結果を操作する。しかし、コントロールを消失し、意志性を否定されると、事態は偶発的あるいは予期しないものとして捉えられるようになる。

脱他動化の構文によって「話者が予想しない変化」を表す例は、スペイン語のメキシコ方言においても指摘されている（Maldonado 1988）。再帰代名詞seが次に示すような文で「予期しない変化」を表すのに用いられている。

(14) La pelota *se* cayo de la mesa.

'The ball fell down from the table.'

この文の再帰代名詞 se は動作主の意志の欠如を表し、動作主性を否定するものである。ここから動作主以外の、主導権を持つ不特定の力の存在が含意され、「予期しないイベント」という解釈が生まれると説明されている（p. 163）。そのため、コントロールの消失が、話者の予想からの逸脱という解釈を生み出す。

　このように、話者の予想からの逸脱も、脱他動化による機能領域の広がりの1つの方向性として指摘することができるのではないかと考えられる。cita ではこのような意味の連続性・近接性よって、コントロールの消失から機能領域が広がり、話者の予想からの逸脱を表すようになり、それがさらに可能用法へと拡張していく。話者の予想に反して事態が実現した場合には「予想とは異なり〜できた」という可能、話者の予想に反して事態が実現しない場合には「予想とは異なり〜できなかった」という不可能を表す。第2章5.3節では、可能用法の場合、特に人間の行為に関するものでは、偶発的・成り行き的な状況では可能文として容認されるが、社会的な約束事や個人の能力など、当然起こるべきことが起こるという蓋然性が高い状況では可能文として容認されないことを述べた。つまり、cita は動作主のコントロールの及ばない状況で可能文を作る傾向がある。このことからも、コントロールの消失という機能領域が拡張していくことで、可能用法につながっていくと考えることの裏付けを得ることができる。

　このことは3.2節で述べた主観化とも関連づけることができる。cita では意味拡張が進むにつれ主観化が起きており、可能用法や自発用法は話者の態度を表出する役割も果たしている。つまり、命題に話者の判断や態度を付加して伝えるモダリティ的な内容を表現する。ということは、コントロールの消失という機能領域を拡張していくことを通じて、話者が予想しない変化を表すようになり、そこからさらに、命題に対する話者の判断・評価を付加することに拡張しているのである。したがって、cita はコントロールの消失という機能領域を経由して、ヴォイスの領域からモダリティの領域へと展開していると考えることができる。

5. 第5章のまとめ　アスペクト・ヴォイス・モダリティ の連続性

　第5章ではメタファー、文法化、ヴォイスの体系という3つの観点から、本書のcitaの分析を捉えなおした。

　まず、メタファーに関しては、2.1節において英語における下方向の表現DOWNとcitaを対比した。DOWNとcitaの本動詞や複合動詞の間には、意味的な共通性が見られるが、助動詞citaでは意味の抽象化が進み、DOWNのメタファーの枠組みとは離れていくことを指摘した。

　また、2.2節の空間概念から時間概念へのメタファー的写像に関しては、Sweetser（1988）のgoの分析と対比した。その結果、空間概念から時間概念への意味拡張では共通性が見られるものの、時間概念からさらに意味拡張していく段階では、位相概念だけではなく、参与者等の性質も大きく関与することを述べた。したがって、位相概念だけではcitaの意味拡張は説明できないことを指摘した。

　さらに2.3節では、citaの意味拡張において、「同じフレーム内での焦点の移動」という広義のメトニミーが関与していることを述べた。

　3節では文法化に関する議論とcitaの意味拡張の分析を照らし合わせた。3.1節の一方向性仮説に関しては、一般化と意味の漂白化、脱範疇化という特徴がcitaにおいても見られ、本書で示した意味拡張の経路を文法化の順序として考える十分な妥当性があることを主張した。

　また3.2節では、Traugott（1989）の述べる「主観化」と本書の分析を対比した。「命題的内容」からスタートして最終的には「話者態度表出的機能」つまりは、モダリティ的な意味を表すという点が共通するものの、citaには主観化の中間段階である「テキスト連結的機能」がなく、その代わりにアスペクト・ヴォイスに関する多様な要素が入り、段階性を示している。このことから、主観化のルートは単一ではなく、扱う言語や形式によっては、多様なものになると考えられる。citaはその一例を精緻化した形で示せる可能性が

あることを述べた。

　さらに3.3節では、Haspelmath（1990）の受身の文法化に関する類型論的研究を通してcitaについて考察を加えた。Haspelmath（1990）の議論においては、citaは状態化・結果相から受身に至るルートに該当する。citaは結果相に該当する事態実現用法から受身が連続的につながっているため、受身に至る文法化の過程をより具体的に提示することができることを述べた。そこでは、被動者の主題化のみならず、動作主が概念的に組み込まれることが重要なステップであることを主張した。

　4節ではヴォイスの体系の中での位置づけという観点からcitaの多義性を考えた。

　まず4.1節では、日本語学で述べられている「出来文」「出来スキーマ」と、citaの共通点を指摘した。また、4.2節では受身文に関するBECOME型／AFFECT型という類型においてcitaがBECOME型の類型に該当することを確認した。

　4.3節では、構文ネットワークの広がりという観点からcitaの位置づけを考察した。受動の基本的機能領域に沿ってcitaの用法を捉えなおし、「状態化」は事態実現用法において、「被動者の話題化」は受身用法、「動作主の非焦点化」は非意図用法において、意味的に卓立していることを指摘した。また、機能領域の広がりとして、citaではコントロールの消失から、話者の予想からの逸脱を表すようになると考えた。そこから、話者の事態に対する評価を表す、モダリティ的な側面の強い可能用法が派生したと論じた。

　ここまでの議論でたびたび述べてきたように、citaの用法のうち、事態実現用法は動作主の非焦点化や被動者の話題化といったヴォイス的な特徴を持ちながらも、事態の終結局面を重点的に表すというアスペクト的な側面が強い。一方、受身用法は「被動者の話題化」、非意図用法は「動作主の非焦点化」という機能領域が卓立しており、ヴォイスのカテゴリーに入る。他方、可能用法は話者の事態に対する判断を表すモダリティ的な側面が強い。さらに、状態変化用法は「時間の経過に伴う属性の変化」というアスペクトと深く関係する

意味を表す。

　つまり、citaは1つの形態でアスペクト・ヴォイス・モダリティにまたがる意味を表しているのである。この3つの文法カテゴリーの連続性を示す点にcitaの特徴があると考えることができる。第4章で示した意味拡張の図を再び示す。

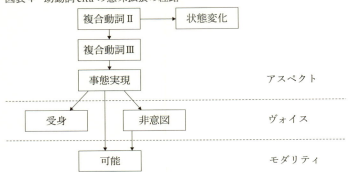

図表4　助動詞citaの意味拡張の経路

　つまり、citaは「落ちる」という空間移動を表す本動詞から出発して、助動詞の中でアスペクトからヴォイス、そしてモダリティへと連続的に意味拡張している。一見、全く異なるカテゴリーに属すると思われているものが、1つの形式の連続的な意味拡張から生まれている。さらに、現在でも本動詞・複合動詞・助動詞の複数の用法が共存し、使用されている点に、citaの独自性があると考えられる。

＊1　(1)に提示した意味の他に、英語の前置詞'down'には'drink something down'「何かをすっかり飲みきる」のように、有界性を表す場合が見られる（Hopper and Traugott 2003: 85-87）。citaの場合、複合動詞Ⅲや事態実現用法において、citaが事態の終結局面まで至ることを表しているとすでに述べた。このように、有界性を示すという点でも、DOWNとcitaは共通している。
＊2　なお、英語の動詞'befall'は、'by'と'fall'に語源をさかのぼることができるものだが、これにも「(何か悪いことが)起こる、生じる」という意味がある。下方向の空間移動から、事態の生起へと意味が転化する現象は英語に

おいても見られる。ただし、'befall' は受身形式としては用いられない。

＊3　河上（1996）ほかでは、主観化も一方向性仮説を構成する1つとして捉えられている。

＊4　"propositional"「命題的内容」、"textual"「テキスト連結的内容」、"expressive"「話者態度表出的内容」という訳語は、河上（1996）を参照した。

＊5　Haspelmath（1990）では、cita の他に 'fall' を意味する動詞が受身形式になるものとして、タミル語、バントゥ諸語の例が挙げられている。ただし、タミル語の -paṭ は 'suffer' を表す語であり、'fall' の意味は見出せないため（Schiffman 1999）、この部分の記述に関しては再検討が必要であると思われる。

＊6　4章3.4節でも触れたが、Keenan（1985）は受身と同じ形式で再帰や中動が表される場合、それらと受身を区別するのは、「動作主の存在が含意される」という意味的な特徴であると述べている。同様のことが cita の受身用法と事態実現用法の間でも起きており、動作主の存在を含意するかどうかが、2つの用法を分けていると考える。

＊7　"The functional domain of voice and de-transivization, in any individual language, is coded by a family of syntactic constructions."（Givón 1990: 563）

＊8　なお、韓国の受動形式のうち、接辞 -i- は持ち主の受身を作ることができる。その際、主語と目的語の間に「部分と全体」の関係があることが条件であるとしてきた先行研究に対し、鷲尾（1997a, 1997b）は、韓国語の間接受動文の可否を「関与受動／排除受動」の枠組みでより統一的に説明できることを示している。

＊9　受身の機能領域に関する用語は研究者によって異なるが、ほぼ同じ概念を表しているものと考える。ここでは「状態化」「動作主の非焦点化」「被動者の話題化」という大堀（2002）の用語を踏襲する。

＊10　'Almost invariably, passives arise from a source construction that displays at least one of the three main de-transivizing sub-functions of the passive. ... Over time, the emergent passive construction gradually acquires other passive sub-functions.'（Givón 1990: 600）

＊11　大堀（2002: 173）は、日本語では自他の交替による自動詞の使用や、ヨーロッパ言語では再帰形の使用でコントロールの消失が表されると述べている。

第6章
結論
スキーマ的意味と文法的特徴の相互作用

1. はじめに

　第6章では、第1章から第5章までの議論を振り返り整理する。そして、本研究から得られた知見を総合することで、cita の多義性がスキーマ的意味と文法的特徴の両側から支えられ、2つの相互作用によって成り立っていることを論じる。

2. 第5章までの議論

　第1章では、cita の多義性を文法的側面と意味的側面の両側から捉えることを本書の目的とすることを述べ、「① cita にはどのような用法があるのか？」「② cita の用法はどのような文法的特徴と結びついているのか？」「③ cita はどのような意味拡張の経路を経て多義語になったのか？」「④ cita の用法間の相互関係はどのように位置づけられるか？」という本書が取り組む4つの問題を提起した。

　その上で、先行研究を概観し、本書が取り組む課題についてどこまでが把握され、記述されているかを整理した。「① cita の用法」については、研究者によってさまざまな意見が出されており、見解が分かれ、統一的な見解には至っていない状況である。「② 各用法の文法的特徴」に関しては、先行用言の品詞と受身用法という2つの部分については研究が行われているが、cita の用法全体の文法的特徴を網羅的に捉える作業はほぼ手付かずの状態にある。そして、「③ 意味拡張の経路」については、これまで本格的な考察の対象とはされておらず、「④ 用法間の相互関係」に関しては部分的な記述にとどまっていた。したがって、cita の多様な用法について文法的側面と意味的側面の両側からアプローチし、全体像を把握する作業

は課題として残されていることを述べた。

第2章では、問題提起「①citaにはどのような用法があるのか？」について考察した。先行研究の掲げる用法を整理・検討することを通じて、citaに対してどのような用法を設定するのが妥当かを論じた。まず、先行研究でも指摘されている状態変化・受身・非意図・可能の4つを用法として設定する。すると、citaにはこれら4つの用法のいずれにも該当しない用例が見られる。それらの用例は「動作主を概念化の枠組みからはずして、事態の終結局面を重点的に表す」という意味的な特徴を共通して持つことから、「事態実現用法」としてまとめ、citaの第5の用法とした。

上記の5つの用法に基づいてコーパスを分析すると、状態変化用法が最も多く全体の4割を占める。その次に受身用法、事態実現用法の順で頻度が高かった。非意図・可能の2つの用法は頻度が低く、数量的に見るとcitaの周辺的な用法である。また、コーパス調査においては、「受身と事態実現」「非意図と可能」のように、2つの用法にまたがる用例も多く見られた。そのような例は全体の約1割を占めている。

第3章では問題提起「②citaの用法はどのような文法的特徴と結びついているか？」について論じた。citaが現れる環境とcitaの意味の間には密接な関係があると仮定し、先行用言の品詞、語彙アスペクト、構文的な特徴、名詞句の属性、話者の予想との一致／不一致という5つの項目について分析をおこなった。その結果、用法内で共通していて、バリエーションに制限がある項目、本稿で述べるところの「不可欠な文法的特徴」が明らかになった。

不可欠な文法的特徴は用法ごとに異なっている。また、citaの用法には先行用言の品詞のような単一の条件ではなく、語彙レベル・構文レベル・語用論レベルにまたがって複数の文法的特徴が関与していることを指摘した。それをまとめたのが図表1である。

第4章では、問題提起「③citaはどのような意味拡張の経路を経て多義語へと発展したのか？」について論じた。citaのプロトタイプ的な意味は、本動詞Ⅰの「落ちる」という下方向への空間移動である。ここから拡張していった意味はすべて、このプロトタイプ的

図表1　各用法の不可欠な文法的特徴

用法	不可欠な文法的特徴		文法的レベル
状態変化	先行用言の語彙アスペクト	状態	語彙レベル
受身	先行用言の品詞	他動詞	語彙・構文レベル
	動作主名詞句の属性	有生名詞か無生名詞	構文レベル
非意図	主語の名詞句属性	〈自＋cita〉人称代名詞か有生名詞	構文レベル
	動作主名詞句の属性	人称代名詞か有生名詞	構文レベル
可能	話者の予想	関与する	語用論レベル
事態実現	動作主名詞句	共起できない	構文レベル
	主語の名詞句属性	〈自＋cita〉有生名詞か無生名詞〈他＋cita〉無生名詞	構文レベル

意味の属性の一部を共有していると考える。そして、cita の多義全体に共通する抽象度の高いスキーマ的意味は「人・モノが背景的な力によって変化し、ある到達点に至る」というものであると考えた。そして、「落ちる」を出発点として、助動詞の5つの用法にたどりつくまでの意味拡張の経路は、図表2のように想定されることを論じた。

　本書の特色は、本動詞から直接、助動詞が派生したと考えるのではなく、本動詞と助動詞の間に〈動詞＋cita〉型の複合動詞が介在すると考える点にある。これによって、助動詞が〈用言の連用形＋cita〉という構文をどのようにして獲得したのかを説明することができる。また、これまでcita の意味拡張に関しては言及されることのなかった複合動詞を説明に組み込むことができる。先行研究においては、本動詞から助動詞への意味拡張は明確な説明がないまま、漠然と捉えられてきたが、複合動詞を介在させることによって、段階を踏んで派生していく具体的な経路を描くことができるのである。

　この意味拡張の経路は、15世紀の段階のcita の用法の分布とも整合性がある。また、第2章で述べた用法ごとの数量的分布を重ね合わせると、プロトタイプ的意味に近い用法ほど用例数が多く、意

図表 2　cita の意味拡張の経路

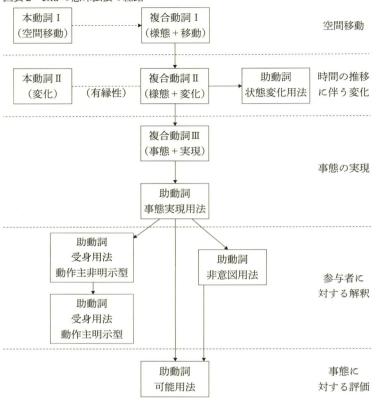

味拡張の中で多くの段階を経たものほど用例数が少ないという傾向が見られた。さらに、第 3 章の不可欠な文法的特徴と照合すると、プロトタイプ的意味に近い状態変化用法は語彙レベルの特徴が関与し、プロトタイプ的意味から距離が遠い可能用法は語用論レベルの特徴が関与している。そして、両者の中間にある事態実現・受身・非意図の 3 用法では主に構文レベルの特徴が関与していることを指摘した。

　第 4 章ではさらに、図表 2 を通じて、問題提起「④ cita の用法間の相互関係はどのように位置づけられるか？」についても検討した。用法間の親疎関係という点から見ると、状態変化用法は他の用法と共有する特徴が少なく、意味的にも距離がある。これに対し、事態

実現・受身・非意図・可能の４つの用法は、それぞれに何らかの特徴を共有しており、近い位置関係にある。そして、受身・非意図・可能の３用法は事態実現用法から意味拡張していることから、事態実現用法は助動詞 cita の用法のハブとして位置づけることができることを述べた。

　第５章では、以上の第２〜４章で論じた cita の特徴が言語学的にどのように位置づけられるのかについて考察した。メタファーと文法化、ヴォイス体系の中での位置づけという３つの観点から本書の分析を捉えなおした。メタファーに関しては、方向に関するメタファー、空間的概念から時間的概念へのメタファー的写像、広義のメトニミーという３つの点から検討した。方向に関するメタファーは、cita の本動詞や複合動詞では、英語の下方向の表現 DOWN が表す概念との共通点が見られるが、助動詞では意味の抽象化が進み、DOWN のメタファーとは離れていく。また、空間的概念から時間的概念へのメタファー的写像においては、位相概念（topology）のみが保持されるという Sweetser（1988）の分析と共通性があるものの、時間的概念からさらに意味拡張していく段階では、参与者の性質等も大きく関与することを述べた。広義のメトニミーに関しては、「単一フレーム内での焦点移動」が cita の意味拡張においても役割を果たしていることを指摘した。

　文法化に関しては、cita の意味拡張の経路を一方向性仮説と照らし合わせ、一般化と意味の漂白化、脱範疇化という３つの点で、本稿の主張する意味拡張の経路が、文法化の順序としても十分に妥当性があることを述べた。

　また、Traugott（1989）の「主観化」が、cita についても部分的に当てはまることを述べ、cita を通じて英語とはタイプの異なる主観化の過程を提示できる可能性があることを指摘した。

　ヴォイスの体系の中での cita の位置づけに関しては、「出来文」「BECOME 型受動」「構文ネットワークの広がり」という３つの点から論じた。

　日本語学で論じられている「出来文」「出来スキーマ」は、citaの用法のうち、特に事態実現用法と共通点があることを指摘し、日

本語と韓国語の事態の捉え方の類似点を示唆するものであることを述べた。

BECOME 型受動に関しては、BECOME 型／AFFECT 型という受動の類型のうち、cita は BECOME 型に該当し、BECOME 型の間接受身文を持たないという特徴に合致することを述べた。

構文ネットワークの広がりという観点からは、これまで受身の機能領域と指摘されてきた 3 つの機能が、cita の用法ではどのように関わるかを論じた。cita では「状態化」は事態実現用法、「被動者の話題化」は受身用法、「動作主の非焦点化」は非意図用法というように、それぞれの用法に卓立して表れている。さらに、機能領域の広がりとして、「コントロールの消失」から拡張して、cita では話者の予想からの逸脱を表すようになる。そこから、話者の事態に対する評価を表し、モダリティ的な側面の強い可能用法が派生していると主張した。

第 5 章の議論を通じて、cita は 1 つの形態でアスペクト・ヴォイス・モダリティにまたがる意味を表しており、この 3 つの文法カテゴリーの連続性を示すところに cita の独自性・特殊性があると論じた。

3. スキーマ的意味と文法的特徴の相互作用

cita の意味的特徴と文法的特徴に関する議論は、「スキーマ的意味と文法的特徴の相互作用」という形で統合し、一元化して論じることができる。これにより、cita の多義性をより包括的で複合的な視点から捉えることが可能になる。議論の最後にこのことを指摘したい。

第 3 章では、cita の各用法がそれぞれに異なる文法的特徴を示すことを論じた。別の視点から述べると、cita は語彙レベル・構文レベル・語用論レベルの文法的特徴の裏付けを得て、さまざまな用法に解釈されている。その一方で、第 4 章では cita の本動詞・複合動詞・助動詞のすべての用法は「人・モノが背景的な力によって変化し、ある到達点に至る」というスキーマ的意味を共有していること

226　　I　韓国語助動詞 cita の多義性

を述べた。

　これら2つの側面に対する分析を総合すると、多義語であるcitaは、スキーマ的意味と文法的特徴の相互作用によって、言語運用が支えられていると捉えなおすことができる。

　citaには「人・モノが背景的な力によって変化し、到達点に至る」というスキーマ的意味があり、このスキーマ的意味は本動詞から助動詞までの全体に共通している。そこに文法的特徴が示されることで、スキーマ的意味からさらに個別的な意味が引き出されると想定する。

　例えば、文法的特徴として先行用言の語彙アスペクトが「状態」であることが示されれば、スキーマ的意味から「人・モノが背景的な力によりある状態に変化し、新しい状態が出現する」という状態変化の意味が引き出される。また、文法的特徴として、動作主名詞句が共起せず、主語が無生名詞であることが示されれば、スキーマ的意味から「人・モノに関して背景的な力によって事態が展開し実現する」という事態実現用法の意味が引き出される。これを図式化すると図表3のようになる。

　つまり、文法的特徴という手がかりを通じて、citaが共通して持つスキーマ的意味から個別の意味を引き出すという仕組みがあるのではないかと考える。スキーマ的意味という抽象的・概念的なものと、文法的特徴という具体的・個別的なものが車の両輪となり、それぞれの側面からcitaの多義性を支え、両方が連動することで多義語としてのcitaの意味機能を成り立たせているという考え方である。

　このことは、記憶の負担量とコミュニケーション上の確実性という、別の視点からも説明が可能である。citaは非常に多様な意味を持つ多義語であるため、1つの形式に対する機能負担量が大きい。それにもかかわらず、話者は意味の複雑さゆえに使用を避けるということがない。また、1つの形式で多くの意味を表している割には、コミュニケーションにおける齟齬も生じることが少ない。これには、citaのスキーマ的意味と文法的特徴の相互作用が関係していると考えることができないだろうか。

　つまり、citaは多義語であっても同じスキーマを共有しているた

図表3　スキーマ的意味と文法的特徴の相互作用

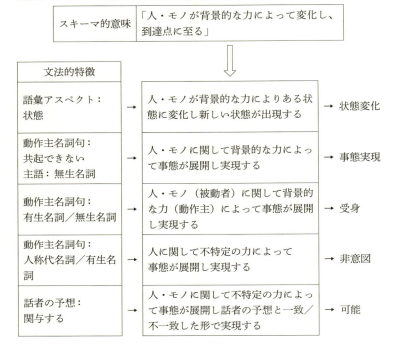

めに、話者にとっては1つ1つの語形と意味を対応させて記憶するのに比べて、記憶の負担を必要以上に増やさずに済む。そして、文法的特徴によって解釈の裏付けが与えられるために、多義語のあいまいさを排除することができ、コミュニケーション上の食い違いを生じさせず、情報伝達の確実性を保つことができる。このように、スキーマ的意味という抽象的かつ包括的なものと、文法的特徴という具体的かつ個別的なものを組み合わせることで、記憶の負担に対する経済性とコミュニケーション上の確実性を確保している。このように考えると、スキーマ的意味と文法的特徴が連動して、多義の使用と解釈を支えているというのは非常に合理的である。

　この点に関しては、本書ではごく簡単な指摘にとどまるが、今後より本格的な議論が必要なテーマであると思われる。

II

cita・ラサル・ラレルの日韓対照研究

第 1 章

韓国語 cita・北海道方言ラサル・日本語ラレル

1. はじめに

第 2 部では、韓国語の助動詞 cita の分析を土台にして、cita と日本語ラレル、北海道方言ラサルの対照分析をおこなうことにしたい。ここではまず、各形式の意味的特徴と文法的特徴を用法ごとに分析し、項目ごとに整理する。そして、その結果を意味ネットワーク上に反映させることによって意味地図を作成する。このアプローチを通して、いくつかの用法を共有している 3 つの形式が、それぞれ異なる形で機能を担っていることを視覚的に示したい。

ここで扱う北海道方言のラサルとは、非意図（自発）・可能・事態実現の用法を持つ助動詞である。ラサルは「サル形」とも呼ばれ、北海道のみならず東北地方、関東・中部の一部地域に分布する形式である *1。ここでは北海道の中でも札幌を中心とする道央方言を対象とする。以下で詳しく見るように、ラサルには cita と多くの共通点があり、ラレルとはタイプの異なる非意図（自発）用法や可能用法を持つため、ラレルと cita の日韓対照だけでは見えにくい特徴を捉える上で非常に役立つ。例えば、（1）は「自動販売機でコーラを買おうとしたとき、間違って緑茶のボタンを押した」という場面をどう表現するかを対比したものである。

（1） a.　　　콜라를 사려고 했는데 나도 모르게 녹차 버튼 이 눌러졌다.

　　　　　kholla-lul　　sa-lyeko　　　hay-ss-nuntey　　na-to

　　　　　コーラ -ACC　買う - しようと　する -PAST- だが　私 - も

　　　　　molu-key　　　nokcha　　pethun- i

　　　　　知らない -ADV　緑茶　　　ボタン - NOM

　　　　　nwulle-cye-ss-ta

　　　　　押す -cita-PAST-DECL

b.　コーラを買おうとしたら知らないうちに緑茶のボタ
　　ン が 押ささった。

c.　#コーラを買おうとしたら知らないうちに緑茶のボタ
　　ンが押された。

d.　コーラを買おうとしたら知らないうちに緑茶のボタ
　　ン を 押してしまった。

　（1）は「動作主の意志によらずに事態が実現する」という本書の分類では非意図用法に該当する例である。（1a）の韓国語ではcita、（1b）の北海道方言ではラサルを用いて非意図的な事態の実現を表現している。一方、日本語の共通語（以下、「日本語」とする）で同じ意味内容を表そうとすると、（1c）のようにラレルを使用することは許されない。（1a）のcita文と（1b）のラサル文は話者＝動作主が非意図的に行為をおこなうことを表しているが、（1c）の場合、動作主は話者以外の別の人物ということになり、全く別の意味内容になってしまう。そのため、ラレルを用いることができず、（1d）のように「〜してしまう」という補助動詞で表さざるをえない。

　さらに、格標示に注目すると、動作の対象「ボタン」は（1a）のcita文と（1b）のラサル文では主格標示されている。これに対して、（1d）の日本語では対格で標示されている。

　このように韓国語のcita文と北海道方言のラサル文は、行為が非意図的におこなわれることを表し、かつ、動作の対象が主格標示されるという点で非常に近い対応を見せる。本書は、こうしたcitaとラサルの共通点に注目し、ラレルとcitaだけの日韓対照では把握しにくい特徴を新たな切り口から捉えることを目標とする。

2.　3つの形式の用法

　ここで、cita・ラサル・ラレルの用法について大枠を整理しておくことにしたい。

　まず、助動詞ラレルは、日本語の代表的なヴォイス形式の1つであり、先行研究では大きく分類して受身・自発・可能・尊敬の4つ

の用法が認められている。

一方、ラサルに関して山口・円山（2010）では、事態実現・非意図・可能の3つの用法を認めている。

第1部で論じたcitaの5つの用法（受身・非意図・可能・事態実現・状態変化）とともにラサル・ラレルの用法を簡潔に整理すると図表1のようになる。

図表1　cita・ラサル・ラレルの用法

	cita	ラサル	ラレル
非意図（自発）	왜 이렇게 됐는지 신기하게 <u>느껴졌다</u>. way ileh-key tway-ss-nunci sinkiha-key nukkye-cye-ss-ta.	なんでこうなったのか不思議に<u>思わさった</u>。	なぜこうなったのか不思議に<u>思われた</u>。
可能	이 구두는 너무 작아서 <u>신어지지</u> 않는다. i kwutwu-nun nemwu caka-se sine-ci-ci anh-nun-ta.	この靴は小さすぎて<u>履かさらない</u>。	この靴は小さすぎて<u>履けない</u>。
事態実現	구두바닥이 다 <u>닳아졌다</u>. kwutwu-patak-i ta talha-cye-ss-ta.	靴底がすっかり<u>すり減らさってる</u>。	*靴底がすっかり<u>すり減られている</u>。
受身	위원들의 노력에 의해 문화재보호법이 <u>만들어졌다</u>. wiwen-tul-uy nolyek-ey.uyhay mwunhwajay-pohopep-i mantule-cye-ss-ta.	*委員たちの努力で文化財保護法が<u>作らさった</u>。	委員たちの努力で文化財保護法が<u>作られた</u>。
状態変化	콜라겐이 많은 고기는 끓이면 <u>부드러워진다</u>. khollakeyn-i manh-un koki-nun kkulh-i-myen pwutulewe-ci-n-ta.	*コラーゲンの多い魚は煮ると<u>柔らからさる</u>。	*コラーゲンの多い魚は煮ると<u>柔らかられる</u>（柔らかくなる）。
尊敬	*교장선생님은 매일 조례에서 <u>훈화를 해진다</u>. kyocang-sensayngnim-un mayil colyey-eyse hwunhwa-lul hay-ci-n-ta.	*校長先生は毎日、朝礼でお話を<u>しらさる</u>。	校長先生は毎日、朝礼でお話を<u>される</u>。

グレーで表示したのは、その形式にはない用法である。

図表1を見ると、非意図（自発）用法と可能用法は3つの形式に

第1章　韓国語cita・北海道方言ラサル・日本語ラレル　233

共通している。事態実現用法はラサルとcitaに、受身用法はラレルとcitaに存在する。一方、状態変化はcitaのみ、尊敬はラレルのみが持つ用法であることが分かる。

しかし、用法の下位分類まで含めてより詳細に見ていくと、3形式の対応関係はより複雑になる。また、用法名だけで見ると、ラサルには受身用法がなく、ラレルには事態実現がないということになるが、実際のところ、受身と事態実現の境界は非常に曖昧であり、ラサルにも受身用法と類似した例があり、ラレルにも事態実現用法と意味的に重なる用例が見られる。

以下では、cita・ラサル・ラレルのうち、少なくとも2つの形式で認められている4つの用法、すなわち、非意図・可能・事態実現・受身について対照分析をおこなう。そして、他の形式との共通点と相違点を探ることを通じて、各形式の意味的な特徴を把握していくことにしたい。

なお、ラレルに関しては非常に多くの研究が蓄積されており、各用法について意味的・文法的に詳細な分析がなされている。その流れを踏まえつつも、本書はあくまでcitaとラサルの視点からラレルを分析し、その特徴を捉えようとするものである。この目的のもと、3つの形式の間で対立が生じる特徴に特に焦点を当てている。そのため、例えば、受身用法における被害の意味の有無や可能用法における状況可能／能力可能の区別など、従来のラレルの研究において一般的になされてきた分類が反映されていない場合があることを断っておきたい。

3. 第2部の構成

第2部は4つの章から構成されている。まず、以下の第1章4節では先行研究を概観する。第2章では、非意図（自発）、可能、事態実現、受身の4用法に関して、具体的な用例を見ながら3つの形式の共通点と相違点を探り、意味的特徴と文法的特徴を用法ごとに整理していく。第3章では、第2章で得られた対照分析の結果に基づいて、各形式が担う機能を意味ネットワーク上にプロットした意

味地図を提示する。そして、第 4 章において議論を総括し、まとめることにする。

4.　cita・ラサル・ラレルに関する先行研究

　cita・ラサル・ラレルの対照に関わる先行研究のうち、ここではまず、cita とラレルを対象にした日韓対照研究を概観する。次に、ラサルに関する研究を取り上げ、最後に、数としては少ないが、ラサルと韓国語の対照研究について紹介することにしたい。

4.1　cita とラレルの日韓対照研究

　cita とラレルを扱う日韓対照研究は、受身用法に関するものに集中している。日韓対照研究において受身は重要なトピックの 1 つである。韓国語母語話者に対する日本語教育では、受身文の習得が問題になることが多く、日本語教育の立場からの研究も複数見られる。ただ、韓国語の代表的な受身形式は接辞 -i- であるため、接辞 -i- とラレルの対照を中心に議論が展開され、cita はあくまで補助的な受身形式として言及されることが多い。

　大村（1979）は、日本語の受身表現が韓国語でどのように翻訳されるのかについて調査をおこなっている。その結果、調査対象とした日本語の受身文のうち半分以上が、韓国語ではいかなる形でも受身表現にできないとしている。また、韓国語には自動詞ベースの受身が存在しないことを指摘している。

　李文子（1979）は、持ち主の受身に関する日韓対照をおこなっている。被所有物を①「もちぬしの部分」（肉体的な部分、着衣している衣服など）、②「もちぬしの側面」（動作、性質、状態など）、③「もちもの」（所有関係のあるもの、関わりのある人物）に分類すると、①と②は韓国語でも持ち主の受身で表現できる。③に関しては、1）被所有物が持ち主と空間的に不離の関係にあること、2）「奪う、かすめる、取る」のような物の帰属先を潜在的に予想させる他動詞であること、という 2 つの条件のいずれかを満たす場合に受動化が可能であるとしている。なお、cita に関しては持ち主の受

第 1 章　韓国語 cita・北海道方言ラサル・日本語ラレル　　235

身が成立しないことを指摘している。

尹鎬淑（1994, 1996, 1998）は日韓両言語の近世の物語文、近代の小説と新聞記事、現代の新聞記事の受身表現について調査し、受身表現の通時的な変化を数量的に解き明かしている。まず、いずれの時代においても韓国語は日本語よりも受身文を使用する頻度が低い。その原因としては、韓国語は主語が有情物である場合、受身文よりも能動文を好む傾向があることを挙げている。両言語の変化は受身文全体に占める非情物受身（動作を受ける主語が非情物）の割合に如実に表れている。日本語の近世（17世紀）の物語文では9％だったが、近代に徐々に数を伸ばし、現代の新聞記事では74％にまで増加している。韓国語の場合、近世（17世紀）で61％だったのが、現代では88％になっている。日本語では近代以降、西洋文化の受容に伴い翻訳文の影響を受け非情物受身が発達したと指摘されてきたが、韓国語においても同様の現象が見られる。韓国語の場合、西欧語と日本語からの影響を受け、1920年代から受身を無理に直訳した文体が現れはじめた。日本語のニヨッテに該当する「-에 의하여 -ey uyhaye」が現れたのは1924年である。cita に関しては近代（調査対象期間は1896年～1945年）の新聞記事では受身全体の1～3％の使用率で推移するが、現代では17％となることから、1945年以降に受身表現として定着したと指摘している。その背景として、接辞 -i- には語彙的制約が多いことを挙げ、その空白を埋める形でcita が増加したとしている。

許明子（2004）は現代のテレビドラマのシナリオと新聞コラムの調査を通じて日韓両言語の受身文の使用状況を数量的に調査している。テレビドラマのシナリオによる話しことばの分析では受身文の使用率が日本語は7.2％、韓国語は1.8％であり、新聞コラムによる書きことばの分析では受身文の使用率が日本語は12.1％、韓国語は19.2％であった。両言語ともに話しことばよりも書きことばで受身文の使用率が高い。さらに、受身文の種類で見ると、両言語ともに話し言葉では有情物受身文、書き言葉では非情物受身文の割合が高いことを指摘している。

兪長玉（2005）は日本語の小説とその韓国語訳の分析を通じて

日韓の受身文を対照している。日本語ラレル473例に対応する韓国語は、接辞-i-が165例（34.9％）、citaが94例（19.9％）、toytaなどの〈漢語＋動詞〉形が202例（42.7％）、補充形が12例（2.5％）であるとした。citaに関しては、直接受身文だけに使用が限定されており、持ち主の受身などには使用できない制限的な機能を持つと記述している。

4.2 ラサルの研究

北海道方言研究におけるラサルに関する初期の記述としては、石垣（1976）がある。石垣（1976）では、ラサルを自発の助動詞として位置づけ、五段活用の動詞では未然形にサル、一段活用や変格活用の動詞では未然形にラサルが付いて、サルとラサルが相補分布していることを指摘している。

石垣（1983/1991）では、「泣かさる」のような自発表現について、もともと青森・岩手に見られる北奥系の表現であり、北海道開拓のかなり早い時期に道南に入り、次第に海岸部に広がり、その後、内陸部・都市部でも使用されるようになったとしている。可能の意味に関しては自発から派生したとし、可能の用法は全道的に見ると自発ほど優勢ではなく、道南・道央地域と海岸部で多く使用されることを指摘している。

山崎（1994）はラサルに自発・可能・非情物に出現する結果の状態という3つの用法を設定している。そして、ラサルの意味的な特徴として、①ラサルの付加された動詞を無意志動詞化する、②無意志表現を強調する、③動作・作用の結果に注目するという3つを挙げている。

Sasaki and Yamazaki（2004）では、ラサルに対して非意図・可能・逆使役の3つの用法を設けている。そして、逆使役用法には、①他動詞文の主語に対応する要素が完全に削除される、②他動詞文の直接目的語が主語になるが間接目的語は主語にならない、③語彙アスペクトが達成（achievement）の特性を示すという特徴があることを指摘し、アスペクト特性が格フレームを規定しているという分析をおこなっている。

佐々木（2007）は、北海道方言話者へのアンケート調査により、ラサルの逆使役用法の成立条件に対する考察をおこなっている。「押す」「引く」などの行為動詞であっても、目的語の組み合わせで動詞句が完成のアスペクト特性を持つ場合には、逆使役用法の文を形成できるとし、語彙レベルだけでなく構文レベルの情報が関与していると分析している。

　山口・円山（2010）は、ラサルの多義の分析を明示的な特徴によって精密化し、用法間の相互関係に関する動機付けを論じている。それによって意味ネットワークを描き、用法間の関係を視覚的に提示することで、ラサルの多義の全体像を示している。ラサルの用法としては、事態実現・可能・非意図の3つを挙げ、この他に周辺的な用法として再帰的動作があることを指摘している。

4.3　ラサルと韓国語の対照研究

　高田（2006）は、東北方言と韓国語の対照研究の可能性を述べる論考の中で、東北方言のラサルと韓国語はいずれも生産的な自発形式を持つことを指摘している。韓国語の例としてはcitaを挙げている。

　円山（2007）は、citaとラサル・ラレルの自発用法・可能用法に関する対照分析をおこなっている。自発用法ではラレルが他動性の低い動詞に限定されているのに対して、citaとラサルには他動性に関する制限がないことを指摘している。可能用法ではcitaとラサルには「動作主が意図どおりに動作や状況を操作できる」という制御性が関与し、［－制御］の状況でのみ可能文を作ることができるとしている。ラレルの可能用法には制御性に関する制限がない。さらに、citaとラサルには①非情物が主語となり、②動作主名詞句が共起せず、③語彙アスペクトが「到達」となる「非情物主語の到達用法」が存在することを指摘している。

　本書は円山（2007）の議論を修正し、さらに発展させる形で、cita・ラサル・ラレルの対照分析をより精密におこなうことにしたい。そして、対照分析の結果を意味地図の形で表すことで、3つの

形式が持つ機能の全体像を把握したい。

＊1 竹田（1998）は盛岡市方言、森山・渋谷（1988）は山形市方言、加藤
（2000）は宇都宮方言、中田（1981）は大井川流域方言のラサルに該当する
形式に関して分析をおこなっている。

　北海道方言のラサルは母音語幹の動詞には -rasaru、子音語幹の動詞では r が
脱落して -asaru の形で付く。

見る	→	見らさる		起きる	→	起きらさる
mi-ru		mi-rasaru		oki-ru		oki-rasaru
読む	→	読まさる		転ぶ	→	転ばさる
yom-u		yom-asaru		korob-u		korob-asaru

なお、〈する＋ラサル〉は「しらさる」、〈来る＋ラサル〉は「こらさる」の形
になる。

第1章　韓国語 cita・北海道方言ラサル・日本語ラレル　　**239**

第2章
cita・ラサル・ラレルの対照分析

1. はじめに

本章では、cita・ラサル・ラレルの3つの形式について、用法ごとに意味的特徴と文法的特徴を分析していく。ある形式では表せるが別の形式では表せないという、形式によって対立を見せる項目に注目しながら、3形式の共通点と相違点を整理していくことにする。

以下では、非意図用法（2節）、可能用法（3節）、事態実現用法（4節）、受身用法（5節）の順で分析をおこなう。各節では、まず初めに第1部で論じたcitaの意味的な特徴の概要を提示し、それに沿ってラサルとラレルの特徴を見ていくことにしたい。用例は3つの形式の特徴を対比しやすいように、可能な限り類似した意味内容の文・文脈を使用することとする。

2. 非意図（自発）用法

本書では非意図用法を「動作主の意志によらず事態がもたらされることを表すもの」と定義した。動作主の意志の及ばないところで動作や変化が起こり実現した、という事態把握のしかたであり、動作主の意志に反して事態が生起したという場合も、このカテゴリーに含まれる。ラレルの自発用法はこのカテゴリーに入る*1。

川村（2012: 177–184）ではラレルの自発用法に対して次の3つの下位分類を設けている。

① 知覚・感情・認識の意図を伴わない成立
② 生理現象・情動・感情に触発された不随意的行為
③ 偶発的行為

本書では、川村（2012）の分類をもとに、「①知覚・感情・認

241

識」「②不随意的行為」「③偶発的行為」という 3 つの下位分類に沿って 3 つの形式の非意図（自発）用法の意味的特徴を概観していくことにする。

　なお、本書では各下位分類に次のような解釈を加えて用例を整理している。①知覚・感情・認識は「思われる」「感じられる」のような内的な変化に関するものである。そのため外部からは変化を把握することができない。②不随意的行為は「泣ける」「笑える」のような心理的あるいは身体的な要因、つまり、内発的な要因によって起こる具体的な動作や変化が該当する。③偶発的行為は具体的な動作や変化であり、通常は意志的な行為だが、間違いや成り行きなどによって意図とは異なる形で実現するものが該当する。

　以下ではこの分類にしたがって 3 つの形式の非意図（自発）用法を整理することにしたい。

2.1　cita の非意図用法

　第 1 部の第 2 章 4.3 節において述べたように、cita は知覚・感情・認識を表す動詞の他に、他動性の高い動詞にも付いて非意図を表すことができる。

(1)　a.　왜 이렇게 됐는지 신기하게 <u>느껴졌다</u>.

　　　　way　ileh-key　tway-ss-nunci　sinkiha-key

　　　　なぜ　こう -ADV　なる -PAST- のか　不思議だ -ADV

　　　　nukkye-cye-ss-ta

　　　　感じる -cita-PAST-DECL

　　　　なぜこうなったのか不思議に<u>感じられた</u>。

　　　b.　취직이 되었는지 결과가 몹시 <u>기다려지네요</u>.

（白峰子 1999: 413）

　　　　chwicik-i　　toye-ss-nunci　　kyelkwa-ka　mopsi

　　　　就職 -NOM　なる -PAST- のか　結果 -NOM　とても

　　　　kitalye-ci-ney-yo

　　　　待つ -cita-MOD-POL.DECL

　　　　就職できたのかどうか結果がとても<u>待たれますね</u>（<u>待ち遠しいですね</u>）。

c. 오늘은 아침에 다섯 시도 되기 전에 눈이 떠져서 너무 졸려요.

onul-un　　achim-ey　tases　si-to　toy-ki　　cen-ey　nwun-i
今日 -TOP　　朝 - に　　5　　時 - も　　なる - こと　前 - に　　目 -NOM
tte-cye-se　　　　nemwu　collye-yo
開く -cita- して　　とても　　眠い -POL.DECL

今日は朝 5 時にもならないうちに目が覚めてしまって
とても眠いです。

d. 도를 치려고 했는데 레가 쳐졌다.

to-lul　　chi-lyeko　　　hay-ss-nuntey　　ley-ka
ド -ACC　弾く - しようと　する -PAST- のに　レ -NOM
chye-cye-ss-ta
弾く -cita-PAST-DECL

ドを弾こうと思ったのにレを弾いてしまった。

（1a）は「느끼다 nukkita（感じる）」という知覚動詞、（1b）は
「기다리다 kitalita（待つ）」という内的行為を表す動詞に cita が付
いた例であり、日本語訳にあるとおり、ラレルの自発文とも共通す
る用例である。（1a, b）は上述の下位分類では①知覚・感情・認
識に該当する。（1c）は「눈을 뜨다 nwun-ul ttuta（目を覚ます）」
という他動詞に cita が付いて、身体の生理的な反応によって意図し
ない形で事態が実現したことを表しており、下位分類の②不随意的
行為に該当する。（1d）は「치다 chita（弾く）」という他動詞に
cita が付いて、動作自体は意図的におこなっているのだが、ものの
はずみや不注意などによって、意図しない形で事態が実現したとい
う状況を表している。こちらは下位分類の③偶発的行為に該当する。
（1c, d）が非意図用法に該当することは、以下の副詞との共起テ
ストにも表れている。

（2）a. 오늘은 아침에 다섯 시도 되기 전에 {나도 모르게 / *일부러}
눈이 떠져서 너무 졸려요.

onul-un　　achim-ey　tases　si-to　toy-ki　　cen-ey
今日 -TOP　　朝 - に　　5　　時 - も　　なる - こと　前 - に

第 2 章　cita・ラサル・ラレルの対照分析　243

{na-to molu-key/ *ilpwule} nwun-i tte-cye-se

{私 - も 知らない -ADV/ * わざわざ} 目 -NOM 開く -cita- して

nemwu collye-yo

とても　眠い -POL.DECL

今日は朝 5 時にもならないうちに {知らないうちに /*
わざわざ} 目が<u>覚めてしまって</u>とても眠いです。

b. 도를 치려고 했는데 {나도 모르게 / 왠지 /*일부러} 레가 <u>처
졌다</u>.

to-lul chi-lyeko hay-ss-nuntey

ド -ACC 弾く - しようと　する -PAST- のに

{na-to molu-key/ way-nci/ *ilpwule} ［ley-ka］

{私 - も 知らない -ADV/ なぜ - なのか / * わざとに} ［レ -NOM］

chye-cye-ss-ta

弾く -cita-PAST-DECL

ドを弾こうと思ったのに {知らないうちに / なぜか /*
わざわざ} レを<u>弾いてしまった</u>。

　（2a, b）では「나도 모르게 na-to molu-key（知らないうちに）」や
「왠지 waynci（なぜか）」という動作主の意図性を否定する副詞と
の共起が可能である。その一方で、「일부러 ilpwule（わざとに、わ
ざわざ）」という動作主の意図性を前提とする副詞は共起させるこ
とができない。これは、（2a, b）が動作主の意図と異なる形で事態
が<u>生起していることを</u>示している。

　（1d）の例が示すように cita は他動性の高低に関して制限を受け
ずに非意図文を作ることができる。また、動詞の自他に関しても制
限がなく、（1c）のように自動詞ベースの非意図文も存在する。も
う一度、川村（2012）の三分類に当てはめて考えると、cita は①
知覚・感情・認識、②不随意的行為、③偶発的行為のいずれのタイ
プの非意図文も表すことができる。

2.2　ラサルの非意図用法

　ラサルは cita の場合と同様に、知覚・認識・感情などの内的な行
為や状態を表す他動詞のみならず、他動性の高い動詞や自動詞にも

付いて非意図を表すことができる。

（3）a.　なぜこうなったのか不思議に思わさった。

　　　b.　この曲を聞くと学生のころ思い出ささるね。

　　　c.　今朝、5時前に起きらさったから眠いわー。

　　　d.　ドを弾こうとしたら、レが弾かさった。

　　　e.　近くで見たくて引っ張ったら、枝が折らさった。

（3a）「思わさる」（3b）「思い出ささる」は感情・認識が自然に
わき起こり、意図が関わらない形で事態が生起していることを表す
ものであり、ラレルの自発用法とも共通する特徴を持つ用例である。
これに対して、（3c）「起きらさった」は身体の不随意的な反応、
（3d）「弾かさった」と（3e）「折らさった」は動作主の不注意など
による偶発的な出来事で、動作主の意図とはかけ離れた形で事態が
実現したことを表している。

（3c–3e）は、（4）に見るように副詞の共起テストをおこなうと
非意図を表す文であることがより明確になる。

（4）a.　今朝、{なんでか /* わざとに /* わざわざ} 5時前に起き
　　　　　らさったから眠いわー。

　　　b.　ドを弾こうとしたら、{いつのまにか / なんでか /* わざ
　　　　　とに} レが弾かさった。

　　　c.　近くで見たくて引っ張ったら、{いつのまにか / ついつ
　　　　　い /* わざとに} 枝が折らさった。

（4a–4c）からラサルは動作主の意図性を否定する「なんでか、
いつのまにか、ついつい」といった副詞と共起できるが、動作主の
意図性を前提とする「わざとに、わざわざ」とは共起できないこと
が分かる。さらに、（5）に見るように（3c–3e）のラサル文は動作
主の意志性を否定する「〜てしまう」「〜ちゃう」などの補助動詞
が共起しやすいという特徴もある。

（5）a.　今朝、5時前に {起きらさってしまった / 起きらさっち
　　　　　ゃった} から眠いわー。

　　　b.　ドを弾こうとしたら、レが {弾かさってしまった / 弾か
　　　　　さっちゃった}。

　　　c.　近くで見たくて引っ張ったら、枝が {折らさってしま

第2章　cita・ラサル・ラレルの対照分析　　245

った/折らさっちゃった｝。

　（4）と（5）から、（3c–3e）のラサル文は「動作主の意志によらずに事態がもたらされることを表す」という本書の非意図用法の定義に合致していると判断する。すると、ラサルは「弾く」「折る」などの具体的な身体の動きを伴う行為であり、かつ、対象の変化を含意する他動性の高い動詞であっても非意図を表せるということになる。つまり、ラサルは他動性の高低に関する制限を受けずに非意図文を作ることができる。

　ここでもう一度、下位分類に沿って整理すると、ラサルは①知覚・感情・認識動詞、②不随意的行為、③偶発的行為の３つすべてを表すことができる。また、動詞の自他に関しても制限はなく、（3c）のような自動詞ベースの非意図文が存在する。

2.3　ラレルの非意図（自発）用法

　一方、ラレルの非意図（自発）用法は cita やラサルと比較すると制限が多い。

　ラレルでは（6a）「思われた」や（6b）「思い出される」のように、知覚・感情・認識などの内的な行為を表す動詞に使用が限定されている。そのため、具体的な動作や対象の変化を含意する動詞、つまり他動性の高い動詞では（7a, b）に示すように非意図を表すことができない。

（6）a.　なぜこうなったのか不思議に ｛思われた／思えた｝。

　　　b.　この曲を聞くたびに学生時代が懐かしく思い出される。

（7）a. ＊ドを弾こうとしたら、レが弾かれた。（レを弾いてしまった）

　　　b. ＊近くで見ようと引っ張ったら、枝が折られた。（枝を折ってしまった）

　なお、（6a）では「思えた」という可能動詞の形でも非意図を表すことができる。

　また、ラレルの非意図用法は、「思う、考える、感じる、思い出す、ためらう」といった他動詞に使用が限られており、自動詞ベースの非意図文（自発文）は存在しないとされている*2。

246　　Ⅱ　cita・ラサル・ラレルの日韓対照研究

（8）#今朝、5時前に起きられたから眠い。

　自動詞「起きる」にラレルをつけた（8）の「起きられた」は、'起きることができた'という可能文としての解釈が先行しており、'意図せずに起きた'という非意図の解釈は成り立たない。「意図せずに起きた」という意味内容を表そうとすると、ラレルではなく「起きてしまった」という補助動詞を使う形になる。

　このように、ラレルでは他動性の高い動詞に付いて非意図を表すことはできず、自動詞ベースの非意図文も存在しない。上述の下位分類に沿って述べると、現代語のラレルの用例はもっぱら①知覚・感情・認識に限定されており、②不随意的行為は「笑える、泣ける」という、いわゆる可能動詞の形で表される。そして、③偶発的行為の用例は存在しない。

　しかしその一方で、上代、中古などでは（9）のように他動性の高い動詞に自発形式が用いられていたことが指摘されている*3。

（9）a.　然テ、木人共モ極ク物ノ欲カリケレバ、尼共食残シテ取テ多ク持ケル其ノ茸ヲ、「死ナムヨリハ、去来此ノ茸乞テ食ム」ト思テ、乞テ食ケル後ヨリ、亦木伐人共モ不心ズ被舞ケリ。　（今昔物語集：28巻28話）

　　［現代語訳：ところが、木こりどももひどく腹をすかせていたので、尼たちが食べ残した茸をたくさん持っているのを見つけ、このまま飢え死にするより、いっそこの茸をもらって食べようと思い、もらい受けて食べた。すると、また木こりどもも心ならず自然に<u>踊り出してしまった</u>。］

　　b.　そなたへとゆきもやられず桜花にほふこかげにたびだゝれつゝ　（堤中納言物語：花桜折る少将）

　　　［現代語訳：あなたの方へ通り過ごすこともできない。この美しい桜に心ひかれてこの木陰につい<u>足が向いてしまう</u>。］

（9a）は「舞う」、（9b）は「旅立つ」という動詞の自発形である。いずれも具体的な身体の動きを伴う行為を表す動詞であり、その動作が非意図的におこなわれることを表している。したがって、古典

においては現代語のような他動性に関する制限はなかったと考えられる。

2.4　3形式の非意図用法

ここまでの非意図用法に関する議論を整理すると、次の図表1のようになる。

図表1　非意図用法における3つの形式の対応関係

下位分類	cita	ラサル	ラレル
知覚・感情・認識	○	○	○
不随意的行為	○	○	△
偶発的行為	○	○	×

非意図は3つの形式に共通する用法ではあるものの、実際に共通しているのは下位分類のうち、①知覚・感情・認識の部分だけである。②不随意的行為に関しては、日本語で「泣ける」「笑える」という形があるものの、形態がいわゆる可能動詞の形に限定されている。そのため、図表1では△で表示した。これに対し、ラサルとcitaでは特に制限なく不随意的な行為を表すことができる。さらに③偶発的行為に関しては、現代語のラレルでは表現できないが、citaとラサルは他動性に関する制限を受けずに表すことができる。

動詞の自他に関しては、ラレルが他動詞ベースのものに限定されているのに対し、ラサルとcitaは他動詞のみならず、自動詞ベースの非意図文を作ることができる。

このように、非意図用法においては、citaとラサルの生産性がラレルと比較して非常に高いことが分かる。

3.　可能用法

本書では可能用法を「事態の実現に対する見込みの有無や、見込みどおりに実現できたかどうかを述べるもの」と定義している。第1章2節で概観したように、cita・ラサル・ラレルはいずれも可能用法を持つ。しかし、より詳しく見ていくと、形式ごとに使用でき

る状況や可能文が持つニュアンス・意味合いに違いが見られる。

3.1 cita の可能用法

第1部第2章5.3節での議論の概略を述べると、cita の可能用法は「非情物の変化」に関するものと「人間の行為」に関するものに大きく分けることができる。「非情物の変化」とは基本的に動作の対象の変化に関して述べるもので、動作主は事態に関与するが、動作そのものよりも、対象である非情物の変化の実現／非実現に焦点が当てられている。一方の「人間の行為」には動作主が関与し、その行為自体の実現／非実現に対して焦点が当てられる。

そして、「非情物の変化」「人間の行為」のそれぞれが、「一回性可能」と「恒常的可能」にさらに分類される。「一回性可能」はすでに実現している事態について、話者の見込みとの一致／不一致と関連づけて述べるものである。典型的には過去時制で表され、「겨우 kyewu（やっと）、쉽게 swip-key（簡単に）、좀처럼 com-chelem（なかなか）」などの事態の展開過程を話者が評価する副詞と共起しやすい。もう一方の「恒常的可能」は個々の事態を離れて、ある事態の実現が常に起きうることを述べることで、その非情物や人物の性質を記述するものである。こちらは非過去時制で表され、「언제나 encey-na（いつでも）、누구나 nwukwu-na（だれでも）」などの副詞が共起可能である。cita の可能用法の分類を図表2に示す。

図表2　cita の可能用法の分類

	非情物の変化	人間の行為
一回性可能 時制：過去が典型的 副詞：ようやく、簡単に、なかなか 意味：実現した事態について述べる	①	③
恒常的可能 時制：非過去 副詞：いつでも、だれでも 意味：属性記述	②	④

次に提示する（10）は①非情物の一回性可能、（11）は②非情物

の恒常的可能、（12）は③人間の行為の一回性可能の例である。

(10) 수동으로 파일을 삭제해보려고 하니 좀처럼 <u>지워지지 않았습니다</u>.

swutong-ulo　phail-ul　　　　sakceyhay-po-lyeko　　　ha-ni

手動 - で　　　ファイル -ACC　削除する - みる - しようと　する - と

comchelem　ciwe-ci-ci.anha-ss-supni-ta

なかなか　　消す -cita-NEG-PAST-POL-DECL

手動でファイルを削除しようとしたら、なかなか<u>消せませ</u>
<u>ん</u>でした。

(11) 그 숫돌은 낫이 잘 <u>갈아진다</u>.　　　　　　　　　（김영태 2002: 110）

ku　　swustol-un　nas-i　　　cal　kala-ci-n-ta

その　砥石 -TOP　鎌 -NOM　よく　研ぐ -cita-PRES-DECL

その砥石は鎌がよく<u>研げる</u>。

(12) 다리가 퉁퉁 부어서 다음날은 신발이 <u>신어지지 않았다</u>.

tali-ka　　　thwungthwung　pwue-se　　　taum-nal-un

足 -NOM　　ぱんぱん　　　　腫れる - して　次の - 日 -TOP

sinpal-i　　　sine-ci-ci.anha-ss-ta

履物 -NOM　　はく -cita-NEG-PAST-DECL

足がぱんぱんに腫れて次の日は靴が<u>はけなかった</u>。

　このうち、①非情物の一回性可能と③人間の行為の一回性可能には、事態が成り行き的、あるいは偶発的に実現する（あるいは実現しない）という含意がある。

　残り１つの④人間の行為の恒常的可能では、「偶発的可能」か「蓋然的可能」かが cita の容認可能性を分けている。偶発的可能は、事態の実現が成り行き的で外的条件などによってたまたまそうなるものであると捉えるものである。一方、蓋然的可能は当然起こるべきことが起きているというように、事態の蓋然性が高いと捉えるものである。cita の可能用法が④人間の行為の恒常的可能に対して用いられる場合、偶発的可能は表すことができる一方で、蓋然的可能を表すのには制限がある。

　（13）は偶発的可能に該当するものである。（13a, b）のように事態の実現が外的条件に依存しているものや、（13c）のようないわゆる能力可能の否定文が該当する。

（13）a.　새 신발을 사면 기분이 좋다. 그리고 정말 잘 달려진다.

say　　sinpal-ul　sa-myen　　kipwun-i　　coh-ta.

新しい　靴 -ACC　買う - すれば　気分 -NOM　良い -DECL

kuliko　cengmal　cal　tallye-ci-n-ta

そして　本当に　　よく　走る -cita-PRES-DECL

新しい靴を買うと気分がいい。そして本当によく走れ
る（走れてしまう）。

b.　목이버섯볶음은 칭따오와 함께 먹으니 더 잘 먹어진다.

mokipeses-pokkum-un　chingttao-wa　hamkkey

きくらげ - 炒め -TOP　　青島 - と　　　　一緒に

mek-uni　　te　　　cal　meke-ci-n-ta

食べる - と　もっと　よく　食べる -cita-PRES-DECL

きくらげ炒めは青島ビールと一緒に食べるともっとお
いしく食べられる（食べれてしまう）。

c.　난 울려고 해도 안 울어진다.　　　　　　（우인혜 1997: 198）

na-n　　wul-lyeko　　hay-to　　an

私 -TOP　泣く - しようと　する - も　NEG

wule-ci-n-ta

泣く -cita-PRES-DECL

私は泣こうとしても泣けない。

　一方、蓋然的可能に該当し、cita で表せないものには、（14a）の
ような能力可能の肯定文や、（14b）のような社会的規則が事態を
実現する上での要因となっているものが該当する。

（14）a.　* 그 선수는 100 미터를 10 초에 달려진다.（달릴 수 있다）

　　* ku senswu-nun　100-mithe-lul　　　　　10-cho-ey

　　その選手 -TOP　100- メートル -ACC　10- 秒 - で

　　tallye-ci-n-ta

　　走る -cita-PRES-DECL

　　その選手は 100 メートルを 10 秒で走れる。

b.　* 고기 뷔페에서는 고기를 무한리필해서 먹어진다.（먹을 수 있
다）

　　* koki　pwiphey-eyse-nun　　　　koki-lul

第 2 章　cita・ラサル・ラレルの対照分析　251

肉　　ビュッフェ-LOC-TOP　　肉-ACC

mwuhan-liphil-hay-se　　　　meke-ci-n-ta

無限-おかわり-する-して　　食べる-cita-PRES-DECL

焼き肉食べ放題では肉を何度もおかわりして<u>食べられ</u>
<u>る</u>。

　なお、（14a, b）の内容を表そうとすると、cita ではなく、韓国
語の代表的な可能形式「할 수 있다/없다 hal swu issta/epsta」を用
いることになる*4。

　以上の分析結果から、cita の可能用法は図表 3 のように整理する
ことができる。

図表 3　cita の可能用法の下位分類

	非情物の変化	人間の行為
一回性可能	①　　○	③　　○
恒常的可能	②　　○	④　偶発的可能 ○
		蓋然的可能 ×

　cita の可能用法で表せるものを○、表せないものを×とした。グ
レーで表示したのは事態が成り行き的・偶発的であるというニュア
ンスを持つ下位分類である。「非情物の変化」「人間の行為」ともに
一回性可能は成り行き的・偶発的なニュアンスを持つ。また、「人
間の行為」に関しては恒常的可能であっても cita で表せるもの（偶
発的可能）は同様の意味合いを持つ。

3.2　ラサルの可能用法

　上述の cita の分類に沿って見ていくと、ラサルの可能用法には
cita と非常に類似した特徴が見られる。まず、①非情物の一回性可
能には次のような例が該当する。

（15）a.　新しいジャーにしたら、ご飯、おいしく<u>炊かさったー</u>。

　　　b.　しばれてて、車のドアが<u>あかさんない</u>。

　　　c.　スイッチなんぼ押しても<u>押ささんなかった</u>。

（15a）は「新しいジャーにしたら（期待どおりに）おいしくご飯が炊ける事態が実現した」、（15b）は「（普通はすぐに開くが）厳しく冷え込んだので、車のドアが開く事態が実現しない」、（15c）は「（普通なら押すと切り替わるが）スイッチをいくら押しても、切り替わる事態が実現しなかった」ということを述べている。いずれも見込みや期待される事態との対比が含意されており、それによって可能の解釈が付与されている。

　（15）の例はいずれも動作主（＝話者）が意図的に動作をおこなっている。しかし、話者はその事態の展開を不確実性を含むものとして捉えており、成り行き的に事態が実現した、あるいは実現しなかったという含意がある。

　ここで興味深いのは、（15b）の「あかさんない」が「開ける」という他動詞ではなく「開く」という非意志動詞の自動詞をベースとしていることである。日本語では非意志動詞をベースとして可能文を作ることができないとされているが*5、ラサルには（15b）のような非意志動詞ベースの可能文が存在する。後に詳しく見るように、ラサルには「事態の成り行き的・偶発的な実現」という用法のほぼ全体を貫く意味的な特徴がある。そのために、非意志動詞が一般的に表す自然発生的な内容との親和性が非常に高い。これが要因となって、非意志動詞がラサルの可能表現から排除されないのではないかと考えられる*6。

　②非情物の恒常的可能には次のような例が該当する。

（16）a.　このメーカーのジャーだったら、ご飯おいしく<u>炊かさ</u>
　　　　　<u>る</u>よ。
　　b.　この紙ひこうきなら、遠くまで<u>飛ばさる</u>よ。
　　c.　伊達巻きは卵液をちょうど半分ずつにしないとうまく
　　　　<u>巻かさり</u>ません。　　（STVどさんこワイド 2011/12/22）

　（16a）は「このメーカーのジャーを使えばご飯がおいしく炊ける事態が（いつでも）実現する」、（16b）は「この紙ひこうきなら、遠くまで飛ぶ事態が（いつでも）実現する」、（16c）は「伊達巻きは卵液を半分ずつ焼かなければ、うまく巻くことが実現しない」ことを述べている。これは事態が実現する見通しを語ることで、その

非情物の属性を述べているとも解釈することができる*7。

（16a–16c）のタイプのラサル文は、非情物の恒常的な性質を述べるという特徴があるために、事態が成り行き的・偶発的に実現するという意味合いは弱くなる。

③人間の行為の一回性可能には次のような例が該当する。

（17）a.　締切日になってやっと原稿全部書かさったー。

　　　b.　今日、足痛くて早く走らさんない。

　　　c.　疲れてたから、ふとんに入ったらすぐ寝らさったわ。

（17a）は「（無理かと思ったけど／どうにかうまく）全部書くという事態が実現した」ことを表している。「原稿を書く」というのは意図的な行為であるのにもかかわらず、「締切までに全部書く」ことに対しては確信を持っていない。しかし、事態が予想外にうまく実現したという意味合いがある。（17b）は「（いつもは早く走れるのに）今日は足が痛くて早く走るという事態が実現しない」ことを表す。こちらも行為自体は意図的だが、思うように事態を実現できない状況である。（17c）は「すぐに眠りにつくという事態が（思いがけず）実現した」ことを述べている。こちらも意図的に眠ろうとするが、その事態は成り行き的に実現したと捉えられている。

このように、ラサルの③人間の行為の一回性可能に該当する用例からは、成り行き的・偶発的に事態が実現したという意味合いが読み取れる。

④人間の行為の恒常的可能には次のような用例が該当する。

（18）a.　食欲なくても、すじこあればなんぼでもご飯食べらさるんだわー。

　　　b.　私、夜、横になってもなかなか寝らさんないんだ。

（18a）は「食欲がなくても、すじこがあれば（いつでも）いくらでもご飯が食べることができる」、（18b）は「私は（いつも）眠りに入るという事態がなかなか実現しない」ことを表す*8。これらはどちらも、動作主の意図と結果が切り離されており、話者は事態の実現を不確実なものとして捉えている。この下位分類で容認可能な用例は、否定文や偶発的な内容を表すものが中心となっている。

この一方で、④人間の行為の恒常的可能の中には、ラサルを使用

できない場合がある。

（19）a.＊あの選手なら100m10秒で走らさる。（走れる）

　　　b.＊外国に長いこといたから、英語も上手にしゃべらさる。
　　　　（しゃべれる）

（19a, b）はいわゆる能力可能に該当するものである。ラサルが能力可能を表せないことはこれまでも山崎（1994）などの先行研究で指摘されてきた。

　また、社会的な約束事や規則に基づく可能もラサルでは表すことができない＊9。

（20）a.＊焼き肉食べ放題だったら、なんぼでもおかわりして食べらさる。（食べられる、食べれる）

　　　b.＊健康診断の前の日にお酒は飲まさらないでしょう。（飲めない）

　このように、ラサルでは能力可能（肯定文）や社会的規則に基づく可能を表すことができない。これらは事態の実現に不確実性が入る余地が少なく、当然起きるべきことが起きるという蓋然性が高い。よって、ラサルにおいてもcitaと同様に蓋然的可能を表すことには制限があると考えられる。

　なお、（19）（20）の内容を表現しようとすると、北海道方言でも共通語と同じ「走れる」「しゃべれる」「食べられる・食べれる」「飲めない」という可能動詞やラレル形を用いることになる。北海道方言ではラサルとともに可能動詞やラレル形が並行して使用されており、（17）（18）の内容もすべて言い換え可能である。しかしその場合、ラレル文とは意味合いが異なり、事態の展開が成り行き的・偶発的であるという意味合いは読み取れない。北海道方言において可能動詞・ラレルが無標の可能だとすると、ラサルは見通しが不確実な事態や偶発的な事態であることを表す有標の可能であると位置づけることができる。

3.3　ラレル（エル）の可能用法

　一方、ラレルの可能用法はcitaやラサルとは様相が異なる。なお、ここではラレルの他に「乗れる、釣れる、登れる」のようないわゆ

第2章　cita・ラサル・ラレルの対照分析　255

る可能動詞も議論に含めることにする。

　まず、①非情物の一回性可能は次のように表される。

(21)a.　新しいジャーにしたら、ご飯がおいしく炊けた。

　　b.　手動でファイルを削除しようとしたら、なかなか消せませんでした。

　　c.　凍ってしまって、車のドアが開けられない。

　(21a, b) では「炊ける」「消せる」という可能動詞が用いられており、(21c) は「開ける」にラレルが付いた形になっている。対応するラサルの可能文 (15b)「あかさらない」が「開く」という非意図自動詞ベースであるのとは異なり、(21c) は意図動詞「開ける」がベースとなっている。

　これらの文そのものには、citaやラサルの可能用法で見られたような事態が偶発的・成り行き的に実現したという意味合いはない。偶発的であることを表そうとすると「たまたま、なぜか」などの副詞や文脈によって表すことになる。

　②非情物の恒常的可能に該当するのは次のような例である。

(22)a.　このメーカーのジャーだったら、ご飯がおいしく炊けるよ。

　　b.　この紙ひこうきなら、遠くまで飛ばせるよ。

　　c.　伊達巻きは卵液をちょうど半分ずつにしないとうまく巻けません。

　(22) に挙げた例では「炊ける」「飛ばせる」「巻ける」のように、すべて可能動詞が用いられている。

　③人間の行為の一回性可能は次のようになる。

(23)a.　締切日になってやっと原稿が全部書けた。

　　b.　今日は足が痛くて早く走れない。

　　c.　疲れてたから、すぐに {寝られた／寝れた}。

　語形としては (23c) の「寝られる」のみラレル形であり、その他の例では「書ける」「走れる」という可能動詞と「寝れる」といういわゆるラ抜きことばが用いられている。また、(23) に対応する (17) のラサル文では、事態が偶発的に実現したという意味合いがあったが、ラレル文からはそのような意味合いは読み取れない。

④人間の行為の恒常的可能は次のようになる。

(24)a. 食欲がなくても、すじこがあればいくらでもご飯が
　　　 {食べられる／食べれる}。

　　b. 私は夜、横になってもなかなか {寝られない／寝れな
　　　 い}。

(24) では、語形としてはラレル形とラ抜きことばの形の両方が
用いられている。

　ラレルは、cita やラサルとは異なり、能力可能の肯定文や社会的
規則に基づく可能、つまり事態が実現する蓋然性が高い場合にも可
能を表すことができる。

(25)a. あの選手なら 100m を 10 秒で走れる。

　　b. 外国に長い間いたから、英語も上手にしゃべれる。

(26)a. 焼き肉食べ放題だったら、いくらでもおかわりして
　　　 {食べられる／食べれる}。

　　b. 健康診断の前の日にお酒は飲めないでしょう。

　このように、ラレルと可能動詞は事態が実現する蓋然性が高いも
のでも、問題なく用いられており、蓋然性や偶発性といった意味的
要因の影響を受けることはない。また、cita やラサルの可能文は成
り行き的・偶発的という意味合いを持つ場合があったが、ラレルと
可能動詞にはそのような意味的特徴はなく、偶発的であることを表
す場合には「たまたま、気づくと」などの副詞や文脈などの手段を
用いることになる。

　(21) から (26) までの日本語の例を見ると、可能動詞が多く使
用されており、ラレルが用いられる場合であっても「食べれる」
「寝れる」などのいわゆる「ラ抜きことば」が併用されている。日
本語の可能表現はラレル形から可能動詞およびラ抜きことばへと形
が置き換わる変化の過程にあると言われているが*10、その現象が
上記の例においても見られる。ラレルは受身・自発・可能・尊敬と
いう多岐にわたる意味を表すことから、1 つの形式に対する機能負
担が大きい。そのために、可能の形式を分化させることで機能負担
を減らす過程にあるとも言われている*11。そのため、可能用法に
関しては、ラレルの他の用法と同列に扱ってよいのかどうか議論の

余地があると思われる。

3.4　3形式の可能用法

3つの形式の可能用法に関する議論は、図表4のようにまとめることができる。

図表4　可能用法における3つの形式の対応関係

下位分類		cita	ラサル	ラレル（エル）
① 非情物の一回性可能		○	○	○
② 非情物の恒常的可能		○	○	○
③ 人間の行為の一回性可能		○	○	○
④ 人間の行為の 恒常的可能	偶発的可能	○	○	○
	蓋然的可能	×	×	○

それぞれの形式で表せるものを○、表せないものを×で表示している。グレーの部分は事態の実現が成り行き的・偶発的なものであるという意味合いを持つ下位分類である。

表を一見して分かるように、citaとラサルは可能用法に関しても非常に類似した特徴を持っており、能力可能の肯定文や社会的規則が要因になっているものなど、その事態が実現する蓋然性が高い場合には可能を表すことができない。また、citaとラサルは「非情物の恒常的可能」を除いては事態が成り行き的・偶発的に発生するというニュアンスを帯びる。これに対してラレル（エル）は、能力可能や社会的規則の可能も問題なく表すことができ、ラレル（エル）形自体が事態の偶発性を表すことがない。

4.　事態実現用法

事態実現用法は本書がcitaに対して新たに設けた用法である。第1部の第2章6.4節では事態実現用法を「動作主を概念化の枠組みからはずし、動作や変化の対象を主要な参与者としながら、事態の終結局面を重点的に表すもの」と定義した。事態実現用法は通時的に見て助動詞citaの用法の中で最も古くから存在するものである。

さらに、cita の意味拡張においては、状態変化を除く他の用法（受身・非意図・可能）へと広がっていく結節点に位置づけられている *12。したがって、助動詞 cita の用法の中ではプロトタイプとも呼べる用法である。

ラサルには cita の事態実現用法と同じ機能を持つと見なされる用法がある。また、ラレルの受身に分類される用例の中には、cita の事態実現用法と共通するいくつかの特徴を持つものが存在する。

4.1 cita の事態実現用法

第 1 部の第 2 章 6 節において詳述した内容の概略を述べると、事態実現用法を他の用法と区別する 3 つの意味的特徴は以下のとおりである。

①動作主を概念化の枠組みからはずす

②動作や変化の対象を主要な参与者とする

③対象に起こる変化の終結局面を重点的に表す

この 3 つを文法的特徴に置き換えて述べると、①動作主が概念化の枠組みからはずされることにより、事態実現用法の文では動作主名詞句を共起させることができない。②動作や変化の対象が主要な参与者となるため、事態実現用法の文では動作や変化の対象が主語になる。③変化の終結局面を重点的に表すため、〈用言 + cita〉の語彙アスペクトは「到達 achievement」になる。

cita の事態実現用法は「自然現象」と「対象の変化」の 2 つに下位分類できる。まず、「自然現象」とは人間の意志や働きかけとは無関係に自然の法則によって起きる事柄に関するものである。

(27) a. 눈이 소복이 쌓여졌다.

　　　nwun-i　　sopoki　　　ssah-ye-cye-ss-ta

　　　雪 -NOM　うずたかく　積む -i-cita-PAST-DECL

　　　雪がうずたかく積もった。

　 b. 초록빛 잔디에 갖가지 예쁜 꽃들이 피어져 있다.

　　　cholok-pich　canti-ey　kackaci　　yeyppu-n

　　　緑 - 色　　　芝生 - に　いろんな　きれいだ -RL

　　　kkoch-tul-i　phie-cye.iss-ta

花 -PL-NOM　咲く -cita- ている -DECL

　　緑色の芝生にいろんなきれいな花が咲いている。

　（27a）は「쌓이다 ssah-i-ta（積もる）」に cita が付いて「雪が積もる事態が実現した」こと、（27b）は「피다 phita（咲く）」に cita が付いて「花が咲く事態が実現し、その結果状態にある」ことを表している。「自然現象」に該当する用例の先行用言は基本的に自動詞であり、人間は事態に関与せず、動作主も元から存在しない。

　　もう一方の「対象の変化」とは、人間の行為や働きかけの結果、動作の対象に起こる変化の終結局面に焦点を当てて述べるものである。

（28）a.　돼지갈비가 노릇노릇하게 잘 <u>구워졌습니다</u>.

　　　　twayci-kalpi-ka　　nolusnolusha-key　　cal

　　　　豚 - カルビ -NOM　黄色い -ADV　　　　よく

　　　　kwuwe-cye-ss-supni-ta

　　　　焼く -cita-PAST-POL-DECL

　　　　豚カルビがきつね色によく<u>焼けました</u>。

　　b.　감자수프가 담백하고 고소하게 <u>끓여졌어요</u>.

　　　　kamca-swuphu-ka　　　　tampaykha-ko

　　　　じゃがいも - スープ -NOM　あっさりする - して

　　　　kosoha-key　　kkulh-ye-cye-sse-yo

　　　　香ばしい -ADV　煮える -i-cita-PAST-POL.DECL

　　　　ジャガイモのスープがあっさりと香ばしく<u>できました</u>。

　　c.　매일 신어서 구두바닥이 다 <u>닳아졌다</u>.

　　　　mayil　sine-se　　kwutwu-patak-i　ta

　　　　毎日　はく - して　靴 - 底 -NOM　　すっかり

　　　　talha-cye-ss-ta.

　　　　すり減る -cita-PAST-DECL

　　　　毎日はいて靴底がすっかり<u>すり減って</u>しまった。

　（28a）は他動詞「굽다 kwupta（焼く）」、（28b）は他動詞「끓이다 kkulh-i-ta（煮る）」に cita が付いて、「カルビが焼ける事態が実現したこと」「スープが煮える事態が実現したこと」を表している。これらの文では動作主の存在は含意されているが（普通、人間が肉

260　　II　cita・ラサル・ラレルの日韓対照研究

を焼き、スープを作る）、動作主名詞句として文中に共起させることができない。

(29){* 어머니가 /*어머니는 /*어머니에게 /*어머니에 의해} 돼지갈비가 노릇노릇하게 <u>구워졌습니다</u>.

{*emeni-ka/　　*emeni-nun/　　*emeni-eykey/　　*emeni-ey.uyhay}

{* 母 -NOM/　　* 母 -TOP/　　　* 母 - に /　　　　* 母 - によって}

twayci-kalpi-ka　　　nolusnolusha-key　　kwuwe-cye-ss-supni-ta

豚 - カルビ -NOM　　黄色い -ADV　　　　焼く -cita-PAST-POL-DECL

{* 母が /* 母は /* 母に /* 母によって} 豚カルビがきつね色に焼けました。

(28c) は自動詞「닳다 talhta （すり減る）」に cita が付き「靴がすり減る事態が実現した」ことを表す。こちらは自動詞の非意志動詞であり、動作主は存在しない。

　動作主が存在するかどうかにかかわらず、事態実現用法では、事態の展開過程における動作主の働きかけや外側からの影響は捨象される。そして、対象に起きる変化の終結局面が強調される。動作主や外部の働きかけが言語化されないことから、事態が成り行き的に実現したという解釈が付与されることが多い。

4.2　ラサルの事態実現用法

　ラサルに関しては、円山（2007）が「非情物主語の到達用法」として cita と類似した用法があることを指摘している。また、山口・円山（2010）ではラサルの用法の１つに「事態実現用法」を掲げ、下位分類として「自然現象」と「対象の変化」が存在することを指摘している *13。

　「自然現象」には次のような例が該当する。

(30)a.　今朝はドカ雪で 50 センチも<u>積もらさったよ</u>。

　　 b.　この辺りはもう雪が<u>とけらさってる</u>。

　(30a) は「（気がついてみると） 50 センチも雪が積もる事態が実現していた」、(30b) は「（いつのまにか）雪がとける事態が実現し、その結果状態にある」という意味内容である。自動詞の「積もる」「とける」が単に事態が生じたことを述べているのに対して、

ラサル形は話者が気づかないうちにいつのまにか事態が実現したという述べ方をしている。つまり、雪が積もったりとけたりする過程は話者の意識からはずれ、もっぱら出現した状況、つまり事態の終結局面に焦点を当てて述べている。この分類に該当するものは先行動詞は基本的に自動詞であり、人間は事態に関与せず、動作主も存在しない。

「対象の変化」には次のような例が該当する＊14。

(31) a.　お風呂が沸かさったよ。

　　　b.　オーブンで焼いたら、魚がこんがりと焼かさった。

　　　c.　たまねぎが炒まさりましたら、味付けをしていきます。

(STV どさんこワイド)

(31a)は「お風呂のお湯がちょうどよい温度になるという事態が実現した」、(31b)は「魚がこんがり焼ける事態が実現した」、(31c)は「たまねぎを炒めて、しんなりしてちょうどいい状態になる事態が実現したら…」という意味内容を表す。これらでは「風呂が沸く、魚を焼く、たまねぎを炒める」という事態が終結局面に至り、実現したことを述べている。この用法では動作主の働きかけや途中の経過は話者の意識からはずれ、対象に起きる変化の終結局面が強調されるため、話者は動作主の力によって事態が実現したというよりは、時間の経過によって成り行き的に事態が生じたと捉える傾向がある。

この下位分類では、「(風呂が)沸く」のような自動詞の場合、動作主が事態に関与することが含意されている(お風呂は通常、人間が沸かす)。一方、「魚を焼く、たまねぎを炒める」のような他動詞の場合、動作主は意図的に事態に関与している。それにもかかわらず、ラサル文ではいずれの場合も動作主名詞句として同じ文中に共起させることはできない。

(32) {＊母が／＊母は／＊母に／＊母によって} 魚がこんがりと焼かさった

このように、ラサルには事態実現用法が存在し、かつ、「自然現象」と「対象の変化」という2つの下位分類を持つため、cita と非常に類似した状況になっている。

4.3 ラレルと事態実現用法

ここまでcitaとラサルで論じてきた事態実現用法の例をラレルに適用してみると次のようになる。

(33) a.?# 今朝は大雪で50センチも<u>積もられた</u>。（積もってしまった）

b. * この辺りはもう雪が<u>とけられている</u>。（とけてしまっている）

(34) a. * 毎日履いたので靴底がすっかり<u>すり減られた</u>。（すり減った、すり減ってしまった）

b. # お風呂が<u>沸かされた</u>。（沸いた）

c.?# オーブンで焼いたら、魚がこんがり<u>焼かれた</u>。（焼けた）

(33) は「自然現象」、(34) は「対象の変化」の下位分類に該当するものである。(33a) は「雪が積もることによって被害を受けた」という自動詞ベースの被害の受身としての解釈が可能かもしれないが、「（気づいたら）雪が積もる事態が実現していた」という事態実現用法の解釈は成立しない。(34b)「沸かされた」と (34c)「焼かれた」も受身文としてであれば解釈できる可能性があるが、(33b)(34a) は受身文としても容認される可能性がない。日本語においてcitaやラサルの事態実現用法の意味内容を可能な限り表現しようとすると、自動詞や「～してしまう」の形を使用することになる。このように、ラレルはcitaやラサルの事態実現用法に直接対応する機能は持たない。

しかしその一方で、「ラレテイル」の形では、ラサルの事態実現用法と非常に近い対応を見せる場合がある。

(35) a. 北海道のきびだんごはオブラートに<u>くるまさってる</u>。

b. 北海道のきびだんごはオブラートに<u>くるまれている</u>。

(36) a. 木に赤いテープが<u>巻かさってる</u>。

b. 木に赤いテープが<u>巻かれている</u>。

(37) a. 玄関先にスコップが<u>置かさってる</u>。

b. 玄関先にスコップが<u>置かれている</u>。

(35–37) の例では、ラサル文とラレル文の意味的な差異が少な

く、ラサルをラレルに置き換えても問題がないように感じられる。これにはラレルではなく「ラレテイル」という形が大きく関与していると考えられる。

森田（1989）は「ラレテイル」の形を持つものの一部について、"被害の受身とはならずに純粋に文法上の理由から受身になる形式である。「戸が閉めてある／閉まっている」のように「他動詞＋てある」を「自動詞＋ている」に置き換える場合、対応する自動詞を欠くときには「他動詞＋受身＋ている」と「られる」を付けて他動詞を自動詞化させる。"（p. 1211）と記述している。つまり、一部の「ラレテイル」の形において、ラレルが自動詞化の機能を肩代わりしているというものである。

ラサルに関しては、山崎（1994）が自他対応の自動詞の欠落を補う場合があることを指摘している（結ぶ―結ばさる、畳む―畳まさる）。すると、（35–37）のラレルとラサルの例は「他動詞の自動詞化」という共通の機能を示すものであると解釈できる。

また、第1部の第2章6.5節において、cita の事態実現用法が非対格型自動詞と共通する特徴を持つことを指摘した。すると、（35–37）のラレテイルも事態実現用法と非常に共通性の高い機能を果たしていると捉えることができる*15。

このケースでは、結果状態を表すテイル形の共起が重要な要因になっている。テイル形が「行為の結果としてある状況がすでに生じている時点」を表すため、結果的に動作主名詞句が共起しにくくなる。そのため、（35–37）で対比したラサル文とラレル文に見られる意味内容の類似性は、自動詞化の機能を肩代わりするラレルと結果状態を表すテイル形両方の働きによるものと考えられる。

4.4　3形式の事態実現用法
事態実現用法に関するここまでの議論は、図表5のように整理することができる。

図表 5　事態実現用法における 3 つの形式の対応関係

下位分類	cita	ラサル	ラレル
自然現象	○	○	×
対象の変化	○	○	△ （ラレテイル）

　事態実現用法においても cita とラサルには非常に類似した特徴が見られ、どちらも「自然現象」と「対象の変化」2 つの下位分類を持つ。一方、ラレルには事態実現用法の「自然現象」に該当する用法がない。「対象の変化」に関しては、ラレテイルの形で非常に共通点の多い用例が見られる。

5.　受身用法

　本書では受身用法を「動作主を非焦点化し、被動者（あるいは動作の対象）を中心的な参与者として事態を述べるもの」と定義している。受身文の分類は意味的特徴や構文的特徴に基づいて様々な形でなされてきたが、ここでは日本語の受身研究における「直接受身」と「間接受身」という枠組みに沿って 3 つの形式を見ていくことにしたい。

　受身は対応する能動文との関係によって直接受身と間接受身に分けられる。直接受身とは、対応する能動文の目的語を主語にして表現するものであり、受身文と対応する能動文は視点こそ異なるが同一の事象を表している。一方の間接受身は、受身文の主語が外部の動作や変化の影響を間接的に受けることを表すものである。間接受身文では能動文の表す事象に主語の認識が加わって表現される。なお、間接受身には自動詞ベースの受身と持ち主の受身が含まれる。

5.1　cita の受身用法

　第 1 部の第 2 章 3 節で述べたように、cita の受身用法は直接受身だけに限定されており、間接受身は表すことができないという大きな特徴がある。

第 2 章　cita・ラサル・ラレルの対照分析　265

まず、直接受身に関して見てみると、主語と動作主の有情／無情に関わらず受身文を作る。以下では、有情物を「＋」非情物を「－」として、［主語、動作主］の並びで簡略表記する。

（38）は主語が有情物である有情の受身の例である。

（38）a.　그녀는 12 살 때 어머니를 잃고 어버지에 의해 보육원에 <u>맡겨졌다</u>.

kunye-nun　　12-sal　ttay　emeni-lul　ilh-ko

彼女 -TOP　　12-歳　時　　母 -ACC　　失う - して

apeci-ey.uyhay　poyukwen-ey　　mathkye-cye-ss-ta

父 - によって　　　保育園 - に　　　預ける -cita-PAST-DECL

彼女は 12 歳のときに母親を亡くし、父親によって養護施設に<u>預けられた</u>。

　　b.　루이 17 세는 프랑스 혁명정부의 명령에 의해 구두수선공 앙투앙 시몽에게 <u>맡겨졌다</u>.

lwui　17sey-nun　　　phulangsu　hyekmyengcengpwu-uy

ルイ　17 世 -NOM　フランス　　革命政府 -GEN

myenglyeng-ey.uyhay　kwutwu-swusenkong

命令 - によって　　　　　靴 - 修理工

angthwuang simong-eykey　mathkye-cye-ss-ta

アントワーヌ・シモン - に　　預ける -cita-PAST-DECL

ルイ 17 世はフランス革命政府の命令によって靴修理工のアントワーヌ・シモンに<u>預けられた</u>。

（38a）は主語が「그녀 kunye（彼女）」、動作主が「아버지 apeci（父親）の［＋＋型］受身文である。（38b）は主語が「루이 17 세 lwui17sey（ルイ 17 世）、動作主に該当するものが「명령 myenglyeng（命令）」の［＋－型］受身文である。cita の受身用法において有情の受身の用例は多くなく、動詞の種類も「주어지다 cwue-cita（与えられる）、맡겨지다 mathkye-cita（預けられる）、구해지다 kwuhay-cita（助けられる）」などにある程度限定されている。

　韓国語では有情物が動作主の場合、受身文よりも能動文が好まれる傾向があることが鄭秀賢（1980）、尹鎬淑（1994）ほかの先行研究において指摘されている＊16。また、韓国語は通時的に見ても

266　　Ⅱ　cita・ラサル・ラレルの日韓対照研究

有情の受身よりも非情の受身の割合が高い状態が続いており、その傾向は現代においてさらに強まっている（尹鎬淑 1994, 1998）。cita の受身用法において有情の受身の用例が少ないことには、このような背景があると考えられる。

（39）は主語が非情物である非情の受身の例である。

（39）a.　최초의 금속탐지기는 미국의 그레이엄 벨에 의해 <u>만들어졌다</u>.

choycho-uy　kumsokthamciki-nun　mikwuk-uy　kuleyiem

最初 -GEN　金属探知機 -TOP　　米国 -GEN　グラハム

peyl-ey.uyhay　mantule-cye-ss-ta

ベル - によって　作る -cita-PAST-DECL

最初の金属探知機はアメリカのグラハム・ベルによって<u>作られた</u>。

b.　화성의 표면 높낮이와 지질학적 특성에 대한 지도는 고해상도 사진기에 의해 <u>만들어졌다</u>.

hwaseng-uy　phyomyen　nophnaci-wa　cicilhakcek

火星 -GEN　表面　　高低 - と　　地質学的

thukseng-ey.tayha-n　cito-nun　kohaysangto

特性 - に対する -RL　地図 -TOP　高解像度

sacinki-ey.uyhay　mantule-cye-ss-ta

カメラ - によって　作る -cita-PAST-DECL

火星表面の高低や地質学的特性に関する地図は高解像度カメラによって<u>作られた</u>。

（39a）は主語が「금속탐지기 kumsokthamciki（金属探知機）」、動作主が「그레이엄 벨 kuleyiem peyl（グラハム・ベル）」の［－＋型］受身文である。（39b）は主語が「지도 cito（地図）」、動作主が「고해상도 사진기 kohaysangto sacinki（高解像度カメラ）」の［－－型］受身文である。

（38）（39）では動作主が明示された例を提示したが、実際のところ、cita の受身用法では動作主が明示されないことの方が多い。本研究の調査では cita の受身用法 313 例のうち、動作主が明示されるのは 52 例（16.6％）に過ぎなかった。また、動作主名詞句が共起する場合の格標示にも制限があり、cita の受身用法では日本語

のニ格に該当する「에 ey / 에게 eykey / 한테 hanthey」で標示することができない。

　一方、間接受身に関しては cita の機能は制限されている。まず、自動詞ベースの受身は cita のみならず韓国語のどの受身形式でも表すことができない。

(40) a. 　철수는 하룻밤 아이에게 {*울렸다/*울어졌다}.

　　　　chelswu-nun　　halwus-pam　ai-eykey

　　　　チョルス -TOP　　ひと - 晩　　　子ども - に

　　　　{*wul-lye-ss-ta/　　　　*wule-cye-ss-ta}

　　　　{* 泣く -i-PAST-DECL/　* 泣く -cita-PAST-DECL}

　　　　チョルスは一晩中子どもに泣かれた。

　　 b. * 돌아오는 길에 소나기에 내려져서 흠뻑 젖었다.

　　　　* tolao-nun　kil-ey　sonaki-ey　naylye-cye-se　　humppek

　　　　帰る -RL　　道 - に　夕立 - に　　降る -cita- して　　びっしょり

　　　　cece-ss-ta

　　　　ぬれる -PAST-DECL

　　　　帰り道、夕立に降られてびしょぬれになった。

　(40) の 2 つの例が示すように、日本語の自動詞ベースの受身文は韓国語にそのまま逐語訳することはできない。(40a) の内容を表そうとすると「아이가 밤새도록 울어서 철수는 고생했다 / 한잠도 못 잤다. (子どもが一晩中泣いて、チョルスは苦労した／一睡もできなかった。)」のような分析的な形になり、(40b) は「돌아오는 길에 소나기를 만나 흠뻑 젖었다. (帰り道、夕立にあってびしょぬれになった。)」という形で表現する。

　持ち主の受身に関しても cita の受身用法では表すことができない。

(41) a. * 철수는 붐비는 전철 안에서 발을 밟아졌다. (밟혔다)

　　　　* chelswu-nun　　pwumpi-nun　cenchel　an-eyse　　pal-ul

　　　　チョルス -TOP　混む -RL　　　電車　　中 -LOC　足 -ACC

　　　　palpa-cye-ss-ta　　　(palk-hye-ss-ta)

　　　　踏む -cita-PAST-DECL　（踏む -i-PAST-DECL）

　　　　チョルスは混み合う電車の中で足を踏まれた。

　　 b. * 철수는 민수에게 약점을 잡아졌다. (잡혔다)

```
 *  chelswu-nun      minswu-eykey   yakcem-ul

    チョルス -TOP    ミンス -に        弱点 -ACC

    capa-cye-ss-ta              （cap-hye-ss-ta）

    にぎる -cita-PAST-DECL   （にぎる -i-PAST-DECL）

    チョルスはミンスに弱みをにぎられた。
```

c. ＊ 철수는 혜진에게 편지를 읽어졌다 .（ ＊읽혔다）

```
 *  chelswu-nun      hyeycin-eykey   phyenci-lul

    チョルス -TOP    ヘジン - に        手紙 -ACC

    ilke-cye-ss-ta              （*ilk-hye-ss-ta）

    読む -cita-PAST-DECL   （読む -i-PAST-DECL）

    チョルスはヘジンに手紙を読まれた。
```

　李文子（1979）の分類では（41a）は「もちぬしの部分」、
（41b）は「もちぬしの側面」、（41c）は「もちもの」に該当する。
カッコで併記したように（41a, b）は接辞 -i- を用いれば受身文と
して表すことができるが、cita はいずれのケースでも許容されない。
これには対格名詞句を取ることができないという cita の文法的特徴
も関係していると思われる *17。

　このように cita の受身用法は間接受身を表すことができず、直接
受身に限定されている。なお、直接受身の主語と動作主の有情／非
情に関しては制限が見られない。

5.2　ラレルの受身用法

　日本語ラレルの受身用法は cita と比較して明らかに使用範囲が広
い。5.1 節で取り上げた直接受身・間接受身のどちらでも使用でき
る。（42）は直接受身の例である。なお、ラレルの研究では動作主
をニ格で標示する「ニ受身」とニヨッテで標示する「ニヨッテ受
身」を区別するが、ここでは cita との対比を目的とするため、まず
はニヨッテ受身の例を取り上げる。

（42）a.　太郎は幼いとき父親によって施設に預けられた。［＋＋
　　　　 型］

　　 b.　選手たちには時の政権によって国民栄誉賞が贈られた。
　　　　 ［＋－型］

c. 北海道の道は囚人たちによって作られた。[－＋型]

d. この地形は火山活動によって作られた。[－－型]

このように、ラレルはcitaの受身用法に対応する意味内容はすべて表すことができる。ラレルの直接受身には、この他に（43）のような「ニ受身」が存在する*18。

(43)a. 太郎は次郎になぐられた。[＋＋型]

b. 釣り人たちは濁流に流された。[＋－型]

c. 貴重な文化財が何者かに盗まれた。[－＋型]

d. 会場がためいきに包まれた。[－－型]

間接受身には、（44）のような自動詞ベースの受身と、（45）のような持ち主の受身が存在する*19。

(44)a. 太郎は一晩中子どもに泣かれた。

b. 帰り道、雨に降られてびしょぬれになった。

(45)a. 太郎は混み合う電車の中で足を踏まれた。

b. 太郎は次郎に弱みをにぎられた。

c. 太郎は花子に手紙を読まれた。

前節で述べたとおり、これらはcitaでは表すことのできない受身である。このように、ラレルはcitaの側から見ると、多様な種類の受身表現を持ち、生産性が非常に高い。

5.3　ラサルと受身用法

一方、ラサルは受身を表すことができない。citaとラレルに関する部分で提示した例をラサルに置き換えるといずれも容認されない文になる。（46）は直接受身文にラサルを適用した例である。

(46)a. ＊太郎は幼いとき父親によって施設に預けらさった。[＋＋型]

b. ＊選手たちには時の政権によって国民栄誉賞が贈らさった。[＋－型]

c. ＊北海道の道は囚人たちによって作らさった。[－＋型]

d. ＊この地形は火山活動によって作らさった。[－－型]

なお、ラサルはあくまで口語表現であるため、「〜によって」という書き言葉の表現とは文体的に相容れない。しかし、「〜によっ

270　Ⅱ　cita・ラサル・ラレルの日韓対照研究

て」の動作主名詞句を削除しても、やはりラサルでは受身を表すことができない。

(47)a. ＊太郎は幼いとき施設に預けらさった。［＋＋型］

　　 b. ＊選手たちには国民栄誉賞が贈らさった。［＋－型］

(48)は自動詞ベースの受身文、(49)は持ち主の受身文にラサルを適用したものである。こちらも受身文としては容認されない。

(48)a. ＊太郎は一晩中子どもに泣かさった。

　　 b. ＊帰り道、雨に降らさってびしょぬれになった。

(49)a. ＊太郎は混み合う電車の中で足を踏まさった。

　　 b. ＊太郎は次郎に弱点をにぎらさった。

　　 c. ＊太郎は花子に手紙を読まさった。

このように、どのケースにおいてもラサルは受身を表すことができない。なお、(46d)に関しては動作主「火山活動」をニヨッテではなくデで標示すると、受容可能性が若干上がるように思われる。

(50)？この地形は火山活動で作らさった。

同じように、原因や外的な力を表す名詞句がデ格で標示されると、一見、［－－型］の受身文として解釈できそうな場合がある。

(51)a. 　ここの護岸は波の力でけずらさっている。

　　 b. 　洗濯物がつよい風で飛ばささった。

しかし、これらの文はあくまで「護岸がけずれる」「洗濯物が飛ぶ」という事態が生起したことを表すものであり、事態実現用法に該当する。「波の力で」「強い風で」といった原因や外的な力を表す名詞句が共起しているために、因果関係の枠組みでの解釈が起こり、ラレルの「削られている」「飛ばされた」に近い意味内容を表すようにも感じられる。しかし、これらはあくまで事態の実現を表す文である。

なお、『北海道方言辞典』（石垣 1983: 149）では次のラサル文が受身に分類されている。

(52)a. 　こんなになっても親に抱かサル気だ（採録地：函館）

　　 b. 　まだおぶサルつもりか（採録地：小樽）

山崎（1994）は(52a)の例に関連して、能動文「親が子どもを抱く」とラサル文「子どもが親に抱かさる」では、旧主語「親」が

ニ格に降格し、旧目的語「子ども」が主語に昇格しているのだが、「親」は行為者ではなくあくまで場所であり、「子ども」は被動者ではなく、行為者であると指摘している。

　山口・円山（2010）では（52）と類似した次のような例を「再帰的動作」としてラサルの周辺的な用法に位置づけている。

　（53）花子ったら、おじいちゃんに抱かさって、寝てしまったね。

　この例では、「花子」はあくまで動作主であり、自ら行動を起こして「おじいちゃん」に働きかけ、「おじいちゃん」がそれに応じる動作（抱く）をした結果、「花子」が影響を受けることを表している。つまり、動作主の働きかけによって動作主自身が影響を受けており、この意味で再帰的である。

　これと同じ論理で、（52）の「抱かさる」「おぶさる」も抱かれる対象やおぶられる対象自体が意図的に働きかける動作主であり、働きかけの結果として自らが影響を受けている。つまり、再帰的な動作を表すものあり、純粋な受身用法とは考えにくい。

　以上のことから、ラサルには受身用法に近い周辺的な用法は存在するものの、いわゆる典型的な受身は表すことができないと判断する。

5.4　3形式の受身用法

受身用法に関する議論は次の図表6のように整理できる。

図表6　受身用法における3形式の対応関係

受身の種類		cita	ラサル	ラレル
直接受身	有情物受身	○	×	○
	非情物受身	○	×	○
間接受身	自動詞ベースの受身	×	×	○
	持ち主の受身	×	×	○

　直接受身、間接受身（自動詞ベースの受身、持ち主の受身）という分類において、ラレルは全てのカテゴリーで使用できるが、citaは直接受身のみに限定されている。ラサルに関しては、いずれのカテゴリーでも使用できない。ラサルには事態実現用法や再帰的動作

など受身と特徴を共有していて意味的にも近い用法が存在する。しかし、典型的な受身に関しては使用が制限されている。

　ここまで、非意図・可能・事態実現の3用法でcitaとラサルは同じ分布をしてきたが、受身に関してはcitaが直接受身を表せるのに対し、ラサルは受身を表すことができず、対応が分かれている。この背景には、他のヴォイス形式の存在が関わっていると推測される。韓国語では固有語動詞の受身を担う形式、接辞-i-の語彙的な制限が強く、接辞-i-では受動化できない動詞が多数ある。そのために生じる表現の隙間を埋める形でcitaの受身用法が発達してきたことは、これまで多くの先行研究で指摘されてきた。北海道方言では受身表現として共通語と同じラレル（および、その方言形ラエル）を用いる。ラレルという圧倒的な存在感を持つ受身形式があるために、ラサルは受身用法への拡張をブロックされていると考えることもできる。北海道方言におけるラレルとラサルの影響関係に関しては次章でさらに考察する。

＊1　第1部第2章でも述べたように、本書では「自発」ではなく「非意図」という用語を使用する。「自発」という用語は、spontaneousという訳語に対応することが多いが、spontaneousは非意図的行為だけではなく自然現象などの広い範囲の意味を表す。本書の枠組みでは事態実現用法に関する内容まで含まれることから、用語による混乱を避けるために、動作主の意図によらない行為に関しては「非意図用法」という用語を使用している。

＊2　森山（1988: 130）を参照。

＊3　尾上（1998b）、柴谷（2000）、渋谷（2002）ほかを参照。

＊4　韓国語の代表的な可能形式「할 수 있다/없다 hal swu issta/epsta」には、成り行き的・偶発的という意味合いはない。

＊5　寺村（1982: 262–263）では可能態の成立する文法的条件として、可能態をとる動詞は意志的な動作を表すものでなければならないと指摘している。

＊6　鄭・円山（2012）では、ラレルにおいても非意志動詞ベースの可能文が存在することを指摘し、その成立条件を論じている。

＊7　山口・円山（2010）では、ラサルの「非情物の一回性可能」が表す一度限りの出来事・事態から、その事態が生じるのは非情物の性質に起因するものだという推論が起こり、恒常的な性質を表す可能表現が派生したと論じている。個々の事態における変化をその非情物の属性として読み替えることにより、個々の事態には縛られない恒常的可能へと意味拡張したと説明している。

*8　(17c) は「疲れていたから、ふとんに入ったらすぐ寝てしまった」、(18a) は「食欲がなくても、すじこがあればいくらでもご飯が進む」という非意図文としても解釈できる。

*9　盛岡市方言（竹田 1998）や山形市方言（森山・渋谷 1988）のラサルに該当する形式でも同様に、能力可能や社会的規則に基づく可能を表せないことが指摘されている。

*10　可能動詞は〈五段動詞 + eru〉の形のものを指す。歴史的には 17 世紀まで遡ることができる（神田 1965 ほか）。一方のラ抜きことばは〈一段動詞 + reru〉の形のものを指す。発生時期は大正・昭和初期で、中部方言の影響があった可能性が指摘されている（井上 1998）。

*11　ラ抜きことばの発生には、受身・自発・尊敬と可能を形式上で区別するという動機付けと、五段動詞と一段動詞の可能表現を揃えるという動機付けがあることが指摘されている（山本 1984, 井上 1998 ほか）。

*12　第 1 部第 4 章を参照。

*13　山口・円山（2010）では、この他に「人間の行為の結果」を事態実現用法の下位分類として挙げている。「人間の行為の結果」には次のような例が該当する。

　　　・うちのチーム、走ってたら前のチームに追いつかさったよ。

　　　・私、今日は 100 ページまで読まさったよ。偉いでしょ？

　　なお、本書ではこの「人間の行為の結果」を非意図用法に分類した。

*14　本書で「対象の変化」として扱っているものは、山崎（1994）では「非情物に出現する結果の状態」、山崎（2000）では「物を中心とする述べ方」、佐々木（2007）では「逆使役」（〈他動詞 + ラサル〉のみ）として分類されている。ラサルに相当する形式を持つ他方言に目を向けると、盛岡市方言では竹田（1998）が「非情名詞主体の受身表現」、宇都宮方言では加藤（2000）が「自然発生」、大井川方言では中田（1981）が「中相動詞的表現」として分類している。

*15　尾上（2003）や川村（2012）の指摘する「発生状況描写」用法はこの用例と共通する特徴を持つと思われる。尾上（2003）はこの用法の例として「ひょうたんが軒につるされている」を挙げ、「ある人格の行為の結果モノの身の上に発生した状況を語る」（p.35）ものであると述べている。また、川村（2012: 167）では、発生状況描写用法を「他者の何らかの結果、主語に立つモノにおいて生じた状況を描写するもの」と定義している。

*16　堀江・プラシャント（2009）では、受動構文の類型論的研究において「英語や韓国語は、主体から客体へという客観的な流れを重んじ、事態の行為者の視点から事態を捉え、能動文で描写する傾向が強い。」（p.198）という指摘をしている。

*17　許明子（2004: 56）では「所有物被動文」の例として次のような cita 文を提示している。

　　　그 아이 엄마가 동맥이 끊어졌으니 죽었겠지.
　　　ku　　ai-emma-ka　　　　tongmayk-i　kkunhe-cye-ss-uni
　　　その　子ども - 母 -NOM　　動脈 -NOM　切る -cita-PAST- から
　　　cwuke-ss-kess-ci

死ぬ -PAST- だろう -MOD

（直訳）その赤ちゃんのお母さんが動脈が切れたから死んだんだろう。

（意訳）あのおばさん、動脈を切られたから死んだんだろう。

　この文は「赤ちゃんのお母さん」の身体部位である「動脈」が直接的に動作を受ける対象になっているが、この場合も「赤ちゃんのお母さん」と「動脈」の双方が主格標示されており、対格は現れない。

*18　「ニ受身」に該当するものは、韓国語では接辞 -i- や＜名詞＋ toyta / tanghata / patta ＞などの形式によって表される。

*19　日本語の自動詞ベースの受身は類型論的にも特殊な現象であることが指摘されている。柴谷（2000）ではヴォイスの全体的な枠組みに対する考察の中で、自動詞ベースの受身に関しても論じている。自動詞ベースの受身自体は非人称構文や非人称受身としてオランダ語やネパール語など他言語でも見られる。しかし、他言語では動作主を文法項とせず、結合価が減るが、日本語では主語とともに動作主が表現され結合価が増えるという構文的な特徴がある。意味的にも他言語では動作主の事態への関与を背景化し、事態そのものの生起を強調するが、日本語では主語が被る影響を情意的に述べる特徴を持つと指摘している。

第3章

cita・ラサル・ラレルの意味地図

1. 意味地図の作成方法

　第2章では、cita・ラサル・ラレルの3形式の非意図・可能・事態実現・受身の4つの用法について対照分析を行なった。各形式の意味的特徴の分析を通じて3つの形式の共通点と相違点を明らかにし、図表に整理した。第3章では、第2章の各用法の分析を取りまとめ、意味地図（semantic map）の形で表すことにしたい。それにより、cita・ラサル・ラレルの用法の分布を視覚化し、多義語としての意味の広がりを俯瞰的に捉えることにしたい。

　語の多義性を図示することで把握する試みは、Lakoff（1987）の放射状カテゴリー（Radial category）やLangacker（1991）のネットワークモデルなど多くの先行研究がある。ヴォイス関連では、Myhill（1993）のインドネシア語のdi-形の分析や、Kemmer（1993a）の中動態に関する類型論的研究がある。いずれにおいても、意味地図によって明確な形で意味のネットワークが描かれ、多義の全体像を把握する上で役立っている。

　本書ではHaspelmath（2003）の手法に従って、意味地図を作成することにしたい。Haspelmath（2003）は、多義語が持つ複数の意味・用法を他言語との対照を通じて意味地図化する方法を提示している。その方法では、個々の意味・用法は結節点（node）の形で表される。ある文法素（gram）の多義性は、その意味・用法が類似しているからこそ生じているという前提に基づき、意味・用法間の類似性は結節点の近さで位相的に表される。それに加えて、結節点を結ぶ連結線が意味・用法間の有縁性を表す。そして、2つ以上の言語から類似した意味を持つ文法素をサンプリングし、文法素の表す機能が連続的なエリアを作るように結節点を配置していくと

いうものである。この方法により、多義語の意味の曖昧さの問題を回避しながら、文法的な意味を非常に具体的に示すことができるとしている。

なお、本書では個々の意味・用法を結節点として配置し、関連性を連結線で表したものを「意味ネットワーク」と呼び、そこに各形式の表す意味・用法を投影したものを「意味地図」と呼ぶことにする。また、ここで言う「機能」とはその形式が担っている用法の下位分類の集合を指している。つまり、形式が持つ意味の総体であり、その形式が表すことができる意味の範囲とも言い換えることができる。

2. 意味ネットワークの設定

2.1 基底となる意味ネットワーク

ここでは、cita・ラサル・ラレルの意味ネットワークを作成するのに当たって、既存の2つの意味地図を参照し、それを基底にして、意味・用法を表す結節点の配置を考えることにしたい。まずは、第1部で提示したcitaの意味拡張の経路を図表1にもう一度提示する。この図は意味拡張を表すものだが意味ネットワークとして読み替えることができる。なお、図表1には本動詞や複合動詞も含まれているが、ここでは、状態変化用法と事態実現用法以下の助動詞に関する部分に着目する*1。

また、山口・円山（2010）では、ラサルに関して図表2のような意味ネットワークを提示している。山口・円山（2010）では動詞の自他や動詞の意味構造、動作主の関与などの文法的・意味的特徴の分析に基づいて各用法とその下位分類を配置している。結節点の位置関係が近いものほど同じ特徴を共有しあっており、用法間の相互関係が位相的に示されている。

上に提示した2つの図を基底に置きながら、3形式の対照分析において形式によって対立が見られた項目を結節点として配置すると、次の図表3のような意味ネットワークを描くことができる。

上述のとおり、図表3の用法の配置はcitaとラサルの意味地図に

278　Ⅱ　cita・ラサル・ラレルの日韓対照研究

図表1　citaの意味拡張の経路

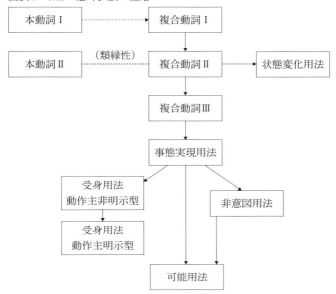

図表2　山口・円山（2010）によるラサルの意味ネットワーク

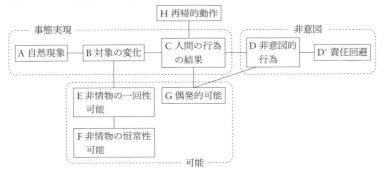

基づいている。そのため、結節点の間をつなぐ線の中にはラレルに関しては直接的には該当しない部分がある（事態実現と受身［B］、事態実現と可能［L］、非意図と可能の間［I］）また、この意味地図は3形式の対照において、対応関係の違いが生じる項目を結節点としているため、1つの形式しか持たない用法、すなわち、citaの状態変化用法とラレルの尊敬用法の位置づけはあくまで暫定的なものとなる。さらに、3形式の対照において文法性の判断には明確な違

図表3　3つの形式に関わる用法の意味ネットワーク

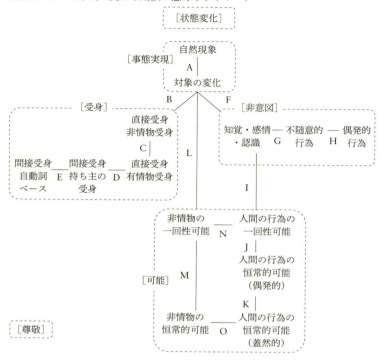

いが出ない項目はこの意味地図に反映されていない。そのため、例えば、受身用法における被害の意味の有無や可能用法における成り行き的・偶発的なニュアンスなどはこの意味ネットワークには表されていない。

2.2　各結節点の関係

まずは、意味・用法を表す結節点の配置の妥当性について、隣接する結節点間の共通点と相違点を挙げることで説明したい。図表3において結節点を結ぶ連結線に割り振ったAからOのアルファベットの順に見ていくことにしたい。

まず、A. 事態実現用法の「自然現象」と「対象の変化」では、事態の終結局面を重点的に表すという点が共通しているが、意味的に動作主の存在が含意されるか否かという点で異なる。「自然現象」

には動作主は存在しないが、「対象の変化」では、表面に現れない
ものの、動作主の存在が含意されている。

　B.「対象の変化」と直接受身の「非情物受身」では、動作の対象
（非情物）に起きる変化を述べるという特徴を共有している。その
一方で、「対象の変化」はあくまで事態の生起そのものを表してい
るが、非情物受身は事態を因果関係の枠組みで捉え、動作主による
働きかけとその影響によって起きる対象の変化を表すという点が異
なる。文法的特徴から言うと、「対象の変化」は動作主名詞句と共
起できないが、「非情物受身」では動作主名詞句との共起が可能で
ある。

　C.「非情物受身」と「有情物受身」では、主語（被動者）が直
接動作を受けることで被る影響を表す点が共通しているが、主語が
有情物か非情物かという点に違いがある。

　D.「有情物受身」と「持ち主の受身」では、どちらも（典型的
に）有情物を主語とする受身である点が共通しているが、主語が直
接動作を受けるのか、あるいは所有物や属性など主語を取り巻くも
のが動作を受けるのかという違いがある。

　E.「持ち主の受身」と「自動詞ベースの受身」では、主語が事態
によって間接的に影響を受けることを述べる点が共通している。そ
の一方で、「持ち主の受身」では事態そのものに主語が関与する場
合と関与しない場合があるが、「自動詞ベースの受身」では主語は
事態そのものには関与しないという点が異なる。

　F.事態実現用法と非意図用法では、「不特定の背景的な力によっ
て事態が展開し、実現する」という意味的なフレームを共有してい
る。しかし、事態実現用法は主要な参与者が非情物であり、非意図
用法では人である点が異なる。非意図用法では主要な参与者が人で
あるにもかかわらず、「不特定の背景的な力」が事態展開の要因と
なっていることから、［－意志］の解釈が付与される。

　G.非意図用法の下位分類「知覚・感情・認識」と「不随意的行
為」では、動作主（経験者）の内発的な反応や変化を表す点が共通
している。その一方で、「知覚・感情・認識」が動作主内部にとど
まる内的な行為であるのに対し、「不随意的行為」は身体の動きな

どの具体的な変化が現れる点が相違している。

H.「不随意的行為」と「偶発的行為」では、具体的な身体の動きを含んだ動作が非意図的に起きることを表す点が共通している。両者が異なるのは、「不随意的行為」は感情や生理的な反応などを要因とし、「偶発的行為」は不注意や間違い、成り行きを要因とする点である。

I. 非意図用法と可能用法の「人間の行為の一回性可能」では、人間の行為に関する事態の実現について述べる点が共通しているが、「人間の行為の一回性可能」の場合、これに話者の予想・期待との一致／不一致に関する解釈を加えて述べる点が異なる。

J.「人間の行為の一回性可能」と「人間の行為の恒常的可能（偶発的）」では、人の行為に関わる事態に話者の予想・期待との一致／不一致に関する解釈が加わる点に共通性がある。その一方で、一度限りの具体的な事態について述べるのか、恒常的に可能（あるいは不可能）であることを述べるのかという違いがある。

K.「人間の行為の恒常的可能（偶発的）」と「人間の行為の恒常的可能（蓋然的）」では、人の行為に関して恒常的に可能（あるいは不可能）であることを述べる点が共通している。その一方で、偶発的可能では「なぜかいつも〜になる」というように事態の実現が成り行き的・偶発的なものとして捉えられるが、蓋然的可能では「当然起こるべきことが起きる」という事態の実現が蓋然性の高いものとして捉えられる点が相違している。

L. 事態実現「対象の変化」と「非情物の一回性可能」では、対象の変化に関する事態の生起を語る点が共通しているが、「非情物の一回性可能」ではこれに話者の予想・期待との一致／不一致に関する解釈が加わる点が異なる。

M.「非情物の一回性可能」と「非情物の恒常的可能」では、非情物における変化について話者の予想・期待との一致／不一致に関する解釈が加わった形で表されることが共通している。その一方で、「一回性可能」は現実に起きた事態について述べ、「恒常的可能」は常に可能であることを語ることによってその物の属性を記述するという違いがある。

N.「非情物の一回性可能」と「人間の行為の一回性可能」では、現実に起きた事態が話者の予想・期待との一致／不一致に関する解釈が加わる形で表現される点が共通するが、物の変化に関して述べるのか、人間の行為そのものに関して述べるのかという違いがある。

同様に、O.「非情物の恒常的可能」と「人間の行為の恒常的可能」においても、恒常的に可能（あるいは不可能）であることを語ることによって、その物や人の属性を述べるという共通した特徴を持つが、物の属性について述べるのか、人の属性について述べるのかという相違点がある。

このように、図表3の隣接する結節点は何らかの特徴を共有し、段階的に別の意味・用法へとつながる形でネットワークが構成されている。

2.3　意味ネットワークの構造的特徴

図表3の意味ネットワークを全体的に見た場合、垂直方向で上から下に向かって、アスペクトに関する用法→ヴォイスに関する用法→モダリティ・語用論的な内容に関する用法へと並ぶ形になっている。この特徴は、図表1に示したcitaの意味地図を踏襲する形になっている。

水平方向で見ると、話者が事態を捉える際の視点の置き方によって大きく3つに分けることができる。左側には受身用法が配置されているが、この領域では事態から主語が受ける影響に焦点が当てられている。中央部分は事態実現用法と非情物に関する可能用法が配置されている。こちらは動作主の働きかけは背景化され、事態の生起そのものに焦点が当てられている。そして、右側には非意図用法と人間の行為に関する可能用法が配置されている。こちらは動作主の事態への関わり方に焦点が当てられている。

図表4では分かりやすいように点線を引いて示したが、実際はいずれのカテゴリーも連続的な関係にあると考える。

なお、尊敬用法に関しては、語用論のカテゴリーに入ると思われるが、話者が事態を捉える視点の置き方に関しては、上記の3つの分類のいずれにも該当しない。

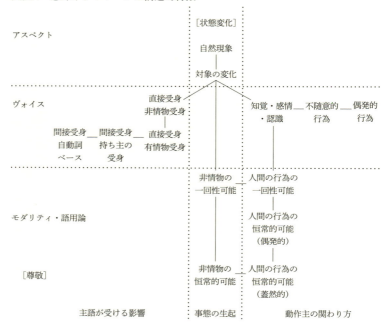

図表4　意味ネットワークの構造的特徴

3. citaの意味地図

　citaの用法を図表4の意味ネットワーク上にプロットすると、図表5のようになる。線の内側がcitaの機能を表すエリアである。
　図表5を垂直方向に見ると、citaの機能はアスペクト、ヴォイス、モダリティ・語用論という広い文法カテゴリーを縦断していることがひと目で分かる。これは第1部第5章・第6章で述べたcitaの特徴である。
　また、図表5を水平方向に見ると、citaの用法はどちらかというと中央から右側に偏っている。つまり、citaは「事態の生起そのもの」と「動作主の事態への関わり方」を表すことに機能の重点があると考えることができる。citaは受身用法も持つが、直接受身しか表すことができず、間接受身は表せない。また、直接受身に関しても非情物受身が中心であり、有情物受身の例は決して多くない。
　通時的に見ると、citaの受身用法は近代以降に用いられるように

なり、特に1945年以降に使用率が急上昇したという尹鎬淑（1994, 1998）の指摘がある。このことを勘案すると、citaの機能領域が「事態の生起そのもの」や「動作主の関わり方」を表す領域から、意味地図上では左側の「主語が受ける影響」を表す領域へと新たに機能を拡張したと捉えることができる。

図表5　citaの意味地図

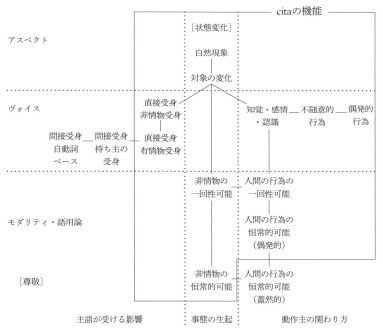

4．ラサルの意味地図

次に、ラサルの用法を図表4の意味ネットワーク上にプロットすると、図表6のようになる。

図表6を垂直方向に見ると、ラサルの機能もcitaと同様に、アスペクト、ヴォイス、モダリティ・語用論という広い文法カテゴリーにまたがっていることが分かる。

また、図表6を水平方向に見ると、ラサルは受身用法を持たないため、機能を表すエリアは図の中央と右側だけになる。つまり、

図表6　ラサルの意味地図1

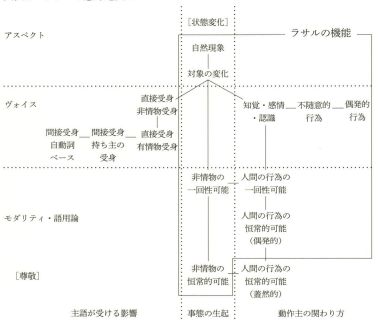

「事態の生起そのもの」と「動作主の関わり方」と表すことに機能が集中していると考えることができる。

　なお、第2章3.2節においてラサルの可能用法のうち、「非情物の恒常的可能」以外はいずれも、「事態が成り行き的・偶発的に実現する」という意味的な含意を持つことを述べた。また、第2章4.2節においてラサルの事態実現用法では動作主が言語化されないことから、事態が成り行き的に実現したという解釈が起きることを指摘した。さらに、非意図用法は動作主の意志によらずに事態がもたらされることを表すため、結果として、成り行き的・偶発的に事態が実現するという捉え方になる。

　すると、ラサルの用法は「事態が成り行き的・偶発的に実現する」という事態の捉え方をする用法が圧倒的に多いことになる。これを意味地図上に示すと図表7のようになる。グレーで表示したのが、「成り行き的・偶発的」という事態の捉え方をする用法である。

　図表7に見るとおり、ラサルでは事態を「成り行き的・偶発的」

図表7　ラサルの意味地図2

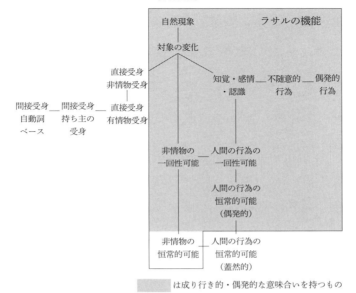

という捉え方をする用法が大部分を占める。西本（2010: 63–66）ではラサルの意味的な特徴を「他力本願的」「主体性がない」と表現しているが、そのような特徴が意味地図上からも読み取れる。

5．ラレルの意味地図

ラレルの用法を図表4の意味ネットワーク上にプロットすると、図表8のようになる。

第2章4.3節で述べたように、「ラレテイル」の形の中には、事態実現用法の下位分類「対象の変化」と非常に近い対応を見せるものがある。そのため、ラレルと事態実現用法の「対象の変化」の間には共通点が多いと考え、意味地図上ではラレルの機能領域を表す線が「対象の変化」に部分的にかかる形で表示した。

図表8を垂直方向に見ると、ラレルの機能は主にヴォイスとモダリティ・語用論の文法カテゴリー内にあることがわかる。

なお、図表8に可能動詞の機能を重ね合わせると、図表9のよう

図表8　ラレルの意味地図1

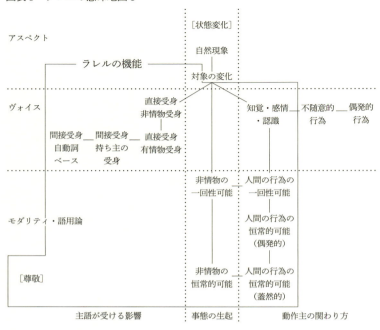

になる。実線で囲まれた部分はラレルの機能、グレーで表示された部分は現代語では可能動詞が担うことができる機能である。

　図表9の意味地図上では、中央から左側にかけてはラレル、中央から右側にかけては可能動詞という分布が見えてくる。すると、ラレルは「事態の生起そのもの」と「主語が受ける影響」を表すことに機能の重点があり、可能動詞は「事態の生起そのもの」と「動作主の関わり方」を表すことに機能の重点があると捉えることができる。

　第2章2.3節で述べたように、古典においてラレル（ラル）の非意図用法は偶発的行為も表していたが、現代ではその機能は失われている。また、現代語では非意図用法の「知覚・感情・認識」においても、ラレル形の「思われる」と可能動詞の「思える」が混用されている。さらに、第2章3.3節で述べたように、日本語の可能表現はラレル形から可能動詞およびラ抜きことばへと形が置き換わる過程にあると指摘されていることを考えると、ラレルは通時的に見

図表9 ラレルと可能動詞の意味地図

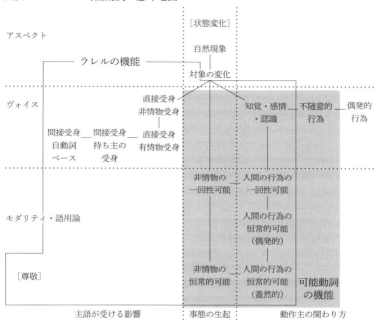

て「動作主の関わり方」に関する意味・用法を失う傾向にあり、意味地図の右側から左側へと表す機能の範囲を移動させているのではないかと推測される。

6．3 形式の機能分布

次に、3節から5節で提示した意味地図を重ねることによって、各形式の機能がどのように分布しているのかについて対照することにしたい。

6.1 cita とラサルの機能分布

図表10は、cita の意味地図（図表5）とラサルの意味地図（図表6）を重ね合わせたものである。この意味地図で見ると、cita とラサルの機能は重なる部分が多く、ラサルの機能を表すエリアは cita のエリアに包摂される形になっている。ラサルには状態変化用

法と受身用法がないという大きな違いがあるが、ラサルとcitaの類似性は意味地図上でもこのように明確に表れている。韓国語と北海道方言という異なる言語において、語形も全く異なる2つの形式がこれほど近い対応を見せることは非常に興味深い。いずれの形式も図の中央から右側を中心に機能が分布しており、話者が事態を捉える視点のうち「事態の生起そのもの」と「動作主の関わり方」を表すことに機能の重心があることが分かる。

図表10　citaとラサルの機能分布

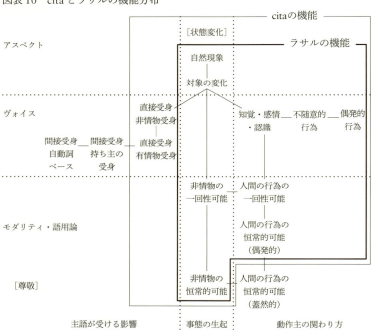

6.2　citaとラレルの機能分布

図表11はcitaの意味地図（図表5）とラレルの意味地図（図表8）を重ね合わせたものである。図表11を見ると、citaとラレルは受身・可能・非意図という用法を共通して持つが、いずれの用法においても機能を表すエリアが部分的にしか重なっていない。つまり、citaとラレルはいずれの用法においても表すことのできる下位分類の範囲が異なっている。図表11の意味地図は、citaとラレルがど

図表11　citaとラレルの機能分布

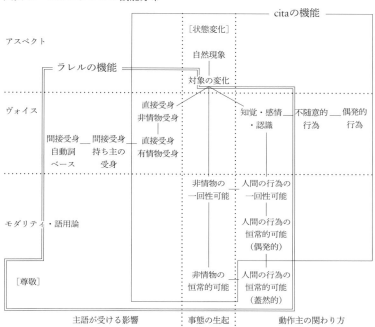

の下位分類を表し、どの下位分類を表せないのかを一枚の図に縮約して、2つの形式の違いを端的に表している。

　機能の分布のしかたで見ると、図表11を垂直方向から見た場合、citaはアスペクト、ヴォイス、モダリティ・語用論の3つの文法カテゴリーにまたがっている。一方、ラレルはヴォイスとモダリティ・語用論の文法カテゴリーにほぼ限定されている。

　また、図表11を水平方向に見ると、citaは中央から右側の「事態の生起そのもの」と「動作主の関わり方」を中心に機能が広がっており、ラレルは中央から左側の「事態の生起そのもの」と「主語が受ける影響」を中心に機能が広がっている。citaとラレルは「事態の生起そのもの」を表す部分を共有しあっているが、citaは「動作主の関わり方」を表す側に機能が広がり、ラレルは「主語の受ける影響」を表す側に機能が広がっているという方向性の違いを読み取ることができる。

6.3 ラサルとラレルの機能分布

　図表12は、ラサルの意味地図（図表6）とラレルと可能動詞の意味地図（図表9）を重ね合わせたものである。図表12では、ラサルは意味地図上では中央から右側の「事態の生起そのもの」と「動作主の関わり方」を表すことを中心に機能が広がっている。一方、ラレルは中央から左側の「事態の生起そのもの」と「主語が受ける影響」を表すことを中心に機能が広がっている。6.2節で見たcitaとラレルの場合と同じように、ラサルとラレルは「事態の生起そのもの」を表す部分を共有しているが、ラサルは「動作主の関わり方」を表す側に機能が広がり、ラレルは「主語が受ける影響」を表す側に機能が広がる形になっている。

　北海道方言では、ラサルの他にラレルと可能動詞も並行して使用されている。そのため、図表12はラサル・ラレル・可能動詞に関する対照分析の結果をまとめたものではあるが、北海道方言内部における3つの形式の機能分布を表すものとして読み替えることができる。すると、北海道方言ではラサル・ラレル・可能動詞が重なる部分を持ちながらも、それぞれ異なる部分を分担しあう姿が見えてくる。

　受身と尊敬の部分はラレルだけが担っている。可能動詞とラサルは重なる部分が多いが、ラサルの可能は「非情物の恒常的可能」を除いて、事態が成り行き的・偶発的に発生するという意味合いをもつことを指摘した。一方の可能動詞にはそのようなニュアンスはないため、ラサルとの使い分けが起きている。そして、事態実現用法や非意図用法の下位分類「偶発的行為」のように、ラレルや可能動詞では表せない部分をラレルが担い、表現の幅を広げているのである。

　北海道方言の話者によるラサルの記述では、ラサルが表す内容を「共通語ではうまく言い表せない」「共通語では欠けている」という表現が散見される[*2]。北海道方言話者が共通語に対して感じる欠落感も図表12がよく表している。ラレルや可能動詞がカバーしていない部分をラサルが担っているのである。

図表12 ラサル・ラレル・可能動詞の機能分布

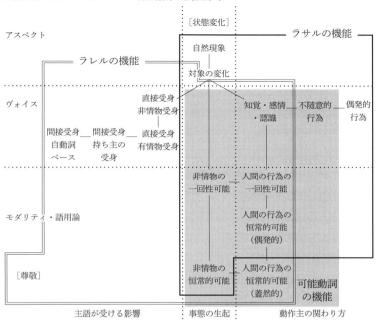

　前章5.4節では、ラレルの存在があるためにラサルの受身用法への意味拡張がブロックされているのではないかと推論したが、それは図表12からも読み取れる。ラレルは主に「主語が受ける影響」に関する部分、ラサルは「事態の生起そのもの」と「動作主の関わり方」に関する部分、というように機能の棲み分けをし、おおむね相補的に分布していると考えることができる。

---

*1 図表1は意味拡張に関するものであるため、矢印で用法の現れる順序が表されている。しかし、以下で作成する意味ネットワークは意味拡張や文法化などの変化を表すものではなく、単純に用法の類縁性を表すものである。
*2 石垣（1976: 292）、石垣（1990: 321）、西本（2010: 63–66）ほか。

第4章
結論
意味地図から得られる示唆

　第2部では、韓国語 cita・北海道方言ラサル・日本語ラレルとい
う事態実現に関わる3つの形式に対して対照分析をおこなった。大
枠で見ると、非意図用法と可能用法は cita・ラサル・ラレルが共通
して持ち、事態実現用法は cita とラサルに、受身用法は cita とラ
レルに共通していた。このような多くの共通点を持つ3つの形式を
対照することで、個々の形式に対する分析だけでは捉えにくい特徴
をより明確な形で捉えることを目的に分析をおこなった。

　第2章では、第1部の cita の分析に基づき、cita の視点から3つ
の形式の共通点と相違点を用法ごとに整理した。

　非意図用法では、①知覚・感情・認識、②不随意的行為、③偶発
的行為という下位分類をすると、cita とラサルは3つの分類すべて
を表すことができる。一方、ラレルは主に①知覚・感情・認識のみ
を表す。現代の日本語では、②不随意的行為を可能動詞の形であれ
ば表すことができるが、③偶発的行為はラレルでも可能動詞でも表
現することができない。

　可能用法に関しては、「非情物の変化」と「人間の行為」に大き
く二分し、それをさらに「一回性可能」と「恒常的可能」に分類し、
合計4つの下位分類を設けた。この分類で整理すると、cita とラサ
ルは①非情物の一回性可能、②非情物の恒常的可能、③人間の行為
の一回性可能を表すことができるが、④人間の行為の恒常的可能に
関しては、制限が見られる。cita とラサルは④人間の行為の恒常的
可能のうち、事態が偶発的・成り行き的に実現する状況では可能文
を作ることができる。しかし、能力可能の肯定文や社会的規則が要
因となるものなど、事態が実現する蓋然性が高い状況では、可能形
式として容認されない。さらに、cita とラサルの場合、①非情物の
一回性可能、③人間の行為の一回性可能、④人間の行為の恒常的可

295

能において、事態の実現が偶発的・成り行き的であるという意味合いを持つ。これに対して、ラレルは①から④まで全ての下位分類の可能を表すことができる。ただし、形としてはラレルと可能動詞（およびラ抜きことば）が混在した状況になっている。

事態実現用法の分析では、①自然現象、②対象の変化という下位分類を設けた。citaとラサルには事態実現用法が存在し、①自然現象、②対象の変化のどちらも表すことができる。一方、ラレルには基本的に事態実現用法は存在しないのだが、ラレテイルの形であれば②対象の変化と非常に共通点が多い用例が見られる。

受身用法では、直接受身・間接受身という分類で見ると、citaは直接受身のみを表し、間接受身を表すことができない。また、直接受身であっても、有情物受身文の例は非常に限定されていた。一方、ラレルはすべての分類の受身を表すことができる。これに対し、ラサルには受身用法が存在しない。

第3章では、第2章の対象分析の結果をもとに、Haspelmath（2003）の方法に基づいて意味地図を作成した。意味地図を活用することによって、複数の用法と下位分類を一括して扱い、形式が表す意味を総体として表すことが可能になる。これによって、個別の用法の対応関係にとどまらず、各形式の特徴を全体像として捉えることができる。そこから、各形式が持つ変化の傾向や形式間の影響関係までが浮かび上がってくるのが、意味地図を利用する大きなメリットである。

3つの形式の意味地図とその対照からは、次のような示唆が得られる。

・citaの機能は文法的レベルから見ると、アスペクト、ヴォイス、モダリティ・語用論の3つの領域に広がっている。

・話者が事態を捉える視点の置き方によってcitaの機能を整理すると、「事態の生起そのもの」と「動作主の関わり方」に関する領域を中心に広がっている。「主語が受ける影響」の領域へは、近代以降、後発的に拡張したことが確認されている。

・ラサルの機能は文法的レベルから見ると、アスペクト、ヴォイス、モダリティ・語用論の3つの領域に広がっている。

- 話者が事態を捉える視点の置き方によってラサルの機能を整理すると、「事態の生起そのもの」と「動作主の関わり方」に関する領域に限定されている。
- ラサルの機能は「非情物の恒常的可能」を除いた大部分において、事態が成り行き的・偶発的であるという意味合いを持つ。
- ラレルの機能は文法的レベルから見ると、ヴォイスとモダリティ・語用論の領域にほぼ限定されている。
- 話者が事態を捉える視点の置き方によってラレルの機能を整理すると、通時的には「事態の生起そのもの」「動作主の関わり方」「主語が受ける影響」の３つの領域に広がっていたが、「動作主の関わり方」に関する部分では、意味・用法を失ったり可能動詞に置き換えられたりして、機能の範囲を狭める過程にある。
- cita とラサルの意味地図を対照すると、ラサルの機能を表すエリアは cita に包摂される形になる。２つの形式の類似性は意味地図にも明確に表れる。
- cita とラサルでは受身用法の有無という点が異なる。これには他の受身形式の存在が影響している。韓国語では主要な受身形式である接辞 -i- の生産性が低いために、それを肩代わりする形で、後発的に cita の受身用法が発達した。一方、北海道方言ではラレルという生産性の高い受身形式があるため、ラサルの受身用法への拡張はブロックされていると推測される。
- cita とラレルは受身・可能・非意図という用法を共通して持つが、いずれの用法においても表すことができる下位分類の範囲が異なる。cita とラレルの意味地図はこの違いを端的に表している。
- 話者が事態を捉える視点の置き方によって cita とラレルの意味地図を整理すると、cita の機能は「事態の生起そのもの」と「動作主の関わり方」を中心に広がり、ラレルの機能は「事態の生起そのもの」と「主語が受ける影響」を中心に広がっている。２つの形式は「事態の生起そのもの」を表す領域を共有しているが、機能が広がる方向性に違いがある。
- ラサルとラレルの意味地図においては、ラサルの機能は「事態の生起そのもの」と「動作主の関わり方」の部分に限定され、ラレ

ルの機能は「事態の生起そのもの」と「主語が受ける影響」を中心に広がっている。ここでも、2つの形式は「事態の生起そのもの」を表す領域を共有しているが、機能の広がる方向性が異なる。

・ラサルとラレル・可能動詞を対照した意味地図は、北海道方言内部における3つの形式の機能分布を表すものとして読み替えることができる。

・ラサルと可能動詞の機能は重なる部分があるが、北海道方言においては、事態が成り行き的・偶発的であるという意味合いを持つラサルとそのようなニュアンスを持たない可能動詞の間で使い分けが起きている。

・北海道方言内部でのラサルとラレルの機能分布を考えると、ラレルは主に「主語が受ける影響」に関する領域、ラサルは「事態の生起そのもの」と「動作主の関わり方」の領域という機能の棲み分けをしており、おおむね相補的に分布している。この機能分布がラサルの受身用法への拡張をブロックしていると推測される。

なお、本書の分析では、韓国語の代表的なヴォイス形式である接辞 -i- を扱っていない。そのため、あくまで cita という1つの形式を通じた対照分析であり、ヴォイス形式の日韓対照としては不十分であることは認めざるをえない。接辞 -i- は使役も含む複雑な機能を持つ形式である。接辞 -i- も視野に入れたより包括的な日韓対照研究は今後の課題である。

また、本書のラレル・可能動詞の分析は、あくまで cita およびラサルとの対照に基づくものである。そのため、先行研究においてなされてきた分類や考察が反映されていない部分が多くある。ラレルおよび可能動詞に関する研究との整合性を求める作業も今後の課題として残されている。

参考文献

Botne, Robert (2003) "To die across languages: Toward a typology of achivement verbs." *Linguistic Typology*. 7: 233–278

Chung, Sandra and Timberlake, Alan (1985) "Tense, aspect, and mood." in T. Shopen ed. *Language typology and syntactic description Vol.3*. Cambridge University Press: Cambridge. 202–258

Comrie, Bernard (1976) *Aspect*. Cambridge University Press: Cambridge

Comrie, Bernard (1989) *Language Universals & Linguistic Typology* (Second Edition). The University of Chicago Press: Chicago

Croft, William (1990) "Possible verbs and the structure of events." in S. L. Tsohatzidis ed. *Meanings and prototypes : Studies in linguistic categorization*. Routledge: London. 48–73

DeLancey, Scott (1981) "An Interpretation of Split Ergativity and Related Patterns." *Language*. 57–3: 626–657

Dixon, R.M.W. (2004) "Adjective Classes in Typological Perspective" in R.M.W. Dixon and Alexandra Y. Aikhenvald ed. *Adjective Classes: A Cross-Linguistic Typology*. Oxford University Press: Oxford. 1–49

Fried, Mirjam (2007) "Constructing grammatical meaning: Isomorphism and polysemy in Czech Reflexivization" *Studies in Language*. 31–4: 721–764

Givón, T. (1990) "Voice and de-transivization" *Syntax: A functional-typological introduction Vol. II*. John Benjamins: Amsterdam. 563–623

Haspelmath, Martin (1990) "The grammaticization of passive morphology." *Studies in Language*. 14–1: 25–72

Haspelmath, Martin (2003) "The Geometry of Grammatical Meaning: Semantic Maps and Cross-Linguistic Comparison." in Michael Tomasello ed. *The New Psychology of Language: Cognitive and Functional Approaches to Language Structure Vol.2*. Lawrence Erlbaum: New Jersey. 211–242

Hopper, Paul J. and Thompson, Sandra A. (1980) "Transitivity in Grammar and Discourse." *Language*. 56–2: 251–299

Hopper, Paul J. and Traugott, Elizabeth Closs (2003) *Grammaticalization* (Second edition). Cambridge University Press: Cambridge

Keenan, Edward L. (1985) "Passive in the world's languages." in T. Shopen ed. *Language typology and syntactic description Vol.1*. Cambridge University Press: Cambridge. 243–281

Kemmer, Suzanne (1993a) *The Middle Voice*. John Benjamins: Amsterdam

Kemmer, Suzanne (1993b) "Middle Voice, Transitivity, and the Elaboration of Events" in Barbara Fox and Paul J. Hopper ed. *Voice: Form and function*. John Benjamins: Amsterdam. 179–230

Klaiman, M.H. (1984) "The grammar of doing and underdoing in Korean" *Language Research*. 20: 331–343

Klaiman, M.H. (1991) "Control and Grammar." *Linguistics*. 29: 623–651

Klaiman, M.H. (1991) *Grammatical Voice*. Cambridge University Press: Cambridge

Klaiman, M.H. (1992) "Middle Verbs, Reflexive Middle Constructions, and Middle Voice" *Studies in Language*. 16–1: 35–61

Knoob, Stefan Lorenz (2002) "Arguments for a non-morphological approach to Korean voice and diathesis: Towards an event semantic and constructional analysis." *Eonoehag*. The Linguisitics Society of Korea. 32: 61–96

Kuno, Susumu and Kaburaki, Etsuko (1977) "Empathy and Syntax." *Linguistic Inquiry*. 8–4: 627–672

Kuryłowicz, Jerzy (1965/1976) "The evolution of grammatical categories." Reprinted in J. Kuryłowicz, 1976, *Esquisses linguistiques*, Fink: Munich, 2: 38–54.

Lakoff, George (1987) *Women, fire, and dangerous things: What categories reveal about the mind*. The University of Chicago Press: Chicago

Lakoff, George and Johnson, Mark (1980) *Metaphors We Live By*. University of Chicago Press: Chicago

Langacker, Ronald W. (1991) *Foundations of cognitive grammar, Vol.2: Descriptive application*. Stanford University Press: Stanford

Langacker, Ronald W. (2002) *Concept, Image and Symbol*. Mouton de Gruyter: Berlin.

Lee, Kee-dong (1993) *A Korean Grammar: On semantic-pragmatic principles*. 韓国文化社：ソウル

Maldonado, Ricardo (1988) "Energetic reflexives in Spanish" *BLS*. 14: 153–165

Malle, Bertram F. (2002) "Verbs of interpersonal causality and the folk theory of mind and behavior" in Masayoshi Shibatani ed. *The Grammar of Causation and Interpersonal Manipulation*. John Benjamins: Amsterdam. 57–83

Malle, Bertram F. and Knobe, Joshua (1997) "The Folk Concept of Intentionality." *Journal of experimental social psychology*. 33: 101–121

Martin, Samuel E. (1992) *A Reference Grammar of Korean : A Complete guide to the Grammar and History of the Korean Language*. Tuttle Language Library: Rutland and Tokyo

Myhill, John (1993) "Functional type, voice, and the Javanese di-form." *Studies in Language*. 17–2: 371–409

Norvig, P. & Lakoff, G. (1987) "Taking: A Study in Lexical Network Theory." *BLS* 13: 195–206

Payne, Thomas E. (1997) "Voice and valence adjusting operations." *Describ-*

ing morphosyntax: A guide for linguists. Cambridge University Press: Cambridge. 169–219

Quirk, R. et al. (1985) "The semantics of the verb phrase." *A Comprehensive Grammar of the English Language.* Longman: London. 175–239

Rice, Sally (1987) "Towards a Transitive Protoptype: Evidence from Some Atypical English Passives." *BLS* 13: 422–434

Sasaki, Kan and Yamazaki, Akie (2004) "Two types of detransitive constructions in Hokkaido Japanese" 20th Scandinavian Conference of Linguistics, Workshop on Passive, Handout

Sasse, Hans-Jurgen (2002) "Recent activity in the theory of aspect: Accomplishments, achievements, or just non-progressive state?" *Linguistic Typology.* 6: 199–271

Schiffman, Harold F. (1999) *A Reference Grammar of Spoken Tamil.* Cambridge University Press: Cambridge

Shibatani, Masayoshi (1985) "Passives and related constructions: A prototype analysis." *Language.* 61–4: 821–848

Shibatani, Masayoshi (2000) "Issues in transitivity and voice: A Japanese perspective."『神戸大学文学部紀要』27: 523–586

Shibatani, Masayoshi (2006) "On the conceptual framework for voice phenomena." *Linguistics.* 44–2: 217–269

Shibatani, Masayoshi & Chung, Sung-yeo (2001) "Japanese and Korean Causatives revisited."『神戸言語学論叢』3: 112–137

Silverstein, Michael (1976) "Hierarchy of features and ergativity." in R.M.W. Dixon ed. *Grammatical Categories in Australian Languages.* 112–171

Sohn, Ho-min (1976) "Semantics of Compound Verbs in Korean"『언어』1–1: 142–150

Sohn, Ho-min (1986) "A re-examination of 'auxiliary' verb constructions in Korean." *Syntax, Semantics, and Pragmatics.* Hanshin Publishing Company: Seoul. 93–119

Sweetser, Eve (1986) "Polysemy vs. Abstraction: Mutually Exclusive or Complementary?" *BLS* 12: 528–538

Sweetser, Eve (1988) "Grammaticalization and Semantic Bleaching." *BLS* 14: 389–405

Tatevosov, Sergej (2002) "The parameter of actionality." *Linguistic Typology.* 6: 317–401

Traugott, Elizabeth Close (1982) "From propositional to textual and expressive meanings: Some semantic-pragmatic aspects of grammaticalization." in Winfred P. Lehmann and Yakov Malkiel ed. *Perspectives on Historical Linguistics.* John Benjamins: Amsterdam. 245–271

Traugott, Elizabeth Close (1989) "On the rise of epistemic meanings in English: An example of subjectification in semantic change." *Language.* 65–1: 31–55

Traugott, Elizabeth Close (1995) "Subjectification in Grammaticalisation."

in Dieter Stein and Susan Wright ed. *Subjectivity and subjectivisation*. Cambridge University Press: Cambridge. 31–54

Van Valin, Robert D.Jr. (1990) "Semantic parameters of split intransitivity." *Language*. 66–1: 221–260

Vendler, Zeno (1967) "Verbs and Times." *Linguistics in Philosophy*. 15: 97–121

Washio, Ryuichi (1993) "When causatives mean passive: A cross-linguistic perspective." *Journal of East Asian Linguistics*. 2: 45–90

Washio, Ryuichi (1995) *Interpreting Voice*. Kaitakusha: Tokyo

Williams, Edwin (1997) "Lexical and Syntactic Complex Predicates" in Alex Alsina ed. *Complex Predicates*. CSLI. 13–28

Yeon, Jae-hoon (1991) "Interactions of the Causative, Passive and Neutral-verb Constructions in Korean."『언어학』13: 95–111

李翊燮・李相億・蔡琬 (2004)『韓国語概説』梅田博之監修，前田真彦訳，大修館書店

李基文 (1975)『韓国語の歴史』村山七郎監修，藤本幸夫訳，大修館書店

李暻洙 (1993)「いわゆる完遂を表す複合動詞についての研究―韓国語との対照を中心に―」『広島大学教育学部紀要第2部』42: 223–232

李暻洙 (1993)「動作の段階的進行を表す複合動詞について―韓国語との対照を中心に―」『中国四国教育学会教育学研究紀要』39–2: 400–405

李暻洙 (1994)「統語的複合動詞に関する研究」『中国四国教育学会教育学研究紀要』40–2: 479–484

李暻洙 (1995)「日・韓両言語における複合動詞の格の対照考察」『Nidaba』24，西日本言語研究会，123–132

李吉遠 (1991)「韓・日両言語の受身構文」『阪大日本語研究』3，大阪大学文学部日本学科（言語系），59–72

李槙淑 (1992)「日・韓両言語における使役文の対照研究」『大阪大学日本学報』11，大阪大学文学部日本学研究室，141–152

李文子 (1979)「朝鮮語の受身と日本語の受身「その1」―「もちぬしの受身」を中心に―」『朝鮮学報』91: 15–31

石井正彦 (1992)「動詞の結果性と複合動詞」『国語学研究』31，東北大学文学部『国語学研究』刊行会，15–27

石垣福雄 (1976)『日本語と北海道方言』北海道新聞社

石垣福雄 (1983/1991)『北海道方言辞典』北海道新聞社

石垣福雄 (1990)『北海道の方言紀行』北海道新聞社

井島正博 (1991)「可能文の多層的分析」『日本語のヴォイスと他動性』仁田義雄編，くろしお出版，149–190

井上史雄 (1998)『日本語ウォッチング』岩波書店

内山政春 (1998)「現代朝鮮語における合成用言について―〈用言第Ⅲ語基＋用言〉の分析―」『朝鮮学報』165: 39–114

ウンゲラー F. ＆シュミット H. -J. (1998)『認知言語学入門』池上嘉彦ほか訳，

大修館書店

呉美善（1984）「時間的段階を表す後項動詞について」『ことば』5，現代日本
　　語研究会，20–29

呉美善（1985）「韓国語における複合動詞及び補助動詞―日本語との対照をも
　　添えて―」『人間文化研究年報』8，お茶の水女子大学，85–96

呉美善（1987）「韓国語における補助動詞―日本語との対照をも添えて―」
　　『ことば』7，現代日本語研究会，34–57

大堀壽夫（2002）『認知言語学』東京大学出版会

大村益夫（1979）「日本語・朝鮮語の表現について―受身と使役―」『講座日
　　本語教育 第15分冊』早稲田大学語学教育研究所，123–150

生越直樹（1980）「他動詞の再帰性と使役の関係―日本語と朝鮮語の対照を通
　　して―」『待兼山論叢 日本学』13，大阪大学文学部，3–22

生越直樹（1983）「日本語複合動詞後項と朝鮮語副詞・副詞的な語句との関係
　　―日本語副詞指導の問題点―」『日本語教育』52，日本語教育学会，55–
　　64

生越直樹（2001a）「現代朝鮮語の하다動詞における하다形と되다形」『「하다」
　　と「する」の言語学』筑波大学東西言語文化の類型論特別プロジェクト研
　　究成果報告書 平成12年度別冊，1–26

生越直樹（2001b）「現代朝鮮語の하다動詞における하다形と되다形」『朝鮮文
　　化研究』8，東京大学大学院人文社会系研究科・文学部朝鮮文化研究室，
　　75–94

生越直樹（2008）「現代朝鮮語における様々な自動・受動表現」『ヴォイスの
　　対照研究―東アジア諸語からの視点―』くろしお出版，155–185

生越直樹・木村英樹・鷲尾龍一編著（2008）『ヴォイスの対照研究―東アジア
　　諸語からの視点―』くろしお出版

尾上圭介（1998a）「文法を考える5 出来文（1）」『日本語学』17-7，明治書院，
　　76–83

尾上圭介（1998b）「文法を考える6 出来文（2）」『日本語学』17-10，明治書院，
　　86–93

尾上圭介（1999）「文法を考える7 出来文（3）」『日本語学』18-1，明治書院，
　　90–97

尾上圭介（2003）「ラレル文の多義性と主語」『月刊言語』32-4，大修館書店，
　　34–41

加藤昌彦（2000）「宇都宮方言におけるいわゆる自発を表す形式の意味的およ
　　び形態統語的特徴」『国立民族学博物館研究報告』25-1: 1–58

影山太郎（1996）『動詞意味論―言語と認知の接点―（日英語対照研究シリー
　　ズ5）』くろしお出版

河上誓作（1996）『認知言語学の基礎』研究社

川村大（1993）「ラル形式の機能と用法」『国語研究』明治書院，714–730

川村大（2003）「受身文の学説史から」『月刊言語』32-4，大修館書店，42–
　　48

川村大（2004）「受身・自発・可能・尊敬―動詞ラレル形の世界―」『文法Ⅱ
　　（朝倉日本語講座6）』尾上圭介編，朝倉書店，105–127

川村大（2005）「ラレル形述語文をめぐって―古代語の観点から―」『日本語文法』5-2: 39-56

川村大（2012）『ラル形述語文の研究』くろしお出版

神田寿美子（1965）「見れる・出れる―可能表現の動き―」『ゆれている文法（口語文法講座3）』明治書院，81-91

菅野裕臣（1982）「朝鮮語」『ヴォイス（講座日本語学10）』明治書院，280-291

菅野裕臣（1988）「朝鮮語の構造について―その膠着的特長と関連して―」『学習院大学言語共同研究所紀要』11: 3-12

金恵鎮（2002）「日・韓両語における受身表現の対照研究」『北海道大学大学院文学研究科研究論集』2: 109-122

金水敏（1991）「受動文の歴史についての一考察」『国語学』164: 1-14

小矢野哲夫（1979）「現代日本語可能表現の意味と用法（Ⅰ）」『大阪外国語大学学報』45: 83-98

小矢野哲夫（1980）「現代日本語可能表現の意味と用法（Ⅱ）」『大阪外国語大学学報』48: 19-33

小矢野哲夫（1981）「現代日本語可能表現の意味と用法（Ⅲ）」『大阪外国語大学学報』54: 21-34

坂原茂（2003）「ヴォイス現象の概観」『月刊言語』32-4，大修館書店，26-33

佐々木冠（2006）「格」『方言の文法（シリーズ方言学2）』岩波書店，1-46

佐々木冠（2007）「北海道方言における形態的逆使役の成立条件」『他動性の通言語的研究』角田三枝・佐々木冠・塩谷亨編，くろしお出版，259-270

柴谷方良（1997）「言語の機能と構造と類型」『言語研究』112: 1-31

柴谷方良（2000）「ヴォイス」『文の骨格（日本語の文法1）』仁田義雄ほか編，岩波書店，117-239

柴谷方良（2002）「言語類型論と対照研究」『対照言語学』生越直樹編，東京大学出版会，11-48

渋谷勝己（1993）「日本語可能表現の諸相と発展」『文学部紀要』33（1），大阪大学文学部，1-262

渋谷勝己（2002）「可能」『方言文法調査ガイドブック』http://www2.kokken.go.jp/～takoni/DGG/DGG_index.htm，7-27（最終確認日2016.5.1）

渋谷勝己（2002）「自発」『方言文法調査ガイドブック』http://www2.kokken.go.jp/～takoni/DGG/DGG_index.htm，29-35（最終確認日2016.5.1）

渋谷勝己（2005）「日本語可能形式にみる文法化の諸相」『日本語の研究』1-3: 32-46

渋谷勝己（2006）「自発・可能」『方言の文法（シリーズ方言学2）』岩波書店，47-92

辛碩基（1993）「日本語と韓国語の漢語動詞―受動の形態を中心として―」『日本語と日本文学』18，筑波大学国語国文学会，12-21

石賢敬（2003）「本動詞から補助動詞へ―「なる」の意味を表す韓国語の「지다（jida）」について」『関西言語学会プロシーディングス』23

高田祥司（2006）「日本語東北方言と韓国語の対照研究の可能性」『日本語文

法』6–2: 116–125

竹田晃子（1998）「岩手県盛岡市方言におけるサル形式の意味的特徴」『国語学研究』37，東北大学文学部『国語学研究』刊行会，33–44

鄭秀賢（1980）「日本語と韓国語の受身表現―その対照研究―」『語文』37，大阪大学国文学研究室，12–21

鄭秀賢（1986）「現代日本語と韓国語の受身・使役表現」『論集日本語研究1現代編』明治書院，59–77

鄭聖汝（1999）「第7章 態の派生関係と受動化（Ⅲ）―自発と可能と受動―他動性とヴォイス（態）―」『意味的他動性と統語的自他の韓日語比較研究』神戸大学博士論文，186–221

鄭聖汝（2004）「韓国語の自動詞とヴォイス―自発と受身の連続性―」『日本語の分析と言語類型―柴谷方良教授還暦記念論文集―』影山太郎・岸本秀樹編，くろしお出版，319–335

鄭聖汝（2006）『韓日使役構文の機能的類型論研究』くろしお出版

鄭聖汝・円山拓子（2012）「非意志自動詞と「可能」―日本語と韓国語の観点から―」『日本語言文化研究』2（上），延辺大学，453–460.

塚本秀樹（1987）「日本語における複合動詞と格支配」『言語学の視界 小泉保教授還暦記念論文集』大学書林，127–144

塚本秀樹（1993）「複合動詞と格支配―日本語と朝鮮語の対照研究―」『日本語の格をめぐって』仁田義雄編，くろしお出版，225–246

塚本秀樹（1995）「膠着言語と複合構造―特に日本語と朝鮮語の場合―」『複文の研究（上）』仁田義雄編，くろしお出版，63–85

塚本秀樹（1997）「語彙的な語形成と統語的な語形成―日本語と朝鮮語の対照研究―」『日本語と外国語との対照研究Ⅳ 日本語と朝鮮語』国立国語研究所，191–212

塚本秀樹（1998）「語形成と複合動詞―日本語と朝鮮語の対照研究―」『筑波大学「東西言語文化の類型論」特別プロジェクト研究 研究報告書Ⅰ』161–172

塚本秀樹（2012）『形態論と統語論の相互作用―日本語と朝鮮語の対照言語学的研究―』ひつじ書房

塚本秀樹・鄭相哲（1993）「韓国語における固有語動詞の受身文について―「이」形と「지다」形の使い分けを中心に―」『月刊言語』22–11，大修館書店，70–77

塚本秀樹・鄭相哲（1994）「韓国語における漢語動詞の受身文について」『朝鮮学報』153: 1–17

角田太作（1991）『世界の言語と日本語』くろしお出版

坪井栄治郎（2002）「受影性と受身」『認知言語学Ⅰ：事象構造』西村義樹編，東京大学出版会，63–86

坪井栄治郎（2003）「受影性と他動性」『月刊言語』32–4，大修館書店，50–55

寺村秀夫（1969）「活用語尾・助動詞・補助動詞とアスペクト―その一―」『日本語・日本文化』1，大阪外国語大学研究留学生別科，32–48

寺村秀夫（1982）『日本語のシンタクスと意味Ⅰ』くろしお出版

中田敏夫（1981）「静岡県大井川流域方言におけるサル形動詞」『都大論究』
　　18，東京都立大学国語国文学会，1–13

西村義樹（2002）「換喩と文法現象」『認知言語学Ⅰ：事象構造』シリーズ言
　　語科学 2，西村義樹編，東京大学出版会，285–311

西本伸顕（2010）『笑説 これが北海道弁だべさ』北海道新聞社

仁田義雄 編（1991）『日本語のヴォイスと他動性』くろしお出版

仁田義雄（1991）「ヴォイス的表現と自己制御性」『日本語のヴォイスと他動
　　性』仁田義雄編，くろしお出版，31–58

日本語記述文法研究会（2009）『現代日本語文法 2 第 3 部格と構文 第 4 部ヴ
　　ォイス』くろしお出版

服部四郎（1989）「朝鮮語動詞の使役形と受身・可能形」『服部四郎論文集 3
　　アルタイ諸語の研究Ⅲ』三省堂，239–257

浜之上幸（1991）「現代朝鮮語動詞のアスペクト的クラス」『朝鮮学報』138:
　　1–93

早津恵美子（1989）「有対他動詞と無対他動詞の違いについて―意味的な特徴
　　を中心に―」『言語研究』95: 231–256

早津恵美子（2005）「現代日本語の「ヴォイス」をどのように捉えるか」『日
　　本語文法』5-2: 21–38

深見兼孝（1991）「日本語と韓国語の受身」『広島大学教育学部紀要第 2 部』
　　39: 31–38

深見兼孝（1997）「日本語と朝鮮語の「非意図的他動詞文」について」『日本
　　語と外国語との対照研究Ⅳ 日本語と朝鮮語』国立国語研究所，213–226

朴賢聖（1990）「日本語レル・ラレルの韓国語訳」『比較文化研究所年報』7，
　　徳島文理大学，33–52

白峰子（2004）『韓国語文法辞典』大井秀明訳，三修社

許明子（2004）『日本語と韓国語の受身文の対照研究』ひつじ書房

堀江薫（2005）「日本語と韓国語の文法化の対照―言語類型論の観点から―」
　　『日本語の研究』1-3: 93–107

堀江薫，パルデシ・プラシャント（2009）『言語のタイポロジー―認知類型論
　　のアプローチ―（認知言語学のフロンティアシリーズ 5）』研究社

堀川智也（1992）「現代日本語の自発について」『言語文化部紀要』22，北海
　　道大学言語文化部，171–184

益岡隆志（1987）『命題の文法』くろしお出版

益岡隆志（1991）「受動表現と主観性」『日本語のヴォイスと他動性』仁田義
　　雄編，くろしお出版，105–122

益岡隆志（1992）「日本語の補助動詞構文―構文の意味の研究に向けて―」
　　『文化言語学：その提言と建設』文化言語学編集委員会：三省堂，546–
　　532

益岡隆志（2000）『日本語文法の諸相』くろしお出版

松本曜 編（2003）『認知意味論（シリーズ認知言語学入門第 3 巻）』大修館書
　　店

円山拓子（2006）「補助動詞지다 jida が表す「可能」の意味分布」『日本語と
　　朝鮮語の対照研究』東京大学 21 世紀 COE プログラム「心とことば―進

化認知科学的展開」研究報告書，研究代表者：生越直樹，63–76

円山拓子（2007）「自発と可能の対照研究―日本語ラレル，北海道方言ラサル，韓国語 cita―」『日本語文法』7-1，52–68

円山拓子（2008）「多義語 cita：5 つの意味を決定する 4 つの要因」『日本語と朝鮮語の対照研究Ⅱ』東京大学 21 世紀 COE プログラム「心とことば―進化認知科学的展開」研究報告書，研究代表者：生越直樹，209–230

円山拓子（2009）『韓国語助動詞 cita の多義性―用法間の相互関係と意味拡張―』東京大学博士学位論文

円山拓子（2015）「韓国語の語彙的自他交替―接辞 -i/hi/li/ki- による派生の双方向性―」『有対動詞の通言語的研究―日本語と諸言語の対照から見えてくるもの』パルデシ・プラシャント、桐生和幸、ナロック・ハイコ編、くろしお出版，109–125

村木新次郎（1989）「ヴォイス」『日本語の文法・文体（上）（講座日本語と日本語教育 4）』北原保雄編，明治書院，169–200

村木新次郎（1991）「ヴォイスのカテゴリーと文構造のレベル」『日本語のヴォイスと他動性』仁田義雄編，くろしお出版，1–30

森田良行（1989）『基礎日本語辞典』角川書店

森田良行（1990）「複合動詞について」『日本語学と日本語教育』凡人社，278–295

森田良行（2002）「受身表現の諸相―「～れる/～られる」の問題―」『日本語文法の発想』ひつじ書房，201–220

森山卓郎（1988）『日本語動詞述語文の研究』明治書院

森山卓郎・渋谷勝己（1988）「いわゆる自発について―山形市方言を中心に―」『国語学』152: 47–80

ウェスリー・M・ヤコブセン（1989）「他動性とプロトタイプ論」『日本語学の新展開』久野暲・柴谷方良編，くろしお出版，213–248

山口和彦・円山拓子（2010）「明示的な特徴に基づく多義の分析―北海道方言を例に―」『日本言語学会第 141 回大会予稿集』290–295

山﨑哲永（1994）「北海道方言における自発の助動詞 -rasaru の用法とその意味分析」『ことばの世界（北海道方言研究会 20 周年記念論文集）』北海道方言研究会，227–237

山﨑哲永（2000）「北海道の日本語―ことばに見る北海道らしさ―」『フォーラム人文』4，札幌学院大学人文学部，69–83

山梨正明（1998）「認知言語学―新しい言語科学の展望―」『新しい日本語学を学ぶ人のために』玉村文郎編，世界思想社，251–276

山梨正明（2003）「認知言語学」『現代言語学の潮流』勁草社，54–79

山梨正明（2003）「認知言語学からみた日本語研究―複合ドメイン・モデルを中心に―」『文法Ⅰ（朝倉日本語講座 5）』北原保雄編，朝倉書店，245–265

山本稔（1984）「可能動詞の実態―話しことばにおける可能表現の場合―」『研究資料日本文法第 3 巻 用言編（二）形容詞形容動詞』鈴木一彦・林巨樹編，明治書院，303–336

油谷幸利（1978）「現代韓国語의 動詞分類―aspect를 中心으로―」『朝鮮学報』87: 1–35

尹亭仁（2005）『韓国語と日本語のヴォイスに関する対照研究―動作主の格標示と構文の生産性を中心に―』東京大学博士学位論文

尹鎬淑（1994）「近代の非情の受身について―韓国語との比較考察―」『教育学研究紀要　第二部』40，中国四国教育学会，497-502

尹鎬淑（1996）「近世における受身表現の特徴―日・韓両言語の対照的考察―」『広島大学教育学部紀要 第二部』45: 333-343

尹鎬淑（1998）「近代日・韓両語における受身表現の対照研究―新聞を中心として―」『朝鮮学報』167: 39-92

吉村公宏（2004）『はじめての認知言語学』研究社

ジョージ・レイコフ＆マーク・ジョンソン（1986）『レトリックと人生』渡部昇一・楠瀬淳三・下谷和幸訳，大修館書店

鷲尾龍一（1997a）「他動性とヴォイスの体系」『ヴォイスとアスペクト』鷲尾龍一・三原健一著，研究社出版，1-106

鷲尾龍一（1997b）「比較文法論の試み―ヴォイスの問題を中心に―」『ヴォイスに関する比較言語学的研究』筑波大学現代言語学研究会編，三修社

鷲尾龍一（2001）「하다・되다を日本語から見る」『「하다」と「する」の言語学』筑波大学東西言語文化の類型論特別プロジェクト研究成果報告書 平成12年度別冊，27-52

鷲尾龍一（2005）「受動表現の類型と起源について」『日本語文法』5-2: 3-20

김기혁（1994）「문장 접속의 통어적 구성과 합성동사의 생성」『國語學』24: 403-465

김기혁（1996）「합성법과 파생법과의 섞임으로 이루어진 풀이씨」『현대국어 조어법 연구』（인천교대 논문집 13 より再録）박이정：ソウル，722-766

김영태（2002）『현대국어 보조용언 연구』문창사：大邱

김윤신（2001）「한국어 동사의 어휘의미구조와 피동화의 제약」『언어학』30: 89-113

金倉燮（1990）「複合語」『國語研究 어디까지 왔나』서울大學校大學院國語研究會編，東亞出版社：ソウル，178-185

金倉燮（1997）「합성법의 변화」『國語史研究』國語史研究會，815-840

南基心・高永根（1985）『표준 국어문법론』탑출판사：ソウル

마루야마 히로코（2015）「비의도와 가능의 대조연구 ―일본어 'られる', 홋카이도 방언 'らさる', 한국어 '지다'」『일본의 한국어학―문법・사회・역사』오고시 나오키・이현희 편，삼경문화사：ソウル，103-115

박병채（1989）『국어발달사』世英社：ソウル

朴良圭（1990）「被動法」『國語研究 어디까지 왔나』서울大學校大學院國語研究會編，東亞出版社：ソウル，493-499

朴亨達（1976）「현대한국어의 보조동사의 연구」『언어학』1: 43-72

朴亨達（1977）「機能的 관점에서의 補助動詞研究（上）」『언어학』2: 99-132

裵禧任（1988）『国語被動研究』高麗大学校民族文化研究所：ソウル

白峰子（1999）『외국어로서의 한국어문법 사전』연세대학교 출판부：ソウル

서정수（1978）「국어의 보조동사」『언어』3-2: 179-197

서울大學校語學研究所（2004）『韓・日語 対照 分析』명지출판사：ソウル

성기철ほか（1993）「국어의 보조 용언에 관한 토론 ―공동 연구 토론회 기술―」『국어문법의 연구Ⅱ』韓国文化社：ソウル，233–252

成光秀（1976/1986）「국어 간접피동에 대하여 ―피동 조동사 "지 (다)"를 중심으로―」『문법연구』3, 문법연구회，159–182

成光秀（1988）「합성어 구성에 대한 검토 ―국어 어휘 구조와 어형성 규칙 (2) ―」『한글』201・202: 57–82

成光秀（1998）「韓國語 統辭構造上의 表現論的 特徴（Ⅰ）」『朝鮮学報』166: 1–19

손세모돌（1993）「보조용언의 형성에 대한 고찰」『한양어문연구』11，한양대학교 한양어문연구회，27–46

손세모돌（1994）「보조 용언의 의미에 관한 연구 ―"두다 / 놓다，버리다，내다"를 중심으로―」『한글』223: 107–129

손세모돌（1996）『국어 보조용언 연구』한국문화사：ソウル

沈在箕（1982）『國語語彙論』集文堂：ソウル

安明哲（1990）「補助動詞」『國語研究 어디까지 왔나』서울大學校大學院國語研究會編，東亞出版社：ソウル，319–330

安秉禧・李珖鎬（1990）『中世國語文法論』學研社：ソウル

우인혜（1995）「국어 피동의 범위」『國語學』26: 99–124

우인혜（1997）『우리말 피동 연구』한국문화사：ソウル

兪吉濬（1905/1977）筆写「朝鮮文典」『歴代韓國文法大系』金敏洙・河東鎬・高永根編，塔出版社：ソウル

兪長玉（2005）『韓・日 両国語의 受動表現에 関한 対照研究』J&C：ソウル

이관규（1994）「합성동사의 구성에 대한 고찰」『한국어학』1: 365–385

이관규（1996）「보조동사의 생성과 논항구조」『한국어학』3: 333–352

이기동 編（2000）『인지언어학』한국문화사：ソウル

李基文（1972）『國語音韻史研究』國語學會 / 塔出版社：ソウル

李基文（1998）『新訂版 國語史概説』태학사：ソウル

이기종（2001）『우리말의 인지론적 분석』역락：ソウル

李南淳（1984）「被動과 使動의 文型」『國語學』13: 65–93

李南淳（1998）『時制・相・叙法』月印：ソウル

이상억（1999）『국어의 사동・피동 구문 연구』집문당：ソウル

李翊燮（1986）『國語學概説』學研社：ソウル

李翊燮・蔡琬（1999）『국어문법론강의』學研社：ソウル

李翊燮・李相億・蔡琬（1997）『한국의 언어』신구문화사：ソウル

이정택（2004）『현대 국어 피동 연구』박이정：ソウル

任洪彬（1977/1999）「피동성과 피동 구문」『국어 문법의 심층 4 ―어휘 범주의 통사와 의미―』태학사：ソウル，333–363

任洪彬（1978/1998）「'(-)지다'의 사전 처리에 관한 몇 가지 문제」『국어 문법의 심층 3 ―어휘 범주의 통사와 의미―』태학사：ソウル，366–406

鄭彦鶴（2006）『상 이론과 보조용언의 역사적 연구』태학사：ソウル

정원수（1992）「복합동사 형성론」『국어 단어 형성론』翰信文化社：ソウル，31–57

辞典類

大塚高信・中島文雄（1982）『新英語学辞典』研究社

菅野裕臣ほか（1988）『コスモス朝和辞典』白水社

小稲義男（1980）『新英和大辞典』研究社

辻幸夫（2002）『認知言語学キーワード辞典』研究社

油谷幸利・門脇誠一・松尾勇・高島淑郎（1993）『朝鮮語辞典』小学館

油谷幸利・門脇誠一・松尾勇・高島淑郎（2008）『日韓辞典』小学館

南廣祐（1997）『教學古語辞典』교학사：ソウル

신기철・신용철（1997）『새 우리말 큰사전』삼성출판사：ソウル

연세대학교 언어정보개발연구원（1998）『연세 한국어사전』두산동아：ソウル

劉昌惇（1964）『李朝語辞典』延世大学校出版部：ソウル

任洪彬（1993）『서울대 임홍빈 교수의 한국어사전』시사에듀케이션：ソウル

홍재성（1997）『한국어 동사 구문 사전』두산동아：ソウル

例文出典

略号	出典
K	KAIST コーパス（http://morph.kaist.ac.kr/kcp/）
무	윤성희（2005）「무릎」『2006 제30회 이상문학상 작품집』문학사상：ソウル
어	정인현（2005）「어두워지기 전에」『제51회 현대문학상 수상소설집』현대문학：ソウル

なお、ページの都合で例を短くまとめたものは、略号部分にアステリスクで表示した。

龍歌	龍飛御天歌（世宗27，1445）
月釈	月印釈譜（世祖5，1459）
楞厳	楞厳経諺解（世祖8，1462）
牧	牧牛子修心訣（世祖13，1467）
内	内訓（成宗6，1475）
杜初	分類杜工部詩諺解（成宗12，1481）
癸丑	癸丑日記（年代未詳）

今昔物語集	『新編日本古典文学全集38 今昔物語集④』馬淵和夫・国東文麿・稲垣泰一校注・訳，小学館（2002）
堤中納言物語	『新編日本古典文学全集17 落窪物語 堤中納言物語』三谷栄一・三谷邦明・稲賀敬二校注・訳，小学館（2000）

索　引

A–Z

action chain モデル　68
AFFECT 型　210, 211
BECOME 型　210
-ey uyhay　108, 116, 119, 171, 172
eykey 格　108, 171, 172
Force Dynamics　20, 148
Speech Act Participant　119, 123
toyta　14
Vendler　91

あ

アスペクト　218
アスペクト的な特徴　69, 166

い

意志性　48
位相概念　196, 197, 198
一方向性仮説　179, 200, 203
一般化　179, 200
イベント　45, 47
イベントの相対的な精緻化　69
意味地図　277, 278
意味的受動化　22
意味ネットワーク　156, 178, 278
意味の漂白化　201
イメージ・スキーマ　196
因果関係　207
因果関係の枠組み　170

う

ヴォイス　218
ヴォイス的な特徴　69, 166

か

蓋然性　52, 257
蓋然的可能　59, 250, 251, 255
概念化の枠組み　117, 118, 166
格標示　37, 41, 104, 105, 106, 108, 110,
　　111, 112, 113, 115, 118, 171
隠れた動作主　169, 170
家族的類似性　155
活動動詞　93, 96, 98, 99, 100, 102
可能動詞　247, 255, 256, 257, 287, 292
間接受身　265, 268, 270
間接受身文　40
換喩　198
換喩的関係　199
完了性　91

き

起動　9, 10, 11, 13, 21, 23, 148
起動化　12
機能負担量　5, 201, 227
機能領域　212, 214, 215
共感度階層　123
共時的　145, 152
局面 1　155, 163
局面 2　155, 163

311

く

空間移動　146, 147, 151, 155, 156, 160, 162
空間的方向性　194
偶発性　257
偶発的　55, 57, 58, 175, 176, 252, 254, 255, 286, 292
偶発的可能　59, 250
偶発的行為　242, 243, 244, 246, 247, 248

け

継続性　91, 92, 99
結果状態　70, 71
結果相　206, 207, 208
言語外の情報　136
言語外の知識　131

こ

語彙アスペクト　176
語彙レベル　81, 139, 182
構文レベル　81, 139, 182
コーパス　73, 85
語用論　131, 136, 137
語用論的明確さ　201
語用論レベル　81, 139, 183
コントロール　49, 153, 154, 176
コントロールの消失　214, 215

さ

再帰的動作　272
再分析　163, 167

し

自然現象　71, 259, 260, 261
自然発生的　49, 62, 70, 71
事態の実現　65, 67
事態の生起そのもの　283, 284, 286, 288, 290, 291, 292
自動詞化　16, 17, 264

自動詞ベースの受身　40, 87, 235, 265, 268, 270
自動詞ベースの非意図文　246, 247, 248
自発　23, 47, 50
写像　197
終結局面　66, 67, 69, 71, 72, 163, 164, 165, 166
周辺的な用法　73, 185
主観化　179, 203, 205, 215
主語が受ける影響　283, 285, 288, 291, 292
出来スキーマ　209, 210
出来文　209
受動態　38
状況可能　58
状態　176
状態化　212, 213
状態動詞　93, 95
状態変化　10, 14, 17, 19, 147, 148, 161
助動詞化　149

す

数量的な分析　25
スキーマ的意味　145, 155, 168, 171, 174, 186, 199, 226, 227, 228

せ

生産性　5, 7, 8, 270
責任回避　51
接辞 -i-　7, 14, 22, 25, 40, 41, 43, 149, 269, 273

た

対象の変化　71, 259, 260, 262
多義性　200, 201, 202
達成動詞　93, 97, 98, 99, 101, 103
脱他動化　208, 209, 214, 215
脱範疇化　179, 202, 203
他動性　242, 246

ち

知覚・感情・認識　50, 241, 243, 244, 246,
　247, 248
直接受身　265, 269
直接受身文　40

つ

通時的　145, 150, 151
通時的な変化　26

て

テキスト連結的内容　204, 205
展開局面　66, 67, 163

と

統語的受動化　22
動作主　37, 39
動作主性　48
動作主の概念化　207, 213
動作主の関わり方　286, 288, 290, 291, 292
動作主の降格　169
動作主の事態への関わり方　283, 284
動作主の非焦点化　212, 213, 214
動作主名詞句　108, 109, 111, 112, 114, 116,
　117, 118, 168
動作性　91
動作の対象　37
到達点　154
到達動詞　93, 96, 98, 99, 100, 103

な

成り行き　176
成り行き的　55, 57, 70, 72, 175, 252, 254,
　255, 261, 262, 286, 292

に

人間の行為の一回性可能　56, 250, 254, 256

人間の行為の恒常的可能　57, 175, 250,
　254, 257
人称代名詞　119, 120, 121, 122, 123, 124,
　125, 126, 127, 128, 129

の

能力可能　58, 255

は

背景化　171, 173
背景的な力　153, 154, 168, 173

ひ

非意志動詞ベースの可能文　253
非焦点化　39, 210
非情物受身　236, 267
非情物の一回性可能　54, 249, 252, 256
非情物の恒常的可能　55, 249, 253, 256
非対格型自動詞　72, 264
非対格的な意味　211
人・モノ　153
被動　9, 10, 15, 17, 18, 19, 20, 21
被動化　16
被動者　38, 39, 169, 170
被動者の話題化　212, 213
非能動的助動詞　206
品詞決定論　20, 21, 82, 83, 84, 90

ふ

不可欠な文法的特徴　81, 83, 95, 104
複合動詞Ⅰ　147, 151
複合動詞Ⅱ　148, 151, 176, 198, 199
複合動詞Ⅲ　163, 198, 199
不随意的行為　242, 243, 244, 246, 247, 248
不特定の力　168, 172, 173
プロトタイプ的意味　155, 179, 183, 185,
　186
文法化　145, 152, 162
文法カテゴリーの連続性　218

文法化の漸次変容 202
文法的レベル 137
文脈依存度 137

へ

変化 154

ほ

方向概念 193
本動詞Ⅰ 146, 150, 151
本動詞Ⅱ 147, 151

む

無生名詞 119, 120, 121, 122, 123, 124, 125,
126, 127, 128, 129, 130

め

名詞句の増減 104, 106, 112, 115, 118
命題的内容 204
メタファー的拡張 196
メタファー的写像 162, 196, 197, 198

も

モダリティ 218
モダリティ的な機能 51
持ち主の受身 40, 41, 235, 265, 268, 270

ゆ

有情の受身 266
有生名詞 119, 120, 121, 122, 123, 124, 125,
126, 127, 128, 129

よ

様態 159, 160, 161, 176
容認可能性 128, 137
予想外 174

ら

ラ抜きことば 257
ラレテイル 263, 264, 287

わ

話者態度表出的内容 204, 205, 206
話者の心理的態度 21
話者の予想 174
話者の予想からの逸脱 215

円山拓子（まるやま ひろこ）

略歴
1999年北海道大学大学院文学研究科修士課程修了。2009年東京大学大学院総合文化研究科博士課程修了。博士（学術）。現在、北海道大学および藤女子大学講師。

主な論文
「自発と可能の対照研究―日本語ラレル、北海道方言ラサル、韓国語 cita」（2007年、『日本語文法』7-1）、「韓国語の語彙的自他交替―接辞 -i/hi/li/ki- による派生の双方向性」（2015年、『有対動詞の通言語的研究―日本語と諸言語の対照から見えてくるもの』P. パルデシ他編、くろしお出版）

ひつじ研究叢書〈言語編〉第141巻
韓国語 cita と
北海道方言ラサルと日本語ラレルの研究
A Study of Korean -*cita*,
Hokkaido Dialect -*rasaru* and Japanese -*rareru*
Maruyama Hiroko

発行　2016年8月17日　初版1刷
定価　7000円＋税
著者　© 円山拓子
発行者　松本功
ブックデザイン　白井敬尚形成事務所
印刷・製本所　亜細亜印刷株式会社
発行所　株式会社 ひつじ書房
　　　　〒112-0011　東京都文京区千石2-1-2 大和ビル2階
　　　　Tel: 03-5319-4916　Fax: 03-5319-4917
　　　　郵便振替00120-8-142852
　　　　toiawase@hituzi.co.jp　http://www.hituzi.co.jp/

ISBN978-4-89476-811-6

造本には充分注意しておりますが、落丁・乱丁などがございましたら、小社かお買上げ書店にておとりかえいたします。
ご意見、ご感想など、小社までお寄せ下されば幸いです。

刊行のご案内

〈ひつじ研究叢書（言語編）　第 59 巻〉

韓日新聞社説における「主張のストラテジー」の
対照研究

李貞旼 著　定価 7,200 円＋税

〈ひつじ研究叢書（言語編）　第 99 巻〉

日本語と韓国語の「ほめ」に関する対照研究

金庚芬 著　定価 6,800 円＋税

〈ひつじ研究叢書（言語編）　第 137 巻〉

日韓対照研究によるハとガと無助詞

金智賢 著　定価 7,800 円＋税

刊行のご案内

朝鮮語研究　6
朝鮮語研究会　編　定価 5,000 円 + 税

方言の研究　1
特集　方言研究の新しい展開

日本方言研究会　編　定価 5,000 円 + 税

刊行のご案内

対人行動の日韓対照研究
言語行動の基底にあるもの

尾崎喜光 編　定価 5,000 円＋税

Hituzi Linguistics in English No.22

A Contrastive Study of Responsibility for Understanding Utterances between Japanese and Korean

尹秀美 著　定価 8,400 円＋税

刊行のご案内

〈ひつじ研究叢書（言語編） 第 131 巻〉

日本語の活用現象

三原健一 著　定価 3,800 円 + 税

〈ひつじ研究叢書（言語編） 第 132 巻〉

日英語の文法化と構文化

秋元実治・青木博史・前田満 編　定価 7,200 円 + 税

〈ひつじ研究叢書（言語編） 第 133 巻〉

発話行為から見た日本語授受表現の歴史的研究

森勇太 著　定価 7,000 円 + 税

刊行のご案内

〈ひつじ研究叢書（言語編）　第 134 巻〉

法生活空間におけるスペイン語の用法研究

堀田英夫 編　定価 7,200 円＋税

〈ひつじ研究叢書（言語編）　第 138 巻〉

判断のモダリティに関する日中対照研究

王其莉 著　定価 7,200 円＋税

〈ひつじ研究叢書（言語編）　第 139 巻〉

語構成の文法的側面についての研究

斎藤倫明 著　定価 6,300 円＋税